高等院校立体化创新经管教材系列

管理心理学
(第2版)

刘　宏　高丽君　张世杰　编著

清华大学出版社
北京

内 容 简 介

本书是作者在多年从事管理心理学教学的基础上编写而成。全书共分为9章,主要内容包括管理心理学的研究对象和研究方法,认知差异与管理,个性差异与管理,需要、动机与管理,激励理论与管理,态度与管理,团体行为与管理,领导行为与管理,组织行为与管理。

全书围绕管理心理学的专业知识展开,涵盖了管理心理学通常研究的四大部分知识内容,即个体心理研究、团体心理研究、组织心理研究和领导心理研究,还在教材中穿插了一些经典的管理心理学方面的教学案例。这些知识和案例对于初学者更好地理解和掌握教材内容非常有借鉴意义。

本书论述精深、内容丰富、以例论理、结构新颖,适合作为全日制普通院校和职业院校管理专业的教材,也可作为企业培训的参考读物。

图书在版编目(CIP)数据

管理心理学/刘宏,高丽君,张世杰编著. —2版. —北京:清华大学出版社,2022.8
高等院校立体化创新经管教材系列
ISBN 978-7-302-61176-9

Ⅰ. ①管… Ⅱ. ①刘… ②高… ③张… Ⅲ. ①管理心理学—高等学校—教材 Ⅳ. ①C93-051

中国版本图书馆 CIP 数据核字(2022)第 110407 号

责任编辑:陈冬梅
封面设计:刘孝琼
责任校对:周剑云
责任印制:丛怀宇

出版发行:清华大学出版社
    网 址:http://www.tup.com.cn, http://www.wqbook.com
    地 址:北京清华大学学研大厦 A 座 邮 编:100084
    社 总 机:010-83470000   邮 购:010-62786544
    投稿与读者服务:010-62776969, c-service@tup.tsinghua.edu.cn
    质量反馈:010-62772015, zhiliang@tup.tsinghua.edu.cn
    课件下载:http://www.tup.com.cn, 010-62791865
印 装 者:三河市少明印务有限公司
经 销:全国新华书店
开 本:185mm×260mm 印 张:14.5 字 数:349 千字
版 次:2011 年 8 月第 1 版 2022 年 8 月第 2 版 印 次:2022 年 8 月第 1 次印刷
定 价:48.00 元

产品编号:073278-01

前　　言

管理心理学是现代管理科学相关专业的一门核心课程。

管理心理学是心理科学的一个分支，又是管理科学的一个重要组成部分，是研究组织管理中人的心理活动规律的一门学科。作为一门在组织管理的改革与发展实践基础上产生的年轻学科，其主要任务是探索改进管理工作的心理依据，寻求激励人类心理和行为的各种途径和方法，以便最大限度地提高劳动生产率。其研究重点是组织管理中具体的社会心理现象，以及个体、团体、组织、领导中的具体心理活动的规律性。

随着科学技术的进步和社会经济的发展，在企业管理中，人们越来越强调要"以人为本"。因为员工是企业管理中最重要的资源，员工的工作效率的提高，既有其外在的环境因素的影响，也离不开其内在的心理因素的制约。作为管理者，对待员工一定要考虑到员工的需要、动机、兴趣、爱好、个性、认知水平和态度等心理，通过人性化管理来调动员工的积极性、主动性和创造性。可以说，管理心理学的理论是以人为基础产生和发展起来的管理理论。

管理心理学之所以关注人的心理活动，以人的心理活动的规律性为研究对象，主要原因有以下几个方面。

首先，企业要靠人来实现企业的目标。即使是未来社会的管理，最主要的仍然是对人的管理。因此，研究人的心理和行为活动规律必然成为管理心理学研究的重要内容。其次，人是企业的首要资源。在现代企业管理中，企业资源包括人、财、物等，而人力资源是企业资源的重中之重。所以，重视人的因素，发挥人的主动精神，挖掘人的潜在能力显得更重要。再次，人是企业管理的主体。现代企业管理强调以人为中心，就要重视人的因素，要建立以人为中心的管理制度。因此，管理心理学着重研究人的心理活动的规律性，将有助于在科学分析的基础上，采取科学的管理方法，有效激发员工的工作动机，促使企业管理取得最佳效益。

本书汲取了西方管理学的精华，结合中国现代企业管理过程中的实践，通过创新发展，构筑了有中国特色的"管理心理学"的内容体系。本书介绍了管理心理学的基本含义、基本研究方法、基本框架等管理心理学中最基本和最重要的内容。系统地阐述了管理心理学的经典理论以及应用研究的最新成果。重点强调了认知心理、个性差异、需要、行为和动机、态度、团体行为、领导行为和组织行为的含义与特征及其与管理的关系，并结合管理实践提出了应用方法。

本书以创新精神作为研究和撰写的基本宗旨，配以新视觉、新观点、新材料来阐释企业管理中员工的心理现象及规律，集理论、体例结构、操作指导于一体。本书论述精当，内容丰富，结构新颖，适合作为全日制普通院校和职业院校管理专业的教材，也可作为企业培训的参考读物。

　　本书由渤海大学刘宏老师、高丽君老师和张世杰编著，负责总体设计、拟定大纲、统稿定稿、组织协调，并参与大部分章节的编写，由从事管理心理学教学的博士配合撰写，具体分工如下：刘宏老师编写第一、二、三章；高丽君老师编写第四、五、六、七章；张世杰老师编写第八、九章。

　　由于编者水平有限，书中不足之处在所难免，敬请同行专家、学者及广大读者批评指正。

编　者

目 录

管理心理学(第2版)

第一章　管理心理学的研究对象和研究方法

【学习目标】

了解管理心理学的含义及意义，掌握管理心理学的研究对象和研究方法。

【关键概念】

管理(management)　管理心理学(management psychology)　研究对象(research object)
研究方法(research methods)

第一节　管理心理学概述

管理心理学以企业中的人作为特定的研究对象，重点研究企业经营管理中人的社会心理系统，在一定的成本控制条件下，最大限度地调动人的积极性、主动性、创造性，以提高企业效率。

一、管理概述

关于管理，经常会出现这样一种现象：同样的工作项目由不同的人去管理会产生不同的效果。于是便有了会管理的人每天游刃有余、工作效率高、人际关系好；不会管理的人每天疲于应付、工作效率低、人际关系差。

栾润峰在其《精确管理》一书中指出，管理并不是管员工、卡员工的手段，应该将管理一词拆分为两个字："管"与"理"。

"管"应该是协调不同员工的工作，让大家心往一处想、劲往一处使。

"理"应该有两层含义：第一层含义是对员工的心理进行梳理，能让员工始终保持一份好的心情；第二层含义是对员工从事的工作进行梳理，保证员工对其所从事的工作思路清晰、有条不紊。应当说，栾润峰对管理的理解还是很深刻的，有其独到之处。

美国著名管理学家哈罗德·孔茨(Harold Koontz，1908—1984)等在1955年出版的《管理学》一书中说："管理学是一门不精确的科学""管理是一门科学，是一种手段，还是一种艺术，是人们经常争论的问题。"这说明，管理的内涵是很深奥的，并不是懂得管理学知识就会管理。那么究竟如何理解管理的含义呢？

法国古典管理理论的创始人、被称为"现代经营管理理论之父"的亨利·法约尔(Henry Fayol，1841—1925)，在1916年出版的《工业管理和一般管理》一书中首次指出："管理活动，指的是计划、组织、指挥、协调、控制。"这个理论一直被认为是对管理的权威定义。1983年出版的《经济大辞典》认为："企业管理是企业生产经营活动中各项管理工作的总称。内容包括：组织管理、计划管理、生产管理、技术管理、新产品试制管理、质量管理、设备与工具管理、劳动管理、工资管理、物资管理、销售管理、财务管理等。"如1984年出版的《中国企业管理百科全书》对企业管理的定义为："企业管理，就是对企业生产经营活动进行计划、组织、指挥、协调和控制等一系列管理活动的总称。"《管理知识手册》认为，科学管理是不依靠经验，而是借助各种事先制定的科学程序标准对工业生产、分配过程进行控制和调节，用经济的方法来维持生产秩序的管理。应当说，几位管理学家对管理的解释都很有道理。斯蒂芬·P.罗宾斯(Stephen Robbins)和玛丽·库尔塔(Mary Coulter)于1996年对管理下的定义是："管理这一术语指的是和其他人一起并且通过其他人来切实有效完成活动的过程。"这一定义把管理看作过程，它既强调了人的因素，又强调了管理的双重目标。

综合以上几位管理学家的观点，现代人对管理的含义进行了概括总结。管理应当包括以下几项内容：管理的主体、管理的客体、管理的职能、管理的目标。这样看，所谓管理就是管理者通过对组织的一切资源(人、财、物)进行优化配置，充分发挥计划、组织、指挥、协调和控制的职能以完成组织的管理目标，进而实现组织的经济效益和社会效益。当然，这个管理的含义是广义的。狭义的管理的含义指的是生产经营活动中的经济管理或企业管理。而管理心理学理论主要是针对企业来论述的。

二、管理心理学的研究对象

(一)管理心理学的含义

管理心理学是心理科学的一个分支，是研究组织管理中人的心理活动与行为规律的一门科学，通过研究人的心理和行为，满足员工需要，协调人际关系，调动人的积极性、主动性和创造性，以提高管理效能。

管理心理学也可称为组织管理心理学、组织心理学或行为管理学、组织行为学，它是一门研究组织中人的行为与心理活动规律的综合性科学。它是应用心理学、管理学、行为学、社会学、生理学、伦理学、人类学等学科的原理，来研究组织管理中具体的社会心理现象，以及个体、团体、领导、组织的心理活动，以调动人的积极性、主动性和创造性的一门科学。

(二)研究对象

管理心理学以组织中的人作为特定的研究对象，重点在于对企业管理中人的社会心理进行系统的研究。通过成本控制，尽可能地调动人的积极性、主动性和创造性，以提高企业的经济效益和社会效益。管理心理学强调人本管理思想。它有助于改善组织结构和绩效管理，强化工作、学习和生活质量，建立健康、和谐、文明的人际关系，提高管理水平和实现企业目标。

管理心理学的研究对象具有其独特性，主要表现在以下几个方面。

1. 现代企业管理的特点决定了企业管理要以人为本

生产力三要素包括劳动者、劳动对象、劳动手段。其中起决定作用、具有主动性的是劳动者。劳动对象和劳动手段是生产力中物的要素，必须被人掌握并进入生产过程才能成为生产力。生产工具的制造、操作和改进，以及劳动对象的利用和革新都是通过劳动者实现的，所以，列宁说："全人类首要的生产力就是工人，即劳动者。"不调动劳动者的积极性就谈不上生产力的提高与发展。因此，在管理中提出以人为本就是抓住了管理的根本。

2. 管理心理学着重研究企业内部的社会心理系统

管理心理学就是把人和人的关系当作一个企业内部社会心理系统来研究。企业内部的社会心理系统即人际关系系统。在企业管理中，人际关系决定着企业的劳动效率和生产效益，良好的人际关系强调的是个人与集体、上级与下级以及平级之间的主动配合，从而优化实现预期的管理目标。随着员工思想的变化，生产中的人际关系也会经常发生变化，因而协调人际关系，提高企业的凝聚力和向心力是管理中一项经常性的工作。

3. 管理心理学着重研究企业中人才的核心作用

美国著名的管理学家彼得·德鲁克(Peter F. Drucker，也译作彼得·杜拉克，1909—2005)认为："一方面人才能充分利用现代科学技术知识提高工作的效率，另一方面人才本身具备较强的学习知识和创新知识的能力。所以，人才兼具知识性、创造性、灵活性等方面的特征。"

加拿大著名的学者弗朗西斯·赫瑞比(Frances Horibe)认为："简而言之，人才就是那些创造财富时用脑多于用手的人们。他们通过自己的创意、分析、判断、综合、设计给产品带来附加价值。"

资料显示：在企业中，往往是20%的人才创造了80%的效益。毫无疑问，这20%的人才算得上是企业的核心人才。在产品、技术、渠道等竞争因素趋于同质化的情况下，人才成为企业之间差异化竞争的焦点，而创造了企业80%效益的核心人才，更是成为企业竞争的灵魂。由此可见人才已经日益成为左右企业战略目标实现的关键因素。

【案例1-1】　任正非人才观

华为创始人任正非十分推崇一句在二战时非常著名的口号："什么都没有了，只要人还在，就可以重振雄风。"这位年逾70的老人家面对美国的打压，毫不在意，他说：所有的一切都能失去，不能失去的是"人"，人的素质、人的技能、人的信心很重要。

在任正非的思想观念里，"人才"是一切的基础，只要有拥有大量"人才"就一定能打赢这场战争。华为现有的700多个数学家、800多个物理学家、120多个化学家，有15000人从事基础研究，6万多产品研发人员都是华为打下这场战争的信心所在。

近日，随着美国政府对华为的打压进一步加剧，华为的人才战略规划又有了新的变化。日前，华为创始人任正非表示，"今年我们将从全世界招进20～30名天才少年，明年我们还想从世界范围招进200～300名。这些天才少年就像'泥鳅'一样，钻活我们的组织，激活我们的队伍。"

(资料来源：https://www.sohu.com/a/323608014_464591)

4. 管理心理学着重研究企业中最个体的人的心理因素

企业核心的资源是员工，而企业员工的心理需求是激发其行为的原始动力，满足员工的心理需求，是调动其积极性和创造性的重要手段。现代管理的人性化回归是人本管理的最终诠释，以员工尊严、员工追求、员工发展、员工情感为出发点的管理，其本质特征就是考虑到员工是一个个体的人。员工个体的行为表现无不由他的个体心理和内在感受支配和决定，企业员工心理管理就是通过科学的测量和分析，准确了解和把握员工在不同时期的心理状态，正确地进行人力的配置和优化，更重要的是解决激烈的市场竞争带来的员工心理问题，帮助员工缓解心理压力，促进员工心理健康。

这种充满人文关怀的员工心理管理，能够减少员工对组织的抱怨，树立良好的企业形象；增强员工对企业的认同，促进各部门、各层次员工间的沟通；提高员工士气，改善组织气氛，降低员工的缺勤、离职率；降低企业运营成本，提高企业经营绩效。

【案例1-2】 必须尊重个人

必须尊重个人——这是老托马斯·沃森(Thomas J. Watson，1874—1956)在1914年创办IBM公司时设立的"行为准则"。

沃森家族都知道，公司最重要的资产不是金钱或其他东西，而是员工，自从IBM公司创立以来，就一直推行此行动。每一个人都可以使公司变成不同的样子，所以每位员工都认为自己是公司的一分子，公司也试着去创造小型企业的气氛。分公司永保小型编制，公司一直很成功地坚持由一个主管管辖12个员工的比例关系。每位经理人员都了解工作成绩的尺度，也了解要不断地激励员工士气。有优异成绩的员工就应当获得表扬、晋升、奖金。在IBM公司里没有自动晋升与调薪这回事。晋升调薪靠工作成绩而定。一位新进入公司的市场代表有可能拿的薪水比一位在公司工作多年的员工要高。每位员工以他对公司所贡献的成绩来核定薪水，绝非以资历而论。有特殊表现的员工，也将得到特别的报酬。

自从IBM公司创办以来，公司就有一套完备的人事管理传统，直到今天依然不变。拥有40多万员工的今日与只有数百员工的昔日，完全一样。任何一位有能力的员工都有一份有意义的工作。在将近50年的时间里，没有任何一位正规聘用的员工因为裁员而失去1小时的工作。IBM公司如同其他公司一样也曾遭受过不景气的时候，但IBM都能很好地计划并安排所有员工不失业。也许IBM成功的安排方式是再培训，而后调整新工作。例如在1969—1972年经济大萧条时，IBM有1.2万名员工，由萧条的生产工厂、实验室、总部调整到需要他们的地方。有5000名员工接受再培训后从事销售工作、设备维修、外勤行政工作与企划工作。大部分人反而因此调到了一个较满意的岗位。

有能力的员工应该给予具有挑战性的工作，好让他们回到家中，回想一下他们做了哪些有价值的事。当他们工作时能够体会到公司对他们的关怀，愿意为公司的成长贡献一技之长。IBM公司有新岗位时永远在自己公司员工中挑选。如果一有空缺就从外界找人来担任，对那些有干劲的员工将是一种打击。IBM公司有许多方法让员工知道，每一个人都可使公司变成不同的样子，在纽约州阿蒙克的IBM公司里，每间办公室，每张桌子上都没有任何头衔字样，洗手间也没有写着什么长官使用，停车场也没有为长官预留位置，没有主管专用餐厅，总而言之，那是一个非常民主的环境，每个人都同样受人尊敬。

(资料来源：http://www.eol.cn，中国教育在线)

三、管理心理学的研究内容

1．人性假设与管理理论

人性假设理论，是管理科学学者根据自己对人性问题的探索研究的结果，对管理活动中的"人"的本质特征所作的理论假定。这些理论假定，是进一步决定人们的管理思想、管理制度、管理方式和管理方法的根据和前提。正如美国管理心理学家麦克雷戈(Douglas McGregor，1906—1964)在《企业中的人性方面》一书中指出的："每项管理的决策与措施，都是依据有关人性与其行为的假设。"与经济人假设相对应的管理理论是 X 理论；与社会人假设对应的管理理论是人际关系理论；与自动人假设对应的管理理论是 Y 理论；与复杂人假设对应的管理理论是超 Y 理论。人性理论的重要作用，主要是通过对管理理论的形成和管理实践的过程发生影响来实现的。在各种管理理论的形成中，在各种各样的管理实践的过程中，管理科学家和实际管理工作者对人性问题所持的基本观点，从根本上影响着他们确立什么样的管理理论和管理思想，实施什么样的管理制度和管理原则，选择什么样的管理方式和管理方法。因而，科学的人性理论是现代管理心理学理论的基石。

2．关于个体心理研究

个体心理指每个人依据自己的认识、情感、意志所表现的相对独立的心理。每个人要能动地认识世界，这便是"知"；认识客观事物总会产生一定的感情，这便是"情"；人为实现目的必须克服困难，这便是"志"。知、情、志三种心理密不可分，彼此联系制约构成了个人的一般心理过程。

个体是构成一个组织群体的基础，个体心理素质的好坏与组织群体的整个生产和工作效率的高低有着直接的关系。管理心理学研究个体心理，主要是从两个角度展开：一是研究个体心理的差异性；二是研究其差异性与工作效率间的关系。

3．关于团体心理研究

团体是由于某些社会原因而产生的心理状态和心理倾向，并以特定的相互关系和方式组合起来进行活动的人群或共同体。团体心理主要研究两方面的内容：一是个人在其独处时与在团体相处时的心理差异；二是团体对个体的心理影响，如团体规范、人际关系、团体凝聚力、团体规模、意见沟通等特点对个人的心理行为以及组织心理气氛的影响。团体是由个体集合而成的，团体的人际关系等心理因素对个体的情绪以及积极性的影响作用是非常大的。

4．关于组织心理研究

组织心理是指整体动态变化过程中所表现出来的心理现象。组织是一个协作的系统，组织是个体和团体实现某种目标的工具，组织状况影响个体与团体的工作效率。诸如组织结构、组织设计、组织变革与发展等都是组织心理研究的重要课题。因为组织是由两个或多个不同层次、不同职能的团体，为实现组织目标组合而成的较大的系统。因此，它不同于普通团体，而是有层次机构的设置、有管理的范围和职级、有责权的分配等问题，故组织心理构成了管理心理学中独立的课题。

5. 关于领导心理研究

领导心理学处于心理学和领导学的交叉区域，强调把心理学原理同领导原理和实践结合起来，应用于领导管理过程之中，具有较强的实践性、应用性、综合性。因此，领导心理学是一门综合性很强的交叉应用学科。

领导心理学的基本内容包括三个部分。

一是对领导过程中的心理学原理进行的研究。揭示领导过程中的一般心理规律，如领导的心理功能；领导的心理学原则；领导需要理论、思维理论、激励理论、挫折理论等。领导心理学的这些原理为领导提供了基本的心理学理论和依据。

二是领导者与工作对象的心理研究。揭示领导者心理品质及其自我完善、自我修养的途径和方法，提示领导者的影响力和威信的形成及巩固的途径与方法，找出工作对象逆反心理的预防与消除的措施。

三是领导心理学方法论研究。一方面要研究领导方法中的心理学问题，另一方面要研究收集和分析心理信息的一般方法和艺术，从而为领导提供科学的方法和锐利的武器。

第二节　管理心理学的研究任务

管理心理学既是管理科学的一个重要组成部分，同时又是心理科学中的一个重要的应用分支。它的基本任务可以概括为：通过研究管理活动中个体心理、群体心理、组织心理和领导心理的规律性，使管理者充分意识到人在企业管理中的核心作用，通过调动人的积极性、主动性和创造性以提高工作效率或生产效率，增进管理效能，从而提高管理效益。

一、强化人力资源的开发与管理

人才是科技的载体，是科技的发明创造者，是先进科技的运用者和传播者。人才不仅是再生性资源、可持续资源，而且是资本性资源。在现代企业和经济发展中，人才是一种无法估量的资本，一种能给企业带来巨大效益的资本。人才作为资源进行开发与管理是经济发展的必然。企业只有依靠人才智力因素的创新与变革，依靠科技进步，进行有计划的人力资源开发和管理，把人的智慧能力作为一种巨大的资源进行挖掘和利用，才能达到科技进步和经济腾飞。企业必须加强人力资源管理，创造一个适合吸引人才、培养人才的良好环境，建立凭德才上岗、凭业绩取酬、按需要培训的人才资源开发机制，吸引人才，留住人才，满足企业经济发展和竞争对人才的需要，从而实现企业经济的快速发展。

企业核心竞争力和竞争优势的根基在于企业人力资源管理过程中的人力资源的开发。离开了企业人力资源的开发，企业核心竞争力便会成为无源之水、无本之木，企业的竞争优势就难以为继。对人力资源的开发，在很大程度上已经成为企业成功与否的关键。

二、注重高素质员工的培养

员工的素质包括思想政治素质、科学文化素质、技术业务素质和健康卫生素质等。企业贯彻落实科学发展观，走依靠科技进步和自主创新求发展的道路，需要高素质的员工队伍；企业领导要提高决策层驾驭力、管理层执行力、员工层操作力，也需要高素质的员工队伍。提高员工素质是一个系统工程，建设一支高素质的员工队伍也不可能一蹴而就。

高素质员工应该通过研究在管理中人的心理活动的规律，科学有效地进行教育和培养。具有较高的思想政治觉悟和正确价值观的员工，在实际工作中会形成追求事业成功的需求和拥有较强为社会发展贡献力量的工作动机。拿破仑·希尔(Napoleon Hill，1883—1969)曾风趣地说："我们每个人都佩戴着隐形护身符，护身符的一面刻着积极的心态，另一面刻着消极的心态。"高素质员工的教育和培养目的之一就是塑造员工建立积极的心态，拥有愉快的心境，去有效工作、创造财富，追求健康和成功。

【案例 1-3】　陈天桥创业

1999 年，陈天桥与妻子、弟弟等一起，用 50 万元创办了盛大网络。2001 年，盛大网络正式进入互动娱乐业，先后代理运营了《传奇》、《新英雄门》、《疯狂坦克》等多款大型网络游戏。在陈天桥的带领下，盛大成为世界上拥有最多在线用户数的网络游戏运营商，网络累计注册用户近 1 亿人，成为中国互动娱乐产业的领军者。

15 年打拼，陈天桥为盛大注入了与众不同的企业文化，也经受了市场的风风雨雨。"我的性格就是不喜欢做别人做过的事，哪怕可以赚钱，我也觉得索然无味。现在回头看，不创新，毋宁死，这样的文化给盛大带来成功，也让盛大走得跌跌撞撞。"

当年，盛大和韩国公司签订《传奇》中国代理权时，陈天桥只剩下 30 万美元，他力排众议，把全部资金投了进去。"合同签完后，我就没钱了；但游戏运营才刚开始，形势十分危险。"陈天桥说，有一段时间他每天都能感受到死神的脚步："2001 年之前盛大几乎每天都有可能死去。但我下定决心要做，因为网络游戏当时在中国还知者寥寥，我认为它一定会成功。"

在陈天桥的人生哲学里，"与时俱进""和而不同"是重要的法则。他有时也常常自省，如果不这么执着于创新，满足于做一个跟随者，将现成的产品和商业模式做大做强，也许今天盛大的资产规模会更大，做事也会更轻松。但陈天桥说，自己不会轻易妥协，因为创新已融入血液。

(资料来源：https://u.sanwen.net/subject/gjjenqqf.html)

三、为管理者自身素质的提高提供理论依据

凡是成功的企业都有自己的法宝，要么是靠科技，要么是靠管理。20 世纪强调的是"科技是第一生产力"，而 21 世纪还要加上"管理出生产力"。有些企业团队领导者本身就是企业的一面旗帜，是团队的榜样，他们把不断思考、不断进取、不懈追求的理念，注入企业文化，把企业塑造成一支优秀的团队。

团队领导者的作用对于企业来说非常重要，一方面领袖的魅力、预见力和洞察力是企业成长、变革和再生最为关键的因素之一；另一方面领导人物的不良喜好、低下素质、拙劣决策也时常使企业陷入困境。

由于市场经济体制日趋形成，现代企业制度逐步建立，给企业的生存和发展带来了转机。实践证明，经济的发展离不开企业，企业的发展离不开企业的领导者。作为企业的领

导者是人才中的精英，除了必须具有常人的素质外，还必须具有驾驭市场的战略眼光、敢于搏击的风险意识、凝聚团队的人格力量以及知人善任的智慧和能力。这样才能带领员工协同作战，正确决策，在竞争中立于不败之地。

四、完善管理心理学理论体系

管理心理学作为一门独立学科只有几十年的历史。这对一门学科来说，还是一个十分短暂的发展期。因而，它需要不断丰富自身的理论，提高学科的科学性，完善学科的研究方法，进行大量的实践以验证已有的理论，并进一步丰富和发展管理心理学理论。美国、俄罗斯等国家都在努力完善和建立自己的管理心理学的理论体系。当前，我国正面临着使经济发展保持适当增速的大好形势，如何根据我国的具体国情，建设一套具有中国现代化特色的管理心理学理论体系，已是一个必须解决的刻不容缓的任务。

第三节　管理心理学与其他学科的关系

管理心理学与其他几个学科关系非常密切，具体如下。

一、管理心理学与心理科学

管理心理学是心理科学的一个分支，是属于心理学应用学科。它是心理学在组织管理中的应用。因此，管理心理学的基础理论就是普通心理学。

普通心理学是研究人的心理现象及其规律的科学。它包括两方面内容。一方面是人的心理活动过程；另一方面是人的个性心理，即个性心理特征和个性倾向性。

管理心理学是研究组织管理中的人的心理行为及其规律的科学。管理的核心就是"管人"。而人的工作积极性主要受制于两个因素：一是心理因素；二是社会因素。相对来说，心理因素更重要。原因在于，人的行为和心理总是联系在一起的，无论任何人工作积极性的高低，都是源于人的心理因素。因此，管理心理学就是试图用普通心理学理论来分析人的工作行为，这些行为方面的问题都是普通心理学中关于心理过程和个性心理的理论在管理实践中的具体反映。所以说，普通心理学与管理心理学是主干与分支的关系。

【案例1-4】　监狱的奇迹

阿尔·史密斯(Alfred Emanuel "AL" Smith，1873—1944)曾任美国纽约州长。他曾成功地使用好胜心创造了一个奇迹。一次，史密斯需要一位强有力的铁腕人物去管理魔鬼岛以西最臭名昭著的辛辛监狱，因那里缺一名看守长。这可是件棘手的事。经过几番斟酌，史密斯选定了新汉普顿的刘易斯·劳斯。"去管理辛辛监狱怎么样？"史密斯轻松地问被召见的劳斯(Lewis Lawes)，"那里需要一个有经验的人去做看守长。"劳斯大吃一惊，他知道这项任务的艰巨。这是一项政治任命，他不得不考虑自己的前途，考虑是否值得冒险。史密斯见他犹豫不决，便往椅背上一靠笑道："害怕了，年轻人？我不怪你，这本就是个困难的岗位，它需要一个重要人物来挑起担子干下去！"这句话挑起了劳斯的好胜心，他

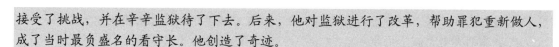

接受了挑战，并在辛辛监狱待了下去。后来，他对监狱进行了改革，帮助罪犯重新做人，成了当时最负盛名的看守长。他创造了奇迹。

（资料来源：360 百科，http://baike.so.com/）

二、管理心理学与管理科学

管理心理学是管理科学中的一门重要的学科。

管理科学从 20 世纪 50 年代的现代管理理论发展到 70 年代以后的系统管理理论，一改过去近代管理理论只是注重生产过程的分析和组织控制的研究，只是关注技术因素而忽视社会因素和心理因素的做法，特别重视研究人群关系和分析系统工程，并开始强调人的因素在管理中的地位和作用，而且强调组织中任何一个个体都不是孤立的，应该重视社会和心理对他们的影响，激发他们的积极性、主动性和创造性，并用运筹学和其他科学的研究方法，对与管理对象有关的所有方面进行系统的、全面的分析。

随着现代管理理论发展到系统管理理论，在此过程中对人的因素的重视，使管理心理学应运而生。它最早以管理理论中的美国心理学家闵斯特伯格(H.Munsterberg，1863—1916)的心理技术学理论、梅奥(E.Mayo，也有的资料将其拼写为 Meyao，1880—1949)的人际关系理论、德国心理学家勒温(K.Lewin，1890—1947)的群体动力理论、美国心理学家马斯洛(A.H.Maslow，1908—1970)的需求层次理论作为其理论基础，于 20 世纪 50 年代开始在管理科学中逐渐发展成为一门重要的基础学科。

由此可见，管理心理学是管理科学中的一部分，是管理科学中侧重研究如何将劳动者作为管理的核心与动力来进行有效管理的一部分。

三、管理心理学与行为科学

行为科学是一个更广泛的概念，是一个综合的学科群。按照美国管理百科全书的定义："行为科学是运用自然科学的实验和观察方法，研究自然和社会环境中人的行为以及低级动物行为的科学，已经确认的学科包括心理学、社会学、社会人类学和其他学科类似的观点和方法。"

狭义的行为科学是指研究工作环境中个人和群体行为的一门科学。指的是在人群关系学说的基础上形成的管理科学中的一门学科，又称组织行为学，它着眼于对一定组织中的人的行为研究，重视人际关系、人的需要、人的作用和人力资源的开发利用。这一学科的出现对管理科学的发展产生了重要的影响，使其由以"事"与"物"为中心的管理发展到以"人"为中心的管理；由靠监督与纪律的管理发展到动机激发、行为引导的管理；由独裁式管理发展到参与式管理，它的应用成果得到了普遍的重视。

【案例 1-5】　人性激励法

生产部经理耷拉着头来找总经理。他唉声叹气地说："我们的产量和别的厂家简直没法比，员工们连他们分内的任务都完不成，要不要采用开除手段或者加薪奖励？"总经理沉吟片刻说："没有不好的员工，只有不好的领导，说好话和说狠话是不起什么作用的。我去看看。"

> 总经理来到厂房，当时上白班的要下班了，夜班就要开始。总经理径直上前问出来的工人："你们今天完成了几件产品？"
>
> "12件。"员工不安地回答。
>
> 总经理没有说话，在门上用红色粉笔写下了一个12，描得粗粗的，赫然醒目。他什么也没有说就走了。夜班工人们正好看到了，心里想：不就是12件吗？第二天，白班工人看见门上有个大大的14。他们也不甘示弱，下班的时候，把他们的生产数量"16"写在门上。生产部经理来了，看到门上的数字，欣慰地笑了。因为他明显地感受到了弥漫在厂房里的工作热情。不久，工厂的产量一再连创新高。

(资料来源：陈书凯. 101个给青年商人的忠告[M]. 北京：中国民航出版社，2004)

组织行为学和管理心理学都是管理科学中的行为科学学派专门用于企业管理的分支学科。它们都是研究组织管理中的个人和团体的心理行为，其特点都是既注意个人因素，又注意组织的因素，强调完成组织目标与实现个人目标的一致性；其理论基础都是心理学与管理科学的综合，因此，这二者之间是密不可分的。所以，从早在20世纪60年代初期美国出版的系统的工业社会心理学、组织行为学、组织心理学和管理心理学的专著来看，名称虽然不同，但其内容基本相同。从这个角度来说，管理心理学是构成行为科学的一个组成部分，即组织行为学部分。

第四节　管理心理学的研究方法

一、管理心理学的研究原则

辩证唯物主义是管理心理学研究的理论基础，因而辩证唯物主义关于实事求是的原则，是管理心理学研究所应遵循的基本原则。但是管理心理学的研究对象是特定组织中人的心理现象的规律，而人的心理是一种内在体验，不能直接进行观察，也不能应用望远镜、显微镜等工具进行定性或定量的分析，只能通过人的言论、表情、交往，以及产品的数量、质量等外在行为和行为结果进行间接的测量和分析。因此，进行管理心理学的研究，必须遵循以下几个原则。

1. 客观性原则

管理领域中的一切心理现象都是一种客观存在的事实，它是与活动的外部条件和内部条件互相联系的。因此，在管理心理学的研究中，必须贯彻客观性原则，也就是尊重客观事实，从客观实际出发，如实地揭示事情的本来面目。即管理心理学工作者在研究员工的各种心理活动时，要从可以观察到的现象中去研究，从可以检查的活动中去研究。人的心理活动尽管十分复杂，而且由于某些特定原因，人们在表现心理时会做出种种假象和掩饰，使内在心理与外在行为之间出现不一致的情况。但是，一个人的心理在具体活动中总是有所表现的，在其内部的生理机制上也是有所反映的。这就要求研究者如实地记录对被试者的外部刺激、被试者的自我表现和被试者的内部反应，对于实验方案或调查方案的设计、材料的收集整理、实验或调查结论的得出，都必须在掌握事实的基础上，进行全面的分析，严谨地处理；特别是对待一些前后矛盾的现象，不能只做简单的肯定，或简单的否定，而要以客观的实验结果或调查材料去加以证实。

2．联系性原则

社会存在决定社会意识，人们生活在一个复杂的社会、自然环境里，任何心理现象的产生和发展，都会受到环境中的种种因素的影响和制约。不仅如此，人们还要受到内部生理和心理的影响。人的心理状况，往往是许多因素共同作用的结果。因此，管理心理学的研究，不能只是简单孤立地考察个别现象和个别因素，必须遵循联系性原则，从整个系统中各因素的相互作用去认识整体，以联系性原则去分析人的心理现象，这样才能正确地认识人的心理全貌。

3．发展性原则

世界上的万事万物都处在运动与发展变化之中，作为人脑对客观现实反映的心理活动也在发展变化之中。所以，管理心理学的研究也要贯彻发展性原则。在考察员工的心理活动时，要把员工心理作为一个发展过程进行动态的考察。要特别注意员工的需要、动机、态度、行为、思想情感、人际关系等在一定条件下的发展变化，这样才能准确地认识和预测员工的心理。同时，企业管理工作者掌握了有关这些方面的心理活动规律，就可以引导员工的行为，向着有利于提高企业的生产效率和工作效率，有利于开展社会主义精神文明的方向发展。

4．实践性原则

管理心理学是一门应用性科学，具有很强的实践性，尤其是目前我国正处在经济体制改革的大潮之中，管理心理学的研究必须与我国当前社会主义建设的实践紧密结合起来，要有利于加强企事业单位的思想政治工作，有利于增强企事业单位的活力，充分调动员工的积极性，有利于厂长负责制、企业承包制和多种形式的经济责任制的贯彻实施。因此，它的研究除在实验室条件下进行之外，更重要的是应该在实践活动中进行，在实践活动中不断总结经验，上升为理论，反过来进一步指导实践。

二、管理心理学的研究方法概述

任何学科的发展和进步都离不开方法的推动，正如苏联心理学家巴甫洛夫所说：科学是随着研究方法上所获得的成就而不断前进的。研究方法每前进一步，我们便仿佛上升了一级阶梯，于是，我们就展开更广阔的眼界，看见从未见过的事物。"管理心理学的研究对象是人，人的心理和行为的复杂性决定了管理心理学的研究方法也是多种多样的。

(一)行为观察法

观察法是指研究者根据一定的研究目的、研究提纲或观察表，用自己的感官和辅助工具去直接观察被研究对象在一定条件下的言语、行为、表情等反应，从而通过获取资料分析其心理活动和行为规律的一种研究方法。科学的观察具有目的性和计划性、系统性和可重复性。观察一般利用眼睛、耳朵等感觉器官去感知被观察对象。由于人的感觉器官具有一定的局限性，观察者往往要借助各种现代化的仪器和手段，如照相机、录音机、显微摄像机等来辅助观察以提高观察效果。

1．自然观察法

自然观察法是指调查人员在一个自然环境中，比如员工工作现场观察被调查对象的行为和举止。适用于个案分析。

> **【案例1-6】　福西的自然观察法**
>
> 福西(Fossey)于1972年采用自然观察法对山地大猩猩的观测研究为管理心理学的研究提供了一个很好的例子。山地大猩猩一般都生活在中非地区的热带雨林中，福西要了解大猩猩在自然状态下的行为举止，不得不采取参与性观察的方法。为了取得大猩猩的信任，福西尽量模仿大猩猩的行为举止与之接近，比如吃食、修饰、神秘地喊叫等。正如她自己所说："我就像傻瓜一样，有节奏地拍打自己的胸脯，或坐在那儿装模作样地大嚼野芹菜的茎，仿佛它是世界上最好的美味佳肴。终于大猩猩们做出了善意的回报。"福西花费了几个月的时间终于赢得了大猩猩的信任，后来她始终与山地大猩猩生活在一起，使用参与性观察法做研究，直至1986年去世。
>
> (资料来源：豆丁网，http://www.docin.com/)

2．设计观察法

设计观察法是指调查机构事先设计模拟一种场景，调查人员在一个已经设计好的并接近自然的环境中观察被调查对象的行为和举止。所设置的场景越接近自然，被观察者的行为就越接近真实。

3．掩饰观察法

众所周知，如果被观察人知道自己被观察，其行为可能会有所不同，观察的结果也就不一样，调查所获得的数据也会出现偏差。掩饰观察法就是在不被观察人、物或者事件所知的情况下监视其行为过程。

4．机器观察法

在某些情况下，用机器观察取代人员观察是可能的甚至是所希望的。在一些特定的环境中，机器可能比人员更便宜、更精确及更容易完成工作。

> **【案例1-7】　机器观察法**
>
> 美国最大的市场调查公司——A.C.尼尔逊曾采用尼尔逊电视指数系统评估全国的电视收视情况。尼尔逊电视指数系统代替了传统的调查小组日记的方法。尼尔逊公司抽样挑出2000户有代表性的家庭为调查对象，并为这2000户家庭各安装上一个收视计数器。当被调查者打开电视时，计数器自动提醒收视者输入收视时间、收视人数、收看频道和节目等数据。所输入的数据通过数据线传输到公司的电脑中心，再由尼尔逊公司的调查人员对电脑记录的数据进行整理和分析。
>
> (资料来源：百度文库，http://wenku.baidu.com)

观察法的优点是目的明确，简易方便，所得资料比较系统真实。其缺点是，研究难以深入，所观察到的多为表面现象，取得的资料也较为肤浅，难以进行数量化的统计分析。鉴于此，在实际研究过程中，应把观察法与其他方法配合使用，以取得更佳的研究效果。

(二)实验法

实验法是有目的地控制一定的条件或情境，以引起被试者一定的心理反应的研究方法。运用实验法不但能说明"是什么"的问题，而且能够进一步解释"为什么"的问题。以实验法进行心理学研究的目的，是要搞清楚在有控制的条件下，影响一系列心理变化的因素，即变量。其中有些变量是由实验者控制的实验条件，称为自变量或实验变量；有些变量叫因变量或依从变量，它们是实验者所要测定的行为和心理活动。用实验法研究心理问题必须设立实验组和对照组，并使这两个组在无关变量方面大致相同，然后对实验组施加自变量(实验变量)的影响，对照组则不施加影响，以这样的方法来考察对比较这两组的反应是否相同，确定自变量的实验效果。实验法的关键是对变量的控制。必须精细地设计并控制影响实验结果的三种变化因素(变量)：自变量、因变量和无关变量。同时，要以数学的方法分析处理实验数据在统计学上的差异水平，从而得出科学的结论。

1. 实验室实验

实验室实验是在心理实验室里使用仪器设备进行的有控制的观察。它可以提供精确的实验结果，常用于对感知、记忆、思维、动作和生理机制方面的研究。

2. 自然实验

自然实验是在被试的原有环境中进行的有控制的观察。例如在教室里不影响课堂教学的条件下，研究教师的语调对学生注意力的影响；在运动场上研究学生在体育活动中的互助行为等。

(三)社会调查法

1. 问卷法

问卷法是研究者根据一定的调查目的，以严格设计的问卷为工具向研究对象收集研究资料和数据的一种调查方法。由于问卷具有高度的统一性，标准化程度高，所以通过问卷调查获得的资料非常适合定量分析。适用范围包括满意度、需要、动机、价值观、态度与个人行为等。问卷法是管理心理学研究常用的一种方法。常用的问卷形式有三种：是非式、选择式和等级排列式。

- 是非式：采用只有"是"与"否"两种答案的问卷，让被试者根据自己的情况对每个题目做出"是"与"否"的回答，不能模棱两可，也不能不回答。
- 选择式：要求被试者从并列的多种(两种以上)答案中按个人的实际情况选取一种或几种答案。
- 等级排列式：在问卷中列出可供选择的多种答案，要求被试者按其重要程度的次序给以排列。

问卷法的优点是可以在较短时间内取得大量的材料，而且对调查结果采用统计方法进行处理分析，因此得出的研究结论更有普遍意义；缺点在于所得到的材料一般较难进行质化(qualitative methodology，也称为定性研究)，是与量化方法区分的一种分析方法分析，不易把结论与被试的实际行为做比较。

2. 访谈法

访谈法又称晤谈法，是指通过访员和受访人面对面地交谈来了解受访人的心理和行为的的心理学基本研究方法。访谈法运用面广，能够通过简单的叙述收集多方面的工作分析资料，因而深受人们的青睐。

访谈法是研究者通过口头谈话的方式从被研究者那里收集第一手资料，去了解被研究者心理与行为规律的一种研究方法。就研究者对访谈结构的控制程度而言，访谈可以分为三类：结构化访谈、无结构化访谈和半结构化访谈。

结构化访谈的特点是按定向的标准程序进行，通常是采用问卷或调查表；无结构化访谈是指没有定向标准化程序的自由交谈。

作为心理学研究手段的访谈法，还可以分为访谈检测法和访谈调查法。访谈检测法是指在心理学研究过程中，一边访谈，一边观察受访人，对实验、测验、诊断中观察到的有关心理学问题进行检验。访谈调查法是对许多受访人一个个地进行访谈，进行社会心理学调查、舆论调查和态度调查等。以特定问题为焦点进行详细的访谈称为集中访谈。这种访谈多用于一般性调查结果的整理之后对特定问题的调查。为了追寻受访人更深层的东西(如无意识动机或遭受过的挫折等)还可作投射法访谈，这种深入到受访人自我深层的访谈称为深层访谈，深层访谈在临床心理学中有广泛的应用。

访谈法的优点是简单易行，便于迅速取得第一手资料，因而使用范围较为广泛。其缺点是仅凭受访者的口头回答而做出的结论往往缺乏可靠性和真实性，因此，这种方法一般不单独使用，应把它与其他研究方法结合起来运用。

(四)心理测量法

心理测量法即心理测验，是研究人员根据测量目的和需要，选择测量用的量表，让被测量者根据量表中提出的各种问题进行回答。主试者在事后对测量结果进行分析、评定，以判断人的个性、动机和态度的一种方法。量表是心理测验常用的研究工具，目前流行的测验量表种类繁多，大致有以下几种分类：按测验的内容可分为智力测验、个性测验、态度测验和能力测验等；按测验的方式可分为文字测验与非文字测验；按测验的方法可分为问卷测验、操作测验和投射测验三大类。

在管理心理学研究中，测验法常常作为人员测评的一种工具。例如，用智力量表测定组织成员的一般和特殊能力状况；用个性量表测定组织成员和领导者的性格特征等。测验法的最大优点是简便易行，测验内容广泛，具有较强的科学性，能够对研究的心理现象进行定量的分析。但测验法也存在一些问题，如心理测验的运用有一定难度，测验者必须经过专门的训练。另外，量表的设计、取样技术等都有较高要求，使用时若有不慎，就会使测验结果产生很大误差。

(五)个案法

个案法就是对某一个体或群体组织在较长时间内(几个月、几年乃至更长时间)连续进行调查和了解，收集全面的资料，从而研究其心理发展变化的全过程的方法。例如，研究者在某企业中的某一先进班组通过较长时间的直接观察(体验生活、参加劳动等)，掌握了整个班组的人员状况(生产状况、智力结构、领导特性、关键事件等)，并在此基础上进行深入分析，整理出能反映该先进班组特点的详细材料。这份材料就是该班组的个案。个案产生的全过程就称为个案研究过程。

个案法的优点是呈现的内容丰富，有助于人们发现新问题，为研究者发现和提出新的理论假设奠定良好的基础。其缺点在于，这种研究一般都是描述性的，不容易在较短时间内做出有关因果关系的推论。此外，个案研究一般取样比较小，这就大大限制了研究结果的可应用性和普及性，而且得出的研究结论很难进行重复验证。

(六)宏观和微观的环境条件分析法

宏观和微观的环境条件分析法是管理心理学的一个特殊分析方法。这是由管理心理学的对象的特异性所决定的。

任何人都生活在一个微观和宏观相结合的环境中。所谓宏观环境是指整个社会、社会准则、科学和文化、意识形态等。所谓微观环境是指人们所直接生活在其中的环境，如企业、家庭、学校、街道等。

宏观环境对人仅起间接的影响作用，而微观环境则对人起直接的影响作用。宏观环境是通过微观环境反映出来的，微观环境好比一面镜子，通过这面镜子人们可以直接接触到、认识到、体验到宏观环境的间接影响作用，虽然宏观环境的作用是间接的，但是它却能决定一个人身上形成的一切准则、观点和目标。

例如，一个人是通过微观环境(企业、父母、教师、朋友)的中介而掌握道德观念标准的，而个人对道德观念标准的个体意识就是对宏观环境的主观反映。

在企业管理中，对人的道德标准、思想、行为的理解既要放在宏观环境中，也要放在微观环境中才能得到全面的展现。

(七)信息论、控制论、系统论和先进管理技术、管理手段的应用

目前，在管理心理学的研究中，已逐步采用了先进的技术手段，如录音、录像、摄影、电子计算机及现代化通信技术等，从而使管理心理学研究在质和量的分析上统一起来，有助于揭示企业内部的社会心理规律，提高管理效果。

信息论、系统论、控制论三种理论的指导，也有助于推动管理心理学研究的深入。

信息论是一门运用数量统计方法研究、描述和度量信息，以及传递、处理信息的科学理论。信息论中的主要内容是信息系统，信息系统的技术手段有手工、机械、电子计算机技术三种。信息工作流程可促进科学研究和信息管理。

系统论的核心是系统观念。系统论运用于科研与管理的基本方法有运筹学方法、系统分析的方法、系统模拟方法。

控制论中最基本的原理是信息、系统的反馈原理。信息、系统、控制、反馈是密不可分的。控制方法运用于科研与管理上的基本类型有：稳定控制、程序控制、跟踪控制、择优控制。

　　系统工程正是在系统论、信息论、控制论的基础上,把行为科学和管理科学结合起来,而被创立的一种现代管理理论和方法。这种方法的运用,有利于提高管理水平。

复习思考题

一、问答题

(1) 简述管理心理学的含义及其研究对象。

(2) 简述管理心理学的研究内容。

(3) 简述管理心理学与其他学科的关系。

(4) 简述管理心理学的研究原则及研究方法。

二、分析题

从小职员到大老板

　　法国的"银行大王"恰科年轻的时候,到一家很有名的银行去求职。他找到董事长,请求被聘用,然而没说几句话就被拒绝了。当他沮丧地走出董事长办公室宽敞的大门时,发现大门前的地面上有一个图钉。他弯腰把图钉拾了起来,以免图钉伤害别人。第二天,恰科出乎意料地接到银行录用他的通知书。原来,就在他弯腰拾图钉的时候,被董事长看到了。董事长见微知著,认为如此精细小心、不因善小而不为的人,非常适合在银行工作,于是改变主意录用了他。果然不出所料,恰科在银行里样样工作干得非常出色。后来恰科成为法国的"银行大王"。

　　美国的阿基勃特(Agybert)的成长与恰科的成长有相似之处,也是因小事而引起大老板的关注。阿基勃特年轻的时候,只是美国标准石油公司的一个小职员。他不在乎人微言轻,只要出差在外住旅馆,总是在自己签名的下面,写上"每桶4美元的标准石油"的字样,在书信和收据上也从不例外。只要有他的签名,就一定写上那几个字。因此,他被同事们戏称为"每桶4美元"。久而久之,他的真名反而没有人叫了。公司董事长洛克菲勒(John D.Rockefeller,1839—1937)得知了这个情况后,很有感慨地说:"竟有如此努力地宣扬公司声誉的职员,我一定要见见他。"于是,洛克菲勒邀请阿基勃特共进了晚餐。后来,公司董事长洛克菲勒卸任,阿基勃特便成了美国标准石油公司的第二任董事长。

(资料来源: http://www.doc88.com/p-38073169355484.html)

(1) 谈谈你看到本案例的感受。

(2) 如何培养员工的素质?

(3) 谈谈员工获得成功的基本条件。

第二章 认知差异与管理

【学习目标】

了解知觉的一般过程、知觉的概念和特征、影响知觉的因素。理解并掌握社会知觉和自我知觉的含义、特征及种类，社会知觉的影响因素及社会认知障碍的克服。

【关键概念】

知觉(perception) 社会知觉(social perception) 自我知觉(self perception) 人际知觉(interpersonal perception) 角色知觉(role perception)

第一节 知觉的一般过程

认知过程通常是指人对客观世界的认识和观察，包括感觉、知觉、注意、记忆、思维、语言等心理活动。人们认识世界是从感觉和知觉开始的，人们感知事物时需要以注意为前提，并从众多信息中将有用的信息筛检过滤，储存到记忆系统内，继而形成表象和概念。人们在认识事物时会观察和探寻这些事物的规律，这种认识需要抽象思维过程。所以人类的思维具有高度的概括性和间接性。人类在进化过程中发展出独特的语言功能，通过它来进行思想交流和沟通，思维也借助语言来进行。

一、感觉的含义及种类

感觉是人脑对直接作用于感觉器官的客观事物的个别属性的反映。

人对客观事物的认识是从感觉开始的，它是最简单的认识形式。例如，当芒果作用于我们的感觉器官时，我们通过视觉可以反映它的颜色；通过味觉可以反映它的酸甜味；通过嗅觉可以反映它的清香气味；同时，通过触觉可以反映它的光滑表皮。人类通过对客观事物的各种感觉，认识到事物的各种属性。

感觉不仅反映客观事物的个别属性，而且也反映我们身体各部分的运动和状态。例如，我们可以感觉到双腿在跃起，感觉到身体在平卧，以及感觉到肠胃在剧烈蠕动等。

二、知觉的含义及种类

知觉是人脑对直接作用于感觉器官的客观事物的整体属性的反映。

知觉是人在实践活动过程中逐步形成和发展起来的。知觉的形成离不开过去的知识和经验。而语言在知觉的形成和发展过程中起着重要的作用。知觉受到诸多心理特点的影响和制约。

人的知觉活动是一个较复杂的过程。该过程一般有以下几个环节：①从感觉资料(即背景和线索)中选择知觉对象；②对局部资料或不完整的线索、信息进行回忆补充；③对信息与线索进行加工并组织构成完整的对象；④对知觉对象做出适当解释并用名称标志它。

知觉包括以下几类。

(1) 空间知觉：是人脑对物体的形状、大小、远近、方位等空间特性的知觉。

(2) 时间知觉：时间是物质现象延续性和顺序性发展的表现，时间知觉就是人对这种延续性和顺序性的反映。自然界周期性的变化向人们提供了时间知觉的信息，比如太阳升落、月亮圆缺、昼夜交替、四季变化等都为人们判断时间提供了参数。

(3) 运动知觉：运动知觉是人对空间物体运动特性的知觉。运动知觉与人类的日常生活和工作有密切关系。正确估计物体运动的速度，是生产操作、交通航行、体育运动及军事行动等的重要条件。

(4) 错觉：指人们对客观事物错误的知觉。一般而言，当感官提供给大脑的信号减少，各分析器的信号相互矛盾，大脑皮层对外界刺激物的分析综合就会发生困难而产生错觉。依据错觉发生的原因可把错觉分为：①感受性错觉，如视力差的人易看错，耳聋的人易听错等；②情绪性错觉，如"草木皆兵"；③想象性错觉，如"风吹花影动，疑是玉人来"。各种感觉系统都可出现错觉，如错视、错听、错嗅、错触等，通过验证可纠正的错觉是正常现象，不可纠正的错觉是病理现象。如图2-1～图2-6所示为错视的几种示例。

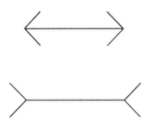
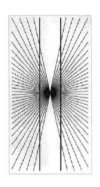

图2-1　缪勒-莱伊尔长短错觉(两条直线一样长)　图2-2　赫林光学错觉(两条黑线是笔直而平行的)

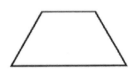

图2-3　梯形错觉(两个梯形上边长一样)　图2-4　长度与透视(AB 与 CD 一样长)

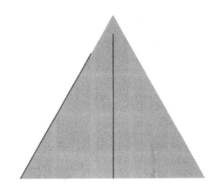

图 2-5　三角形错觉(左斜线和中直线一样长)

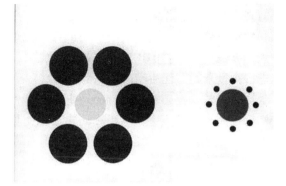

图 2-6　埃冰斯错觉(两个内部中心圆大小一样)

(资料来源：http://baike.baidu.com/view/1213245.htm)

【案例 2-1】　利用运动和颜色错觉，调整服务手段

　　浙江黄岩市长潭水库大坝的码头附近有一家切糕摊，店老板卖糕时，故意少切一点儿，过秤后见分量不足，切一点添上，再称一下，还是分量不足，又切下一点添上，最终使秤杆尾巴翘得高高的。如果你是一位顾客，亲眼见到这两添三过秤的过程，就会感到确实量足秤实，心中也踏实，对卖糕人很信任。如果卖糕人不这样做，而是切一大块上秤，再一下二下往下切，直到秤足你所要的分量时，你的感觉就会大不一样，眼见被一再切小的糕，总会有一种吃亏的感觉——这就是运动错觉对顾客的影响效果。聪明的卖糕人正是巧妙地利用了顾客的这种极其微妙的心理，并实实在在地做到了童叟无欺，使切糕摊借助地利、人和之优而终日生意红火。可见，总是"一刀准"或"一抓准"也不见得就是好事，不见得就是良好服务的标志。

　　日本三叶咖啡店的老板发现不同颜色会使人产生不同的感觉，但选用什么颜色的咖啡杯最好呢？于是他做了一个有趣的实验：邀请了 30 多人，每人各喝 4 杯浓度相同的咖啡，4 个咖啡杯分别是红色、咖啡色、黄色和青色。最后得出结论：几乎所有的人都认为使用红色杯子的咖啡调得太浓了；使用咖啡色杯子的认为太浓的人数约有 2/3；使用黄色杯子的感觉是浓度正好；而使用青色杯子的都觉得太淡了。从此以后，三叶咖啡店一律改用红色杯子盛咖啡，既节约了成本，又使顾客对咖啡质量和口味感到满意。三叶咖啡店的老板利用颜色对比错觉，提高了经济效益。

(资料来源：知网，http://wap.cnki.net/)

三、感觉和知觉的区别与联系

　　感觉和知觉具有如下区别和联系。

　　首先，感觉和知觉反映的是两种截然不同的心理过程。感觉反映的是客观事物的个别属性，感觉仅依赖个别感觉器官的活动；知觉反映的是客观事物的整体属性，即客观事物的各种不同属性、各个部分及其相互关系，知觉依赖多种感觉器官的联合活动。由此可见，知觉比感觉复杂。

　　其次，感觉和知觉有相同的一面。它们都是对直接作用于感觉器官的客观事物的反映。

如果客观事物不直接作用于我们的感觉器官,那么我们对该客观事物就不能够产生正确的感觉和知觉。感觉和知觉是人类认识世界的初级形式,反映的是事物的外部特征和外部联系。人们要想揭示事物的本质特征,光靠感觉和知觉是不够的,还必须在感觉、知觉的基础上进行更复杂的心理活动,如记忆、思维、想象等。

最后,知觉是在感觉的基础上产生的,没有感觉,也就没有知觉。我们感觉到的事物的个别属性越多、越丰富,对事物的知觉也就越准确、越完整,但知觉并不是感觉的简单相加,因为在知觉过程中还有人的主观经验在起作用,人们应当借助已有的经验去解释所获得的当前事物的感觉信息,从而对当前事物做出识别。

知觉与感觉通常是无法完全区分的,感觉是信息的初步加工,知觉是信息的深入加工。现在的趋势是把感觉和知觉放在一起论述,统称为感知觉。把信息加工过程分为感觉、组织、知觉与辨认三个阶段。

四、知觉的特征

(一)知觉的选择性

主体优先把知觉对象从背景中区分出来的特性叫知觉的选择性。在同一时刻内,人们总是对少数外界的刺激知觉格外清楚,而对其余的刺激知觉比较模糊。知觉特别清楚的那部分客观对象称为知觉的对象,知觉比较模糊的那部分客观对象称为知觉的背景。

知觉中对象和背景的关系并不是固定不变的。它依一定的主客观条件经常转换。如图2-7所示,当把黑色作为背景时,就可以看到一个白色的花瓶;如果背景是白色,则看到两个黑色侧面人像。除非恍惚使知觉选择中心模糊,否则我们不能够同时既看到一个白色花瓶,又看到两个黑色侧面人像。

在知觉过程中,强度大的、对比明显的刺激容易成为知觉的对象。在空间上接近、连续,形状上相似的刺激也容易成为知觉的对象(参见图 2-8)。在相对静止的背景上,运动的物体容易成为知觉的对象。

图 2-7　知觉的选择性(1)

图 2-8　知觉的选择性(2)

(资料来源:刘玉梅. 管理心理学理论与实践. 上海:复旦大学出版社,2009,第 32 页)

(二)知觉的整体性

客观事物的个别部分或个别属性作用于人的感官时,人们根据知识经验把它知觉为一个整体，称为知觉的整体性。

知觉的对象是由不同的部分、不同的属性构成的。人们在知觉客观对象的过程中，并不是孤立地、片面地、个别地反映这些客观对象，而是把它们系统地、有机地结合成整体进行分析判断。如图 2-9 所示，这是由两个三角形重叠，而后又覆盖在三个黑色方块上所形成的图形。

图 2-9　知觉的整体性

(资料来源：http://www.xwyx.cn/Article_Print.asp?ArticleID=6652)

(三)知觉的组织性

在感觉资料转化为心理性的知觉经验过程中，显然是要对这些资料经过一番主观的选择处理，这种主观的选择处理过程是有组织性的、系统的、合乎逻辑的，而不是紊乱的。因此，在心理学中，将这种由感觉转化到知觉的选择处理历程称为知觉组织。心理学的格式塔理论(Gestalt theory)认为，知觉组织法则主要有以下 4 种(参见张春兴编著的《现代心理学》，上海人民出版社，1994 年)。

1．相似法则

在知觉场地中有多种刺激物同时存在时，各刺激物之间在某方面的特征(如大小、形状、颜色等)有相似之处，在知觉上即倾向于将之归属于一类。如图 2-10 所示，在方阵中，圆点与斜叉各自相似，很明显地被看成是由斜叉组成的大方阵当中另有一个由圆点组成的方阵。此种按刺激物相似特征组成知觉经验的心理倾向称为相似法则。

2．接近法则

有时候，知觉场地中刺激物的特征并不十分清楚，甚至在各刺激物之间也找不出足以辨别的特征。在此种情境之下，常根据以往经验，主观地寻找刺激物之间的关系，借以增加其特征，从而获得有意义的或合乎逻辑的知觉经验。如图 2-11 所示，A 图与 B 图同样是由 20 个圆点组成的方阵，如果单就各个圆点去看，它们之间不容易找出可供分类组织的特征。但如仔细观察，两图中点与点之间的间隔距离不尽相等：A 图中两点之间的上下距离较其左右间隔为接近，故而看起来，20 个点自动组成 4 个纵列；B 图中两点之间的左右间隔较其上下距离为接近，故而看起来是 20 个点自动组成 4 行。此种按刺激物间距离关系而组成知觉经验的心理倾向称为接近法则。

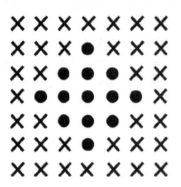

图 2-10　知觉的相似法则

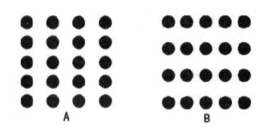

图 2-11　接近法则

3．闭合法则

如果知觉场地的刺激物表面看来虽各有其可供辨别的特征，但如仅凭此等特征，仍不能确定刺激物之间的关系。此时，观察者常运用自己的经验，主动地为之补充(或减少)刺激物之间的关系,从而增加它们的特征，以便有助于获得有意义的或合乎逻辑的知觉经验。如图 2-12 所示，乍看之下，图中只是有些不规则的黑色碎片和一些只有部分连接的白色线条。但仔细观察，就会觉得，那是一个白色立方体和一些黑色圆盘；也可能觉得，那是白色立方体的每一拐角上有一个黑色圆盘。假如你的知觉经验确是如此，那你的知觉心理倾向就符合闭合法则。在这里，知觉刺激物本身的条件并不闭合，也不连接，是

图 2-12　闭合法则

观察者把不闭合的三块黑色、无规则的图片看成一个完整的黑色的圆盘；同时把很多不闭合、不连接的白色线条在心理上连起来，闭合而成一个白色立方体。事实上，八个黑色圆盘也好，一个白色立方体也好，在实际的图形中根本是不存在的，只是在观察者的知觉经验中存在，而此种存在是根据闭合法则建立起来的。

4．连续法则

与闭合法则类似的是连续法则。如图 2-13 所示，一般人总是将它看成一条直线与一条曲线多次相交而成；没有人会看成是多个不连接的弧形与一横线构成。由此可知，知觉上的连续法则所指的"连续"，未必指事实上的连续，而是指心理上的连续。知觉上的连续法则在绘画艺术、建筑艺术以及服装设计上早已广泛应用。以实物形象上的不连续使观察者产生心理上的连续知觉，从而形成更多的线条或色彩的变化，借以增加美的表达。听知觉也会有连续心理组织倾向。多人一起合唱，或多种乐器合奏，有音乐修养的人，不会把不同声音混而为一，而是能分辨出每一种声音的前后连续。

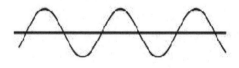

图 2-13　连续法则

(四)知觉的理解性

人们能够利用以往的知识和经验准确地知觉客观对象，并用词语把它们解释出来，这种特性称为知觉的理解性。比如，某人从小接受过关于大象的体貌特征的介绍，所以，当他看到眼前的大象时，他就会准确地做出判断，并详细地向人们进行说明。经验非常重要，有经验的心理学家可以从一个人的眼神、动作、言语知道他心里想的是什么。此外，知觉的理解性还会受到情绪、意向、价值观和定势等心理因素的影响。

知觉的理解性需要语言的提示和思维的帮助。一块形如骏马的石头，也许开始你会看不出来，但如果有人提醒，就会越看越像。很多旅游风景也是如此。知觉的理解性使人的知觉更为深刻、精确和迅速。图2-14中，我们首先看到的是一些黑色斑点，一下子分辨不出是什么，当有人说出这是一条"狗"，马上这些斑点便显示成一条"狗"的轮廓。

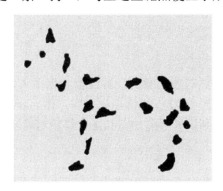

图 2-14 知觉的理解性

(五)知觉的恒常性

知觉的客观对象在一定范围内条件发生了变化，人们对该客观对象的知觉依然保持相对不变的特性称为知觉的恒常性。

视知觉的恒常性表现得特别明显。在强光下煤块反射的亮度远远大于暗处粉笔所反射的亮度，但这并不妨碍我们知觉的煤块是黑色、粉笔是白色。知觉的恒常性还普遍存在于其他各类知觉中，像听知觉、味知觉、嗅知觉和皮肤知觉等。

在视觉范围内，恒常性有以下几种：形状恒常性、大小恒常性、明度恒常性、颜色恒常性。

五、影响知觉的因素

现实中，人的知觉往往不准确、不符合实际情况，甚至产生错觉。"风声鹤唳，草木皆兵"就是典型的例子。知觉的偏差会影响人的认知，导致决策的失误，误导人的行为，给工作造成损失。因此，在企业管理活动中，必须研究影响知觉准确性的因素，减少偏差和失误。

影响知觉准确性的因素可以大致归为三个方面：知觉者自身的因素、知觉对象的特征、知觉环境的特点。

(一)影响知觉的主观因素

知觉者主观因素的不同会导致知觉者的个体差异。即对同一事物，不同的人知觉不同。这些因素主要有以下几个方面。

1．兴趣和爱好

兴趣和爱好的个体差异性能够影响知觉的选择性。就是说，人们最感兴趣的事物往往最容易被知觉到，并对自己感兴趣的客观对象予以极大的关注。

2．需要和动机

需要和动机的个体差异性也决定着人们知觉的选择性。一般来说，凡是能够满足人的某种需要、激发其动机的客观对象，容易成为知觉的对象；反之，则容易被人忽略而不被知觉到。如一个感冒的人对药品信息会非常关注。

3．知识和经验

知识和经验的个体差异性对于知觉的理解性影响也很大。常言道："内行看门道，外行看热闹。"例如一年一度的 CCTV 模特电视大赛，作为观众评委更多的是从感觉方面进行打分，而专家评委则充分利用其专业知识和工作经验对模特表现进行评判。

4．个性特征

个性特征的差异性也会影响到知觉的整体性。例如，不同能力的人想象力和创造力有所差别，分析和判断力也不一样。红军长征过程中，最初按照李德的指挥部署，红军经常打败仗，而遵义会议后，按照毛泽东的指挥部署，红军经常打胜仗。

此外，个人的价值观、身体状况、自身条件等因素也会影响知觉的选择性。

(二)影响知觉的客观因素

知觉对象的特征是影响知觉的重要因素。知觉对象的色彩、强度、对比性、运动状态、新奇性和重复性等因素都会影响知觉的效果。

1．知觉对象的色彩

颜色能够引起知觉差异，比如司机和行人对十字路口的红绿灯比较敏感。绿灯亮时人们通过；而红灯亮时，人们就要等待。现在还出现了一些企业采取色彩差异进行管理的经营方式。

2．知觉对象的强度

知觉对象的强度也可以理解成刺激物的强度。刺激物的强度对人的知觉影响很大，刺激物强度太强或太弱都不利于人的知觉。刺激太强，人虽能知觉到，但这种知觉不能保持持久，而且容易使人产生疲劳；刺激太弱，在阈限值以下，人不能产生知觉。

3．知觉对象的对比性

两种刺激同时或接连出现时，由于彼此影响，能够加强两种刺激之间的差异的知觉强度。鹤立鸡群就是这种对比性的体现。

4．知觉对象的运动状态

运动的对象比静止的对象更容易被人所知觉。如同样的一个人在照片中和在数字视频中出现相同的动作，人们更容易知觉到数字视频中的他或她。再如夜空中的飞机、商场中的动态的橱窗广告、人造卫星等。

5．知觉对象的新奇性

知觉对象越新颖、越奇特、越与众不同，越容易为人所知觉。中国台湾电视广告中的巨型汽车轮胎、北京某商场门口的巨型皮鞋广告、青岛啤酒集团的巨型啤酒瓶等常常为人津津乐道。

6．知觉对象的重复性

知觉对象多次重复出现，会使知觉印象深刻而又清晰。如中央电视台春节联欢晚会中有些好歌，人们听第一遍时，并没有觉得好听，但是听过两遍或三遍后越听越觉得好听，越听越爱听，直到学会唱为止。

(三)影响知觉的情境因素

知觉的情境因素通过影响人的感受性而改变知觉的效果。所谓感受性就是人的感觉灵敏度，即人对外界刺激物的感觉能力。人的感受性在环境作用下发生的变化，表现为下列现象。

1．适应

刺激对感觉器官的持续作用而引起感受性变化的现象叫适应。它可以表现为感受性的提高，也可以表现为感受性的降低。如，"入芝兰之室，久而不闻其香；入鲍鱼之肆，久而不闻其臭"，这就是嗅觉的适应现象等。

2．对比

同一感觉器官接受不同的刺激而使感受性发生变化的现象称为对比。一般来说，事物与其背景的反差越大，事物越容易从背景中被区别出来，如"万绿丛中一点红"会使人感到红色格外鲜艳；反之，则难以区分。

3．敏感化

在某些情境因素影响下，感受性暂时提高的现象称为敏感化。如，感觉的相互作用、人的心理活动的变化、兴奋性药物刺激等都能提高敏感性，加深人对某一事物、活动的知觉。

4．感受性降低

感受性降低与适应引起的感受性变化不同，它是由其他因素引起的。如感觉的相互作用、人的生物因素和心理因素、不良嗜好(如吸烟)的作用以及某些药物的刺激等都会引起感受性降低。

综上所述，人的知觉是知觉主体、知觉对象与外界环境因素相互作用、相互影响的结果，是一个主观反映客观的过程，它一般包括观察感觉、理解选择、组织、解释和反应等环节。由于任何知觉者自身必然具有这样或那样的局限性，知觉对象的特征也会千奇百怪、参差不一，知觉环境不断转换，这些因素作用于人的知觉过程，就会使人们的知觉产生偏差，以至形成错觉。在学习、生活和实际工作中必须引起注意，提高认识，努力克服。

第二节　社　会　知　觉

一、社会知觉的含义及特征

(一)社会知觉的含义

社会知觉是主体对社会客体的感知和认识过程，与对自然客体的感知和认识过程相对应。包括对他人、对群体和对组织的知觉。

(二)社会知觉的特征

1．认知对象的特殊性

人能体验其内心世界，而动物不能，所以社会知觉的主体有可能同时还是社会知觉的对象。简单地说，社会知觉的对象是有意识的人、复杂的社会环境和人际关系，而人们对这些对象的知觉必须通过一些特殊的表现形式进行。例如，通过他人的言谈举止、表情、态度等来认识和判断。但是，无论是知觉的主体，还是知觉的对象，都会掩饰自己的内在动机。所以，人们的社会知觉判断有时可能是不正确的。

2．社会知觉的利益性

社会知觉的主、客体能够理解彼此间的行为对对方的利害关系，于是知觉者和被知觉者都可以有意识地操纵和利用彼此。当个体能够预测他人可能做出的行动时，他自己便可以预先计划自己的行动。因此相互间的期望会影响彼此的知觉。

3．社会知觉加工过程的特殊性

正确的社会知觉需要经过对知觉对象的各种信息进行组织和加工的过程，社会知觉的过程不仅包括依据主体的社会经验对有关的信息、线索进行选择和识别等知觉活动，还包括分析、比较、归纳、概括、判断、推理等思维活动。社会知觉是人的更复杂的认知活动。

4．社会知觉的复杂性

客观世界是纷繁复杂的，社会环境也是千变万化的。生活在一定地区的人们由于宗教信仰、民族文化、种族差异致使人们的社会知觉判断出现失误。

学习社会知觉知识的意义在于：培养人们正确认知社会，认知他人，认知群体和组织，建立良好的人际关系，建立和谐的社会，使组织内部更加融洽，凝聚力更强，确保组织整体工作效率的提高，促进组织经济效益和社会效益的提高。

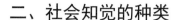

二、社会知觉的种类

(一)对他人的认知

对他人的认知是指主体对他人的感情、动机、意向、个性等心理活动和个性心理特征的知觉。

(二)对他人认知的种类

1. 对他人感情的认知

感情，是人的各种感觉、思想和行为的一种综合的心理和生理状态，是对外界刺激所产生的心理反应，以及附带的生理反应，如喜、怒、哀、乐等。感情是个人的主观体验和感受，常跟心情、气质、性格和性情有关。可以说，喜怒哀乐是人内心世界的晴雨表。

2. 对他人情绪的认知

对人的情绪认知包括对心境、激情和应激三种心理行为的认知。通常主要是对人心境进行认知。心境，是一种微弱、平静而持久的情绪状态。往往在长时间内影响人的言行和情绪。工作成败、生活条件、健康状况等会对心境发生不同程度的影响。在人际交往中，认知他人的情绪并顺应他人的情绪对维系良好的人际关系起着至关重要的作用。所以，换位思考、感情移入是认知他人情绪的常用技巧。

3. 对他人能力的认知

能力指人适应社会的本领或本事。人的能力有多种内容，如思维能力、学习能力、工作能力、组织能力、生活能力、交际能力、创造能力、应变能力等。

> **【案例2-2】 智者创造机会**
>
> 有一个人，在沙漠中行走了数日，身上所带的水已经喝完了，口渴得直冒烟。当他快要走出沙漠时，刚好遇到了一位推销员，劝他买一条领带。他十分生气地对推销员说："你行行好吧，我渴得连衬衣都想撕开了，还买什么领带！"推销员讨了个没趣便走开了。
>
> 这个可怜人总算在沙漠边上的一个小镇上找到了一家酒吧，他急不可待地要冲进去，对门口的侍者说："快给我点什么喝的吧！"他的喉咙都哑了。"对不起，先生，不打领带者是不许进入的。"这个侍者很有礼貌地拒绝了他的要求……

培根说过："智者创造机会。"机会是等不来的，它必须靠我们平时的勤奋经营和努力创造才能获得；机会也是平等的，关键看你是否懂得如何去寻求机会，并且将它变成人生成功的垫脚石。

4. 对他人意向的认知

意向包括对人的需要、动机、兴趣、理想、信念与价值观的认知。社会交往中需要对他人倾向做出准确的认知判断。如自我实现或社会化使人产生交往欲望。

5. 对他人个性特征的认知

个性主要包括能力、气质和性格。个性特征的形成与环境、教育、社会和遗传因素有着密切的关系。一个人的个性特征对其心理特点和行为方式有很大的影响。如，一个性格外向的人会表现出主动与人交往、善于交际、热情、友好等方面的心理和行为特点；一个内向和高聪慧性的人会表现出不善于与人打交道、沉默寡言、孤僻，同时又表现出乐于钻研、反应灵敏、善于发现问题和解决问题的心理和行为特点等。

【案例2-3】 懦弱还是勇敢

有一对情侣，男的非常懦弱，做什么事情之前都让女友先试。女友对此十分不满。一次，两人出海，返航时，飓风将小艇摧毁，幸亏女友抓住了一块木板才保住了两人的性命。女友问男朋友："你怕吗？"男友从怀中掏出一把水果刀，说："怕，但有鲨鱼来，我就用这个对付它。"女友只是摇头苦笑。不久，一艘货轮发现了他们，正当他们欣喜若狂时，一群鲨鱼出现了，女友大叫："我们一起用力游，会没事的！"男友却突然用力将女友推进海里，独立扒着木板朝货轮游过去了，并喊道："这次我先试！"女友惊呆了，望着男友的背影，感到非常绝望。鲨鱼正在靠近，可对女友不感兴趣而径直向男友游去，男友被鲨鱼凶猛地撕咬着，他发疯似的冲女友喊道："我爱你！"女友获救了，甲板上的人都在默哀，船长坐到女友身边说："小姐，他是我见过最勇敢的人，我们为他祈祷！""不，他是个胆小鬼！"女友冷冷地说。"您怎么这样说呢？刚才我一直用望远镜观察你们，我清楚地看到他把你推开后用刀子割破了自己的手腕。鲨鱼对血腥味很敏感，如果他不这样做来争取时间，恐怕你永远不会出现在这艘船上……

(资料来源：听道网.)

6. 对他人认知的影响因素

对他人认知的影响因素包括：①主体因素(个性、态度、价值观、文化程度、民族、种族等)；②客体因素(地位、角色、水平、接纳与排斥等)；③情境因素(交互关系、组织层次、简繁程度、稳定性等)；④认知与评估条件(标准和图示等)。

(三)人际知觉

1. 人际知觉的含义

人际知觉是指对人与人之间关系的知觉，包括自己和他人的关系以及他人和他人的关系两方面。人际关系是指社会群体中因交往而构成的相互联系的社会关系。人是社会动物，每个个体均有其独特的思想、背景、态度、个性、行为模式及价值观，人际关系对每个人的情绪、生活、工作有很大的影响，甚至对组织气氛、组织沟通、组织运作、组织效率及个人与组织的关系均有极大的影响。

2. 人际知觉的影响因素

对人际关系的知觉受多种因素影响。

(1) 主体因素。主体自身特点表现在主体的个性特征、兴趣爱好、态度、价值观、社会阅历等方面。要想对人际关系有个正确的认识，除了具备良好的思想素质、心理素质和道德素质外，还要能够见多识广，阅历丰富，并掌握一定的认知他人的技巧。

(2) 客体因素。对人际关系的正确知觉和判断需要知觉对象坦诚交流。正如医生看病往往要望闻问切一样，如果病人诚实回答医生询问的问题，更有利于医生了解病情，以便对症下药，促使病人身体尽快痊愈。

> **【案例2-4】　诚实的达尔文**
>
> 　　有一个英国作家，名叫哈尔顿(Harton)，他为编写一本《英国科学家的性格和修养》的书，采访了达尔文(Charles R.Darwin，1809—1882)。达尔文的坦率是尽人皆知的，为此，哈尔顿不客气地直接问达尔文："您的主要缺点是什么？"达尔文答："不懂数学和新的语言，缺乏观察力，不善于合乎逻辑地思维。"哈尔顿又问："您的治学态度是什么？"达尔文又答："我很用功，但没有掌握学习方法。"听到这些话，谁不为达尔文的坦率与真诚鼓掌呢？朋友的交往亦是这样。你敢于说真话，说实话，肯让人知，朋友为你的诚实所感动，便会从心底喜欢你，他给你的回报，也将是说真话，说实话。
>
> （资料来源：道格巴巴，http://www.doc88.com/）

社会心理学家约瑟夫·勒夫特(Joseph Luft)和哈里·英厄姆(Harry Ingham)，创立了人际交往中的"约哈里窗户(Johari Window)"的理论，从理论上揭示了襟怀坦荡、开诚相见在人际交往中的重要性。他们将在人际交往中存在的人们互相了解的程度，分为4个区域：自己了解，别人也了解的"开放区域"；别人了解，而自己却不了解的"盲目区域"；仅仅自己了解，却从未向别人透露的"秘密区域"；自己和别人都不了解的"未知区域"。他们指出：人们的交往能否成功，人际关系能否和谐，很大程度取决于各自的"自我暴露"。

因此，敞开胸怀，让别人了解自己，尽可能地通过各种交流手段向别人传递自己的信息，扩大自我的"开放区域"，缩小自我"秘密区域"，是构建和谐人际关系的重要途径。

(3) 情境因素。在人际知觉中，除去知觉的主体、客体外，知觉的情境因素也具有重要作用。西格尔的研究表明，同样一个男人，当他和一个美丽的女人坐在一起时，人们认为他是和气友好、富有自信心的；而当他坐在一个丑陋的女人旁边时，人们对他的知觉印象就大不相同了。

(4) 文化因素。人际关系简单还是复杂与一个国家的传统文化关系密切。要想正确知觉人际关系，必须了解该国的传统文化。中国的人际关系复杂原因在于中国人在处理问题时考虑最多的是感情因素，却缺少理性和科学。"人情"是中国人际交往的纽带，是人际关系的"黏合剂"。

3．人际交往的一般法则

人际交往一般应遵循如下法则。

(1) 平等法则。在人际交往中总要有一定的付出或投入，交往双方的需要和需要的满足程度必须是平等的，平等是建立人际关系的前提。

(2) 相容法则。相容是指人际交往中的心理相容，即指人与人之间的融洽关系，与人相处时的容纳、包容、宽容及忍让。

(3) 互利法则。建立良好的人际关系离不开互助互利。表现为人际关系的相互依存，通过对物质、能量、精神、感情的交换而使各自的需要得到满足。

【案例2-5】 马未都的经商之道

马未都是我国著名的收藏家。他从20世纪80年代开始收藏，到了90年代，其收藏已具有相当的规模，陶瓷、玉器、古家具等珍贵藏品超过千件。

有位记者在采访马未都时，提了一个很实际且有趣的问题：您是行家，买了这么多的宝贝，是如何跟卖家还价的呢？

马未都回答说：没什么技巧，今天的商业已经没什么技巧可言了，公平就行了。现在信息业发达，大概该值多少钱大家都知道，上下差不了太多，没有什么需要你靠技巧去买的东西了。我跟卖家还价的原则是让做生意的人都有钱赚。比如我看中一个东西，卖家要价12万，我还价10万。他会说，好，成交。虽然他的要价是12万，但我就知道，给10万他就能卖。他多要两万，是等我还价呢。对此，我们彼此之间心里都是有数的。

记者不解地问：那您为什么不试试还价8万或9万？

马未都回答说：人家的东西值10万，如果非给8万或9万，那就离谱了。在不离谱的前提下多给别人一点儿没坏处，机会就全上你这儿来了，你买的是下一次的机会，你不能把自己的路给堵死了呀，光便宜有啥用啊！适当地多给人家一点儿钱，不吃亏，只有好处，没有坏处，因为这会给我打通一条进货的路。人往高处走，水往低处流。只要有低处，水一定会聚集在那儿。就比如大米，全国哪儿最贵它就会涌向哪儿，不用你去找，只要你这儿的价格比全国市场高，价格最贵，米就会自然流向你这儿。当这个东西不是普通商品的时候，它也会向着可能产生最大价值的地方去流动。例如，你写个好的电影剧本，你首先想到的就是张艺谋，"能不能卖给张艺谋？"让张艺谋拍。

古董也是这样，我看到的可能性要高于一般人不知多少倍，它向我这个方向流动是最顺理成章的。物质永远向最有价值的地方去流动，钱也是这样。买古董的时候，要让人家多挣一点钱。当人家再有古董的时候，想到的第一个买家，一定是历史上让他挣过钱的人。他可能会说："马未都这个人不错，让我挣钱了，这古董我得先给他看。"这样，我就保持了一个进货的通道。要是人家说："我卖谁也不卖马未都，这主儿一分钱没让我赚过，还老让我赔钱，回回把我弄得半死，我才不给他呢。"这条进货的路不就断了嘛！如果你总想占便宜，搞得人家没钱赚，人家就不痛快。为了达到心理平衡，就会以次充好，甚至采取欺骗的手段以假乱真，这样你总会有吃亏上当的时候。

记者又追问：搞收藏的人有的是，为什么您的机会比别人的机会多得多？

马未都回答说：谁坚持让人家有钱赚的原则，人家就会想着谁，谁的进货机会自然就会多。双赢比起单赢有个大好处，就是双方都能赢得可持续发展的机会。

（资料来源：http://www.chinavalue.net/Management/Blog/2010-6-14/386194.aspx）

---

(4) 信用法则。信用即指一个人诚实、不欺骗、遵守诺言，从而取得他人的信任。人离不开交往，交往离不开信用。要做到说话算数，不轻许诺言。

(四)角色知觉

角色知觉是指个体对于自己或他人在特定的社会或组织中的地位、权利、义务、权力和职责以及由此产生的行为的知觉。通俗地讲，即主体对自己或他人在社会中所扮演的角色及其角色行为的社会标准的认知。

一个完整的角色知觉过程包括角色认知、角色行为、角色期望和角色评价。

1. 角色认知

角色认知是个体对自身应在社会和组织中所处地位及其应承担责任的认知。例如，教师应当是人类文化的传播者、学生灵魂的塑造者、心理健康的维护者；管理者应当是搞好企业的生产经营活动，确保企业经济效益和社会效益都得到提高的经营者。

2. 角色行为

由社会或组织所赋予角色的某种社会行为模式称为角色行为。

每种社会角色都有自己的一套规范性的角色行为，有时也称为角色标准化行为。

例如，企业领导者要善于计划、组织、指挥、协调和控制组织的各项活动，要高瞻远瞩、雷厉风行、敢于冒险等。总之，领导者就要符合领导者的标准化行为。

3. 角色期望

角色期望又称角色期待，是指组织或他人对个体承担某角色所应有的行为寄予的希望与期待。通过角色期待可以起到皮克马利翁效应，即激励对方的作用。例如，企业领导者期望下属团结、敬业、创新，并给予下属充分的资金和物质支持，就会使下属的角色行为更加强化。

4. 角色评价

角色评价是指他人对个体的角色扮演状况的评论与估价。

联想的创始人、联想控股主席柳传志曾经对联想集团 CEO 杨元庆这样评价过："在我的心中，杨元庆应受到尊敬，因为他是敢于高举大旗，迎接困难，不屈不挠，奋勇向前的人。"这说明，杨元庆在扮演 CEO 的角色上是非常成功的。

5. 角色知觉的影响因素

角色知觉的影响因素主要受以下几个方面影响。

(1) 社会角色期待。一般来说，个体在家庭、组织、社会中扮演的角色，受社会角色期待影响较大。社会角色期待实际上是一种鼓励、一份信任、一种激励、一份关爱。当个体感受到这份真诚的期望的时候，无论是领导还是员工，他们都会努力工作以回报对方。

(2) 社会角色冲突。生活在社会中的个体经常扮演着两种或两种以上的不同的社会角色，这些社会角色常常引起不同的角色行为，当这些角色行为发生矛盾的时候，就会在个体内心产生角色冲突。比如，男篮的教练同时兼任队员。社会角色冲突可以阻碍也可以促进人们的角色认知。

(3) 社会角色负担。社会角色负担不同，社会角色行为标准不一样，社会角色承担责任也就不同。当一个企业的部门经理与当该企业的总经理或董事长的角色知觉是不一样的。社会角色负担不能太轻，也不能太重；不能太多也不能太少。社会角色负担应当恰到好处。有句广告词"高度决定视野，尺度把握人生，角度改变观念"，这里的尺度是把握人生最为关键的因素。

(4) 社会环境影响角色知觉。人们由于受价值观念、风俗习惯、传统文化的影响，不同国家、不同民族、不同地域的人们在角色知觉方面存在着一定差异。如对待子女教育方面，中国父母所扮演的角色与美国父母所扮演的角色有一定的差别。在中国不少父母对待孩子过于溺爱，稍微有经济实力的家长，孩子的工作、房子都帮忙解决了。而美国人从孩子的幼儿教育开始就培养孩子的自尊、自强、自立，年满 18 周岁就要自己出去打拼。

此外，个体的个性、态度、经验等也影响着角色知觉。

第三节　自　我　知　觉

自我知觉属于自我认识的一种社会知觉。人们能够正确认识自己对于自己的学习、工作和生活至关重要，也是人们事业成功的重要标志。

一、自我和自我知觉的含义

(一)自我的含义及特征

1．自我的含义

"自我"是在社会关系和社会实践活动中所形成的每个人的活动、心理、意识及其机体自身的统一体。

"自我"从广义上说，是指一切个体能够称"我的"之总和。它既包括个体的躯体、生理活动、心理活动，也包括所有与个体有关的存在物，如个人的事业、成就、名誉、地位、财产、权力等。狭义的自我，仅指个体对自己心理活动的认识与控制。

2．自我的特征

自我有以下几种特征。

(1) 自我的社会制约性。每个人的自我是在个体社会化过程中产生并发展起来的，没有个体的社会化，也就没有自我的产生与发展。自我不能脱离社会而孤立存在。

(2) 自我的个别差异性。自我不仅受社会制约，而且也依赖每个人自己生理、心理等因素，因而每个人的自我以及对自我认识都不相同。

(3) 自我的意识性。每个人的自我存在于个体的心理活动之中，能够被自己认识。这种认识是自觉的、清晰的、有目的的，通常称为自我意识。

(4) 自我的同一性。这种同一性主要表现为社会制约与个体差异性的同一；客体自我和主体自我的同一；生理自我与心理自我的同一等。

(二)自我知觉的含义

自我知觉是指个体对自己的认识，即一个人对自己的身体、思想、感情、需要、欲望、动机、个性等的认识。

自我知觉是社会知觉的一种形式。自我既是认识的主体，同时也是认识的客体。自我知觉是在交往过程中随着对他人的知觉而形成的。通过对他人知觉的结果和自我加以对照、比较才使他产生对自己的知觉。马克思曾指出："人降生是没有带镜子来的，他是把别人当镜子来照自己的。"

二、自我知觉的构成要素

人的自我知觉既有整体性，又有可分性。它是由许多要素构成的，犹如一幅完整的个人自画像。

苏联心理学家麦尔林认为自我意识(自我知觉)的结构要素有四部分：①同一意识，即区别于对自己和对其他事物单方面认知的特殊意识。②对活动主体的自我意识，即作为对积极从事活动的物质主体——自身的自我意识。③对心理特性的自我意识，即人对自己的心理活动及其个性的认知。④社会与道德的自我评价，即对自己的社会地位、社会作用、社会价值以及道德上的义务、责任的自我认知。

美国心理学家威廉·詹姆斯(W. James)认为自我概念(即自我知觉)包括物质自我、社会自我和精神自我。这三种要素都伴有自我认知评价的感情(满意与否)和自我追求的行为，如表 2-1 所示。

表 2-1 自我知觉的结构表

自我要素	自我认知评价	自我追求行为
物质自我	对自己身体、衣着、仪表、家庭等的认知与评价	追求身体外表、欲望的满足。如装饰、打扮、爱护家庭
社会自我	对自己的社会地位、名誉、财产及与他人关系的认知与评价	引人注目、讨好别人、追求名誉、爱与隶属等
精神自我	对自己的智慧、能力、道德水准及自卑与优越的认知与评价	追求智慧、宗教、道德与良心

(资料来源：程正方. 现代管理心理学. 北京：北京师范大学出版社，2004)

三、自我知觉的形成

(一)通过学习认识自我

"认识自我"是人提高生命意义和生活质量的一种必需的过程。在人的一生中，总是在不断地积累认识自我的知识和不断地提高认识自我的水平。认识自我的过程，就是认识"人"的过程。一个人越是了解自己，越能清楚自己的知识、能力、天赋的潜能，也就越能理解他人，从而获得友谊和真爱。一个人要想正确认识自己，必须学会学习。目前，终身学习被联合国教科文组织视为"知识社会的根本原理"，终身学习已成为个人适应现代社会的基本生存方式。

(二)通过实践认识自我

实践是检验真理的唯一标准，同样，实践也是判定人对自己的认识和定位是否正确的唯一标准。毛泽东有篇著名文章《实践论》，强调认识要从实践中来再回到实践中去，实践后认识，认识后再实践，如此循环往复以至无穷，思维中的认识最终要在现实的实践中来体现。自我思想水平、道德水平、学识水平、身体素质、心理素质、专业素质、人际关系、领导管理能力、综合素质如何，都要通过实践活动来检验。正如《荀子·劝学》中说道："不登高山，不知天之高也；不临深溪，不知地之厚也。"

(三)通过交往认识自我

俄国哲学家米哈伊尔·巴赫金喜欢探讨自我认识和存在问题，提出交往理论，即自我与他者的交往对话关系。巴赫金指出：人对自己的了解是表面的，对自己的深层了解，只有通过与他人的交往，穿越他人思想的放射和反照。存在就意味着交往和对话。

事实上，人的自我概念是来自人际沟通的。人有时候不能正确认识自己，然而人在和别人的交往活动过程中，获得对自我的认识。要提高和完善"自我认识"，很好的切入点就是打破自己以往的交往模式，建立新的人际关系，并在新的人际情境中去获得新的自我，挖掘自己的潜力。

(四)通过比较认识自我

首先，通过自我比较认识自己。所谓自我比较，就是把现在的自我和过去的自我、所追求的将来的自我进行比较，如果三者之间基本一致，个体就会肯定现在的自我，对自我是满意的、悦纳的，并产生自信和自尊；如果对过去的自我不满意，或觉得现在的自我与将来的自我有较大的差距，那么自我就会产生不平衡，对现在的自我就会持否定态度，个体的自信心会动摇，自尊心也会受到伤害。

其次，通过与别人相比较认识自己。马克思说过："人起初是以别人来反映自己的……"个体在自我认识的形成中经历了一个"社会比较过程"。在社会生活中人们结成了一定的生产关系和社会关系，难免把自己与其他的社会成员进行比较从而确定自己的位置和形象。有比较才有鉴别，要常常与同行相比，这样可以使自己看到"山外有山"，发现差距，从而激发向上的力量。

(五)通过角色扮演认识自我

"角色"一词本是戏剧舞台中常用的一个概念，它的原意是指演员根据剧本扮演某一特定人物。20世纪初，美国著名社会学家Mead George Herbert(1863—1931，米德·乔治·赫伯特)把"角色"一词引入社会心理学领域，以此来说明人的社会化行为。电影中每一个演员接受某个角色之前都要体验生活，实地接触角色原型并实地进行生活实践。同时，演员体验生活也会使演员有更多的感动和感受。通过扮演教师感受到教师的辛苦和严谨；通过扮演警察，体会到警察的困难和危险。由此可见，通过角色扮演和角色互换，可以促进自我知觉的发展。

(六)通过内省认识自我

内省法是心理学基本研究方法之一，又称自我观察法。心理学研究通常要求被试者把自己的心理活动报告出来，然后通过分析报告资料得出某种心理学结论。自我观察法对研究人的心理有重要的辅助作用。内省法有两种方式：一种是个人凭着非感官的知觉审视其自身的某些状态和活动以认识自己；另一种是要求被试者把自己的心理活动报告出来，然后通过分析报告资料得出某种心理学结论。在心理学研究中通常采用后者。

第四节　社会知觉的影响因素及社会认知障碍的克服

影响社会知觉的因素较多。既包括主观因素，也包括客观因素。还有交织在一起的主客观因素。

一、首因效应和近因效应

首因效应也叫首次效应、优先效应或"第一印象"效应，是指人们在心理上存在认知上的误区，在对待他人的知觉方面，首次接触能给人留下深刻印象，并对双方未来交往关系产生某种程度上的决定性的影响。

> **【案例2-6】　新闻系毕业生的智慧**
>
> 一个新闻系的毕业生正急于寻找工作。一天，他到某报社对总编说："你们需要一个编辑吗？""不需要！""那么记者呢？""不需要！""那么排版人员、校对呢？""不，我们现在什么空缺也没有了。""那么，你们一定需要这个东西。"说着他从公文包中拿出一块精致的小牌子，上面写着"额满，暂不雇用"。总编看了看牌子，微笑着点了点头，说："如果你愿意，可以到我们广告部工作。"这个大学生通过自己制作的牌子表达了自己的机智和乐观，给总编留下了美好的"第一印象"，引起其极大的兴趣，从而为自己赢得了一份满意的工作。这种"第一印象"的微妙作用，在心理学上称为首因效应。
>
> （资料来源：http://xinli.zjpx.org/html/msg/2122.html）

心理学研究发现，与一个人初次会面，45秒钟内就能产生第一印象。第一印象能够在对方的头脑中形成并占据着主导地位。

近因效应是指围绕人们所熟悉的客观对象，最近或者最后所得到的信息对其社会知觉的影响作用会更大、更深刻。领导者要善于利用近因效应，一旦发现某位平时散漫的员工完成了一项出色的工作，要及时给予表扬和奖励，促其尽快成长为优秀的员工。

二、晕轮效应

晕轮效应最早是由美国著名心理学家爱德华·桑戴克(Edward Lee Thorndike，1874—1949)于20世纪20年代提出的。他认为，人们对人的认知和判断往往只从局部出发、扩散而得出整体印象，也即常常以偏概全。一个人如果被标明是好的，他就会被一种积极肯定的光环笼罩，并被赋予一切都好的品质；如果一个人被标明是坏的，他就会被一种消极否定的光环所笼罩，并被认为具有各种坏品质。这就好像刮风天气前夜月亮周围出现的圆环(月晕)，其实圆环不过是月亮光的扩大化而已。据此，桑戴克为这一心理现象起了一个恰如其分的名称——"晕轮效应"，也称为"光环作用"。

【案例2-7】 麻省理工学院的实验

美国心理学家凯利(Kelly)对麻省理工学院的两个班级的学生分别做了一个试验。上课之前，实验者向学生宣布，临时请一位研究生来代课。接着告知学生有关这位研究生的一些情况。其中，向一个班学生介绍这位研究生具有热情、勤奋、务实、果断等多项品质，向另一班学生介绍的信息除了将"热情"换成了"冷漠"之外，其余各项都相同。而学生们并不知道。两种介绍间的差别是：下课之后，前一班的学生与研究生一见如故，亲密攀谈；另一个班的学生对他却敬而远之，冷淡回避。可见，仅介绍中的一词之别，竟会影响到整体的印象。学生们戴着这种有色眼镜去观察代课者，而这位研究生就被罩上了不同色彩的晕轮。

(资料来源：百度百科，http://baike.baidu.com/item/晕轮效应)

作为企业领导，当你看不惯某个人，对某个人怀有成见的时候，应当首先理智地检讨一下自己的态度和行为是否受到晕轮效应的影响，自觉走出晕轮效应的迷宫。

三、投射效应

投射效应是指将自己的特点归因到其他人身上的倾向，是指以己度人，认为自己具有某种特性，他人也一定会有与自己相同的特性，把自己的感情、意志、特性投射到他人身上并强加于人的一种认知障碍。"以小人之心度君子之腹"就是一种典型的投射效应。当别人的行为与我们不同时，我们习惯用自己的标准去衡量别人的行为，认为别人的行为违反常规；喜欢嫉妒的人常常将别人行为的动机归纳为嫉妒，如果别人对他稍不恭敬，他便觉得别人在嫉妒自己。

【案例2-8】 糊涂的苏东坡

宋代著名学者苏东坡和佛印和尚是好朋友。一天，苏东坡去拜访佛印，与佛印相对而坐。苏东坡对佛印开玩笑说："我看你是一堆狗屎。"而佛印则微笑着说："我看你是一尊金佛。"苏东坡觉得自己占了便宜，很是得意。回家以后，苏东坡得意地向妹妹提起这件事，苏小妹说："哥哥你错了。佛家说'佛心自现'，你看别人是什么，就表示你看自己是什么。"

由于人都有一定的共同性，都有一些相同的欲望和要求，所以，在很多情况下，我们对别人做出的推测都是比较正确的，但是，人毕竟有差异，因此推测总会有出错的时候。

(资料来源：搜狐网，https://www.sohu.com/a438514818_680756)

有一句"尔之砒霜，吾之熊掌"的俗语，便是告诫人们不要轻易地以己度人。自己珍视的东西，别人未必喜欢；即使是世人大多认可的东西，别人也未必喜欢。我们在认知他人的时候，既不能依据自身的偏好，也不能墨守成规，将世人公认的常理"投射"给他人。

四、定型化效应

【案例2-9】 三胞胎的故事

某小学正在办理新生入学手续，有两个小男孩同时来到招生老师面前。他俩长相一样，父母的姓名也一样。招生老师不禁问道："你们是双胞胎吗?"他们异口同声地回答:"不是。"老师大吃一惊,不是双胞胎怎么会有这么多相同的地方?两个学生说:"我们是三胞胎中的两个。"这就是定型化效应的一种表现方式。

(资料来源: http://dsam.imust.cn/detail.asp?newsid=205)

在心理学上,定型化效应被称为心理定势。为什么老师一见到两个酷似的小孩,就马上想到他们是双胞胎而不是三胞胎中的两个呢?原因就在于他习惯了一种常规型思维,因为常规型思维方式会让人的思维产生一种惯性,这种惯性还会不自觉地、无意识地影响人的活动,这就是心理定势。

定型化效应也叫"刻板印象",是指个人受社会影响而对某些人或事持稳定不变的看法。它既有积极的一面,也有消极的一面。积极的一面表现为:在对于具有许多共同之处的某类人在一定范围内进行判断时,不用探索信息,直接按照已形成的固定看法即可得出结论,这就简化了认知过程,节省了大量时间、精力。消极的一面表现为:在被给予有限材料的基础上做出带普遍性的结论,会使人在认知别人时忽视个体差异,从而导致知觉上的错误,妨碍对他人做出正确的评价。

定型化效应阻碍了企业员工的想象力和创造力,不利于企业的变革和创新,影响了企业的发展。

复习思考题

一、问答题

(1) 简述知觉及种类。

(2) 简述感觉和知觉的区别和联系。

(3) 简述知觉特征。

(4) 简述影响知觉的因素。

(5) 简述社会知觉及其特征。

(6) 简述社会知觉的影响因素。

(7) 简述社会认知障碍的克服。

二、分析题

俄罗斯著名的大文豪普希金曾狂热地爱上了被称为"莫斯科第一美人"的娜坦丽,并且和她结了婚。娜坦丽容貌惊人,但与普希金志不同道不合。当普希金每次把写好的诗读给她听时。她总是捂着耳朵说:"不要听!不要听!"相反,她总是要普希金陪她游乐,出席一些豪华的晚会、舞会,普希金为此丢下创作,弄得债台高筑,最后还为她决斗而死,使一颗文学巨星过早地陨落。在普希金看来,一个漂亮的女人也必然有非凡的智慧和高贵的品格,然而事实并非如此。

(资料来源: 畅享博客→山草小屋, http://blog.vsharing.com/)

思考题: 运用晕轮效应理论解释上述现象。

第三章　个性差异与管理

【学习目标】

了解个性的特点和结构，气质、性格、能力的含义和类型；理解并重点掌握如何根据气质、性格、能力的差异进行有效的管理。

【关键概念】

个性(personality)　气质(temperament)　性格(character)　能力(ability)　差异管理(different management)

现代管理是以人为中心的管理。美国著名的企业家亚柯卡(Lee Iacocca)总结了多年的成功经验及失败教训，概括出企业成功的关键和管理的本质："企业成功的关键在于人，管理就是发动人去工作。"为实现有效地发动人，首先必须了解人。了解人只停留在对外部特征的观察上是远远不够的，必须准确把握人的个性心理特征和心理品质，以及个人之间的差异，在管理上才能"量体裁衣""对症下药"，做到人尽其才，取得最佳管理效果。

第一节　个性概述

一、个性含义及特征

个性贯穿着人的一生，影响着人的一生。正是人的个性倾向性中所包含的需要、动机和理想、信念、世界观，指引着人生的方向、人生的目标和人生的道路；正是人的个性特征中所包含的气质、性格、兴趣和能力，影响和决定着人生的风貌、人生的事业和人生的命运。

【案例3-1】　佛兰克的问题

佛兰克是一家零售连锁店的分店经理。他已经在这里工作了5年。与附近其他拥有同样人口与人均收入城市中的类似商店相比，他的商店销售额低于平均水平。

佛兰克的老板萨特已经在这家连锁店待了12年，其中5年是在佛兰克现在的商店当经理。在那期间，该店的销售额在这个地区最高，她的雇员们对她评价很高，认为她是个非常优秀的经理。

萨特认为，一个有效的商店经理最重要的品质之一，是要有良好的个性。他必须喜欢人，善于与人打交道，愿意听取顾客的意见而不掺杂个人的感情，对店员的生活福利要表现出真诚的关切。在萨特看来，佛兰克似乎缺少这些特点。他好斗、性急、缺乏耐心，说话生硬。老板担心这种个性可能会导致丧失商誉。在最近一次对商店的巡视中，萨特碰到的两件事情更加深了她的这种担忧。

第一件事是，有个店员上班迟到了 5 分钟，当她气喘吁吁、满头大汗地走进商店时，佛兰克劈头盖脸一通指责，店员似乎想对他解释点什么，但佛兰克不给她说话的机会，并警告说："你这个月的奖金被扣除了。"店员含着眼泪走开了。

紧接着，有一位顾客来退货，顾客咬定货物在打开包装之前就已损坏，要求换一个完好的。佛兰克拒绝接受退货。他说："我们不会出售残次品，一定是你买回去后才损坏的，要不，你为什么不当场要求退换呢？"

顾客暴跳如雷，她扯开嗓子批评商店及其职员。萨特注意到，商店里的其他顾客看到这场争吵时，大部分人没买任何东西就离开了。

萨特找来佛兰克谈话，她试图帮助佛兰克体谅下属和顾客，改变工作方式，但佛兰克认为，严明纪律、坚持原则是对的，并解释说那位顾客是无理取闹，商店不应当承担损失。

萨特接着又问佛兰克："自你接任以来，情况一直不怎么好，你认为问题出在什么地方呢？"佛兰克谈了一些他觉得需要改进的问题，但他丝毫没有意识到他的个性或领导作风可能会引起的问题。萨特决定再给佛兰克 3 个月的时间，如果销售额仍然持续下降，就不得不派人替换他了。

(资料来源：360 文库，http://wenku.so.com/)

(一)个性的含义

简单地说，个性就是一个人区别于他人的、在不同环境中显现出来的、相对稳定的、影响人的外显和内隐性行为模式的心理特征的总和。

我国心理学界对个性的概念和定义尚未有一致的看法，第一部大型心理学词典——《心理学大词典》中的个性定义反映了多数学者的看法："个性，也可称人格，指一个人的整个精神面貌，即具有一定倾向性的心理特征的总和。个性结构是多层次、多侧面的，由复杂的心理特征的独特结合构成的整体。这些层次有：第一，完成某种活动的潜在可能性的特征，即能力；第二，心理活动的动力特征，即气质；第三，完成活动任务的态度和行为方式的特征，即性格；第四，活动倾向方面的特征，如动机、兴趣、理想、信念等。这些特征不是孤立地存在的，是错综复杂、相互联系、有机结合的一个整体，是对人的行为进行调节和控制的。"

也有少数学者提出将"个性"和"人格"加以区别，认为个性即个体性，指个体的独特性；人格是一个复杂的内在组织，它包括人的思想、态度、兴趣、气质、潜能、人生哲学以及体格和生理等特点。两者并不是完全相同的，只是互相交错在一起，共同影响着人的行为，人格的形成更多的是由教育决定的。

尽管心理学家们对个性的概念和定义所表达的看法不尽相同，但其基本精神还是比较一致的："个性"内涵非常广阔丰富，是由人们的心理倾向、心理过程、心理特征以及心理状态等综合形成的系统心理结构。

(二)个性的结构

从构成方式上讲，个性其实是一个系统，其由三个子系统组成。

1. 个性倾向性

个性倾向性是指人对社会环境的态度和行为的积极特征，它是推动人进行活动的动力系统，是个性结构中最活跃的因素。决定着人对周围世界认识和态度的选择和趋向，决定人追求什么。包括需要、动机、兴趣、理想、信念、世界观等。个性倾向性是个性系统的动力结构。它较少受生理、遗传等先天因素的影响，主要是在后天的培养和社会化过程中形成的。个性倾向性中的各个成分并非孤立存在的，而是互相联系、互相影响和互相制约的。其中，需要又是个性倾向性乃至整个个性积极性的源泉，只有在需要的推动下，个性才能形成和发展。动机、兴趣和信念等都是需要的表现形式。而世界观居于最高指导地位，它指引和制约着人的思想倾向和整个心理面貌，它是人的言行的总动力和总动机。由此可见，个性倾向性是以人的需要为基础、以世界观为指导的动力系统。

2. 个性心理特征

个性心理特征是指人的多种心理特点的一种独特结合。所谓个性心理特征，就是个体在其心理活动中经常地、稳定地表现出来的特征，主要是指人的能力、气质和性格。其中的能力是指人顺利完成某种活动的一种心理特征。能力总是和人完成一定的活动联系在一起的。离开了具体活动既不能表现人的能力，也不能发展人的能力。气质是指个人生来就有的心理活动的动力特征，是表现在心理活动的强度、灵活性与指向性等方面的一种稳定的心理特征，具有明显的天赋型，基本上取决于个体的遗传因素。性格是指一个人对人、对己、对事物(客观现实)的基本态度，及相适应的习惯化的行为方式中比较稳定的独特的心理特征的综合。气质无好坏、对错之分，而性格则有这种区分。

3. 自我意识

自我意识是指自己对所有属于自己身心状况的意识，包括自我认识、自我体验、自我调控等方面，如自尊心、自信心等。自我意识是个性系统的自动调节结构。有的学者还把自我意识称为自我调控系统。

个性结构的这些成分或要素，又因人、时间、地点、环境的不同而互相排列组合，结果就产生了在个性特征上千差万别的人和一个人在不同的时间、地点、环境中的个性特征的变化。而心理过程是个性产生的基础。

(三)个性的特征

研究个性必须探讨它的特性及表现，这样才能把个性心理与其他心理现象区别开来。

1. 个性的特征概述

一般而言，个性具有以下几方面特征。

(1) 个性的倾向性。个体在形成个性的过程中，时时处处都表现出每个个体对外界事物的特有的动机、愿望、定势和亲和力，从而发展为各自的态度体系和内心环境，形成了个人对人、对事、对自己的独特的行为方式和个性倾向。

(2) 个性的复杂性。个性是由多种心理现象构成的，这些心理现象有些是显而易见的，别人看得清楚，自己也觉察得很明显，如热情、健谈、直爽、脾气急躁等；有些非但别人看不清楚，就连自己也感到模模糊糊。

(3) 个性的独特性。每个人的个性都具有自己的独特性，即使是同卵双生子甚至连体婴儿长大成人，也同样具有自己个性的独特性。

(4) 个性的积极性。人不是被客观环境任意摆布的消极个体。个性具有积极性、能动性，并统帅全部心理活动去改造客观世界和主观世界。

(5) 个性的稳定性。从表现上看，人的个性一旦形成，就具有相对的稳定性。

(6) 个性的完整性。个性是一个完整的统一体。一个人的各种个性倾向、心理过程和个性心理特征都是在其标准比较一致的基础上有机地结合在一起的，绝不是偶然性的随机凑合。人是作为整体来认识世界并改造世界的。

(7) 个性的发展性。婴儿出生后并没有形成自己的个性，随着其成长，其心理不断丰富、发展、完善，逐渐形成其个性。从形式上讲，个性不是天生固定的，而是心理发展的产物。

(8) 个性的社会性。个性是一个处于一定社会关系中的活生生的人和这个人所具有的意识。个性的社会性是个性的最本质特征。马克思曾经指出："人的本质并不是单个人所固有的抽象物，实际上，它是一切社会关系的总和。" 因此，只有在实践中，在人与人之间的交往中，考察社会因素对人的个性形成的决定作用，才能科学地理解个性。

2．对个性特征的理解

理解个性特征时切忌片面地将某一方面特征绝对化，应该以辩证的观点去研究。

(1) 个性的自然性与社会性相结合。人的个性是在先天的自然素质的基础上，通过后天的学习、教育与环境的作用逐渐形成起来的。因此，个性首先具有自然性。但人的个性并非单纯自然的产物，它总是要深深地打上社会的烙印。

个性又是在个体生活过程中逐渐形成的，在很大程度上受社会文化、教育培养内容和方式的塑造。可以说，每个人的人格都打上了他所处的社会的烙印，即个体社会化结果。由此可见，个性是自然性与社会性的统一。

(2) 个性的稳定性与可塑性相结合。个性的稳定性是指个体的人格特征具有跨时间和空间的一致性。一个人的个性及其特征一旦形成，就可以从他儿童时期的人格特征推测其成人时期的人格特征。

尽管如此，个性或人格绝不是一成不变的。因为现实生活非常复杂，随着社会现实和生活条件、教育条件的变化，年龄的增长，主观的努力等，个性也可能会发生某种程度的改变。特别是在生活中经过重大事件或挫折，往往会在个性上留下深刻的烙印，从而影响个性的变化，这就是个性的可塑性。当然，个性的变化一般比较缓慢，不可能立竿见影。

【案例3-2】　空城计

诸葛亮出兵汉中伐魏，不料连失街亭、列柳城两个军事咽喉要地。诸葛亮见形势严峻，急忙安排全军撤退汉中。这时魏国骠骑大将军司马懿带领精兵15万直奔诸葛亮所在的西城而来，诸葛亮身边无大将，只有一班文官和2500名军士，众官听到这个消息，都大惊失色。诸葛亮传令：诸军将旌旗全部收藏，坚守城池，不准走动和高声说话；打开四门，每一门用20个军士，扮作百姓，清扫街道，如魏军到来，不可惊慌妄动。司马懿带领军队来到城下，只见诸葛亮稳坐城楼之上，身披鹤氅，头戴纶巾，笑容可掬，焚香抚琴。左有一童子，手捧宝剑；右有一童子，手执拂尘。城门内外，有20余名百姓，低头洒水扫街，旁若无人。

司马懿大生疑惑，他的儿子司马昭说："莫非诸葛亮身边无重兵，故作此态？"司马懿说："诸葛亮平生谨慎，从来不做冒险的事。眼下大开城门，必有埋伏。我军若进城，就中其计，宜速退兵！"于是魏军尽皆退去。诸葛亮抚掌而笑，众官无不由衷叹服诸葛丞相的胆略与智谋。

(资料来源：百度知道，http://zhidao.baidu.com/)

(3) 个性的独特性与共同性相结合。个性的独特性是指人与人之间的心理和行为是各不相同的。因为构成个性的各种因素在每个人身上的侧重点和组合方式是不同的。如在认识、情感、意志、能力、气质、性格等方面反映出每个人独特的一面，有的人知觉事物细致、全面，善于分析；有的人知觉事物较粗略，善于概括；有的人情感较丰富、细腻，而有的人情感较冷淡、麻木等。这如同世界上很难找到两片完全相同的叶子一样，也很难找到两个完全相同的人。

强调个性的独特性，并不排除个性的共同性。个性的共同性是指某一群体、某个阶级或某个民族在一定的群体环境、生活环境、自然环境中形成的共同的典型的心理特点。正是个性具有的独特性和共同性才组成了一个人复杂的心理面貌。

二、个性的形成与发展

在心理学发展史上，关于个性的形成与发展曾有过两种理论观点，即遗传决定论和环境决定论。

遗传决定论者认为个性是由遗传因素决定的。美国心理学家霍尔(G.S.Hall, 1844—1924)提出："一两的遗传胜过一吨的教育。"

环境决定论者认为个性是环境决定的。这一理论的代表人物美国行为主义的创始人华生指出："只要给我一个健康的婴儿，无论他父母的职业和种族如何，我都可以把他训练成任何类型的特殊人物，如医生、律师、艺术家、商人或乞丐、小偷等。"

其实这两种理论都是片面的。目前，绝大多数心理学家认为，人的个性的形成与发展是多种复杂因素相互作用、相互影响的结果。这一过程大致可划分为三个阶段。

(一)儿童时期

儿童时期，对孩子影响最重要的人是担负着教育任务的父母与幼儿园老师，他们的思想观念、品德修养、言谈举止及对孩子们的教育方式与方法，都会在儿童个性形成与发展过程中打下深深的烙印。

(二)学生时期

据科学抽样研究表明，影响一个人个性的最有影响力的时期是学生时期，自古英雄出少年是有一定道理的。在学校，同学们不仅要系统地学习科学文化知识、接受思想品德和遵纪守法的规范教育，还要参加集体劳动，与老师同学打交道，经历着人与人之间的各种磨合与情感体验，这个时期学校的教育非常重要。

(三)介入社会时期

介入社会时期是个性发展最为复杂的时期，方方面面的因素影响着个性的发展。如社会制度、政治形势、经济发展、文化艺术、交际范围等，都对人的个性发展起着重要的作用，这个时期也是人的个性的定型期。

第二节　气质差异与管理

一、气质的含义

气质是指个性中典型的、稳定的心理特点，主要是指人的心理活动在动力方面的特点。它主要表现在一个人情绪体验的反应速度、强度，表露的隐显程度，心理活动的指向性以及动作的灵敏性等方面。例如，有的人情绪和活动发生得快而强烈，外部表现非常明显，喜怒哀乐皆形于色；有的人情感和活动发生得缓慢而微弱，外部表现不显著，表情冷淡，对任何事情似乎都无动于衷，这些都是气质的表现。

气质表现出一个人生来就具有的自然特性，它不以活动的内容为转移。它较多地受个体生物组织的制约，体现在一个人的一切心理活动的过程中。当然在环境和教育的影响下，随着年龄的增长和阅历的变化，气质也会有所变化，但与其他的心理特征相比较，气质的变化要缓慢得多。

二、气质的类型及其特征

气质是一个古老的概念。公元前 5 世纪古希腊著名医生希波克拉特(Hippocrates)最早提出气质这一名称并根据日常观察提出"体液优势论"。他认为，人体内具有 4 种液体：血液、黏液、黄胆汁和黑胆汁，它们在人体内的比例各不相同。他以哪一种体液在人体内占优势为根据，将人们的气质分为 4 种基本的类型：多血质、胆汁质、黏液质和抑郁质。五百多年后这一理论经罗马的医生盖伦验证修订，正式成为气质学理论。这 4 种气质类型的基本特征如下。

(一)多血质

多血质又称活泼型。这种气质类型的人情绪兴奋性高，外部表现明显，反应速度快而灵活，感受性低而耐受性高。不随意反应性强，具有可塑性、外倾性，但情绪不太稳定，心境变换较快、强度不大，注意力易转移，易体验失败和不快。在日常生活中，这种气质类型的人常表现为动作言语敏捷迅速，活泼好动，待人热情亲切，喜欢与人交往，但又显得有些粗心浮躁、急性子。这种人适合多变性、多样性的工作和生活环境。

(二)胆汁质

胆汁质又称兴奋型。这种气质类型的人情绪兴奋性高，外倾显著，反应速度快但不灵活，感受性低而耐受性高，不随意反应性强，情绪体验迅速而强烈，心境变换剧烈，易冲动，可塑性小。在日常生活中常表现出精力旺盛，态度直率，性情急躁，抑制能力差，烈性子脾气。这种气质的人能以极大的热情投身于事业，勇于克服困难。但是遇到大的挫折时，易表现出极度灰心，情绪顿时沮丧而一事无成。此类人适于做周期较短且见效快的工作。

(三)黏液质

黏液质又称安静型。这种气质类型的人情绪兴奋性低，内倾性明显，反应速度慢而不灵活，感受性低而耐受性高，不随意反应性弱，注意稳定且难以转移，抑制力强。在日常生活中常表现为安静、稳重，沉默寡言，性情温柔，行动迟缓，不易激动，善于忍耐，慢性子，对人感情真挚而不丰富，处事冷静而踏实。这种人严格地遵守既定的生活秩序和工作制度，不为无谓的原因而分心，交际适度，不爱空谈，固定性有余而灵活性不足，对事物不敏感。此类人适于做条理性强、持久性强、重复性和熟练性强的工作。

(四)抑郁质

抑郁质又称抑制型。这种气质类型的人情绪兴奋性低而体验深刻，严重内倾，情绪反应性低，反应速度慢而不灵活，感受性高而耐受性低。在日常生活中表现为对事物和人际关系观察细致，处事谨慎，机智敏感，多疑多虑，优柔寡断，孤僻寡欢，柔弱易倦，动作缓慢，不善社交，易受挫折，忍耐性差，爱使小性子。在工作中能任劳任怨，认真负责，一丝不苟，适合于做较为细致和持久性的工作，在通常情况下，尤其在友爱的集体里，可能是一个容易相处的人，能胜任所委托的事情。

在实际生活中，可以遇到以上 4 种气质类型的典型代表人物，但绝大多数的人属混合型。每种类型的气质中都有积极的一面，也有消极的一面，重要的是调动气质中的积极因素，克服其消极因素。

学会认识自己和别人的气质，善于根据不同人的气质特点进行工作，对于教育培训、组织生产、指导就业、管理工作都有重要的意义。

三、气质差异与管理

【案例3-3】 巴菲特的精神和气质

巴菲特现在是人们崇拜的偶像，人们对他达到了顶礼膜拜的程度。且不说他在 2008 年个人财富达到 620 亿美元，就是他在几十年的投资生涯中，始终如一地坚守自己的信念，足够让人钦佩。他富可敌国，集名誉、财富、权势和内在能力于一身，人们惊叹他所拥有的一切。综观巴菲特的一生，取得如此非凡成就，仍不是常人的思维和行为能达到的，也不是通过模仿他人的技巧所能实现的。那是他与生俱来的气质，经过不断的自我修正才实现的境界，常人无法企及。

第一，巴菲特具有极强的自控能力，能够保持独立的人格。伟人之所以成为伟人，就是具有一般人不具有的品质。在读汤因比的《历史的研究》时给我留下深刻印象的一句话是，控制自己才能征服世界。这句话在巴菲特身上得到了验证。在他投资生涯中，他始终恪守自己的理念，不为感情所动。股票指数的涨跌不会影响他的判断和投资策略。在这个物欲横流的世界，能够保持其本色是何等艰难，我们或多或少为各种欲望所左右，所以我们常常偏离目标。巴菲特保持了自己纯正的智力，认定了自己的理念，用毕生的精力去实现自己的理念，获得了常人无法取得的成果。

第二，巴菲特具有正确的金钱观，崇尚简单的生活方式，感恩于社会。巴菲特虽然富可敌国，但是他的金钱观却匪夷所思，爱财如命，终身过着简朴的生活。他虽然拥有天量的财富，但是对此毫无兴趣。他没有豪华的座驾、精美的艺术品和奢侈的住所。他也不会享受精美的佳肴，一杯可乐、一个汉堡足矣。这种生活方式不要说对拥有天量财富的人来说很难做到，就是对于拥有一定财富的人来说也是很难做到。巴菲特认为，财富最终是要造福社会的，它代表的是一堆"承兑支票"，是社会对于你价值的承认。巴菲特的女儿苏珊说："我们的生活和别人家没有任何不同。只是我可以买很多好衣服而不会有任何经济障碍，也许这是唯一区别。可我自己一辆车都没有，16 岁的时候就得去外面打工，在商店里当销售员。"这就是巴菲特的女儿所经历的生活。

第三，珍爱生命，勤奋工作，将对财富的追求视为自己的生命。对巴菲特的工作态度，作者写道他无时无刻不在工作，珍惜每一分钟。他说自己每天下床之前，就在盘算该怎样赚钱了。巴菲特赚钱的欲望已经融入了他的血液之中，他会拒绝任何有悖于赚钱的行为。如果你有这样的信念，那么你在任何行业都可以取得骄人的业绩。但是，我们往往坚持一段时间是可以的，但是要几十年如一日，保持如此高昂的工作热情，非常人所能做到。所以，巴菲特的成功不是一日之功。

第四，富有同情心和正义感，能够善待周围的每个人。巴菲特是个善良的人，他善待周围的每个人。对于公司的管理层和员工，他会给予绝对的信任，从不轻易解雇员工。他认为每个人必须对社会负责。

第五，忠于自己的信仰，终身为之奋斗。几十年来一直恪守自己的"价值投资"理念，在各种投资理论面前没有轻易放弃自己的理念。他将赚钱视为自己的乐趣，享受赚钱过程的快乐。他是在为自己的理想而奋斗。

（资料来源：新浪博客，http://blog.sina.com.cn/）

人的气质差异是先天形成的，受神经系统活动过程的特性所制约。各种气质类型都有积极的和消极的一面，实际工作中应扩大气质类型积极的一面，缩小其消极的一面。因此，应当合理地应用气质的差异，妥善安排人们的工作。可以从工作性质、人际关系、思想教育等方面考虑应用气质差异。

(一)气质无好坏之分

性格有好坏之分，但气质类型并无好坏之分。任何气质类型的人都有长处和短处。胆汁质的人，积极、充满活力和生气勃勃，也有一些浮躁、任性和感情用事。多血质的人，灵活、亲切又不乏机敏，但比较轻浮和情绪多变。黏液质的人，沉着、冷静、坚毅，但比较冷淡和缺乏活力。抑郁质的人，长处是情感深刻稳定，短处是比较孤僻、羞怯。认识到以上特点，不要因为对自己的气质类型不满而自暴自弃，不求进取，不要因为对员工的气质类型不满而贬低、压抑其劳动工作积极性，要认真分析自己及员工气质类型中的积极、消极之处，发扬光大积极的一面，控制、克服消极的一面，自觉培养和锻炼，逐渐改进自己及员工的气质。

(二)气质差异与工作安排

气质类型虽然不能决定一个人社会活动的内容和方向，不能决定一个人的社会价值，但它往往影响一个人的活动效率。管理者应当了解员工的气质类型及其特点，合理安排工作，有助于发挥员工的特长，提高工作效率。对于不同工作由不同气质类型的人来承担，往往能取得"事半功倍"或"事倍功半"的不同结果。例如，让一个多血质的人去当会计，会使他焦头烂额，而让他去当推销员则会得心应手，事半功倍。不同的职业对气质的要求也不同。在选择各种特殊职业工作人员时，应当首先对他们的气质特征进行测定，作为推选人员的重要心理依据。

知人善任，从善如流。知人善任是企业领导者的重要职责和领导艺术，也是企业管理活动成败关键之一。知人是善任的前提，而善任是问题的关键，也是知人的目的。知人善任的实质是一个正确识别和用好人才的问题。

(三)气质差异与思想政治工作

思想政治工作方法是现代管理工作的四大基本方法之一，思想政治工作要启发人们的思想觉悟，使人们自觉地取向于组织的共同目标并付诸行动。但思想政治工作要起到应有的作用，它必须具备科学性和启发性。由于气质对于形成和改造人们的某种情感与行为特点或个性特征都具有很大影响，因此，在组织管理中，管理者只有了解员工的气质特点，根据员工的气质差异，采用不同的教育方式来做员工的思想工作，才能使思想政治工作起到应有的作用。

(四)气质差异与领导班子配备

企业领导班子成员的气质组合是优化结构、增强团结不可忽视的一个重要方面。心理学理论告诉我们，气质是人类心理活动的动力特征，气质与人的行为关联性极强，对人的行为产生着直接影响。因此，科学配备领导班子，应从以下几个方面考虑：第一，依据气质稳固性特征，科学任命领导干部；第二，依据气质可塑性特征，科学配备领导班子；第三，深入研究气质与行为的关系，做到量才而用、任人唯贤。

四、气质类型的测定方法

你想知道自己属哪类气质吗？下面 60 道题可帮你大致确定自己的气质类型。

(1) 做事力求稳妥，不做无把握的事。

(2) 遇到可气的事就怒不可遏，想把心里话全说出来才痛快。

(3) 宁可一人干事，不愿很多人在一起。

(4) 到一个新环境很快就能适应。

(5) 厌恶那些强烈的刺激，如尖叫、器材音、危险镜头等。

(6) 和人争吵时，总先发制人，喜欢挑衅。

(7) 喜欢安静的环境。

(8) 善于和人交往。

(9) 羡慕那种善于克制自己感情的人。

(10) 生活有规律，很少违反作息制度。

(11) 在多数情况下情绪是乐观的。

(12) 碰到陌生人觉得很拘束。

(13) 遇到令人气愤的事，能很好地自我克制。

(14) 做事总是有旺盛的精力。

(15) 遇到问题常常举棋不定，优柔寡断。

(16) 在人群中从不觉得过分拘束。

(17) 情绪高昂时，觉得干什么都有趣，情绪低落时，又觉得做什么都没意思。

(18) 当注意力集中于一事物时，别的事物很难使我分心。

(19) 理解问题总比别人快。

(20) 碰到危险情景，常有一种极度恐怖感。

(21) 对学习、工作、事业怀有很高热情。

(22) 能够长时间做枯燥、单调的工作。

(23) 符合兴趣的事情，干起来劲头十足，否则就不想干。

(24) 一点小事能引起情绪波动。

(25) 讨厌做那种需要耐心、细致的工作。

(26) 与人交往不卑不亢。

(27) 喜欢参加热烈的活动。

(28) 爱看感情细腻，描写人物内心活动的文学作品。

(29) 工作学习时间长，常感到厌倦。

(30) 不喜欢长时间谈论一个问题，愿意实际动手干。

(31) 宁愿侃侃而谈，不愿窃窃私语。

(32) 别人说我总是闷闷不乐。

(33) 理解问题常比别人慢些。

(34) 感到厌倦时只要经过短暂的休息就能精神抖擞，重新投入工作。

(35) 心里有话，宁愿自己想，不愿说出来。

(36) 认准一个目标就希望尽快实现，不达目的誓不罢休。

(37) 同样和别人学习、工作一段时间后，常比别人更疲倦。

(38) 做事有些莽撞，常常不考虑后果。

(39) 老师或师傅讲授新知识、新技术时，总希望他讲慢些，多重复几遍。

(40) 能够很快地忘记那些不愉快的事情。

(41) 做作业或完成一件工作总比别人花的时间多。

(42) 喜欢运动量大的剧烈体育活动，或参加各种文艺活动。

(43) 不能很快地把注意力从一件事转移到另一件事上去。

(44) 接受一个任务后，就希望迅速解决。

(45) 认为墨守成规比冒风险强些。

(46) 能够同时注意几件事。

(47) 当我烦闷的时候，别人很难使我高兴。

(48) 爱看情节起伏跌宕、激动人心的小说。

(49) 对工作认真严谨、始终如一。

(50) 和周围人们的关系总是相处不好。

(51) 喜欢复习学过的知识，重复做已经掌握的工作。

(52) 希望做变化大、花样多的工作。

(53) 小时候会背的诗歌，我似乎比别人记得清楚。

(54) 别人说我"出语伤人"，可我并不觉得这样。

(55) 在体育活动中，常因反应慢而落后。

(56) 反应敏捷，头脑机智。

(57) 喜欢有条理而不甚麻烦的工作。

(58) 兴奋的事常常使我失眠。

(59) 老师讲新概念，常常听不懂，但是弄懂以后就很难忘记。

(60) 假定工作枯燥无味，马上情绪低落。

确定气质的具体方法如下。

第一步，在回答上述问题时，你认为：

很符合自己情况的，记 2 分；

比较符合的，记 1 分；

介于符合与不符合之间的记 0 分；

比较不符合的，记-1 分；

完全不符合的，记-2 分。

第二步，将各类气质对应的每题得分汇总。

胆汁质

题号：2、6、9、14、17、21、27、31、36、38、42、48、50、54、58。

总得分：(   )

多血质

题号：4、8、11、16、19、23、25、29、34、40、44、46、52、56、60。

总得分：(   )

黏液质

题号：1、7、10、13、18、22、26、30、33、39、43、45、49、55、57。

总得分：(   )

抑郁质

题号：3、5、12、15、20、24、28、32、35、37、41、47、51、53、59。

总得分：(   )

第三步，气质类型的确定如下。

(1) 如果其中一种气质类型的得分明显高出其他三种，均高出 4 分以上，则可定为该种气质类型。此外如果该类气质得分超过 20 分，则为典型；如果该类得分在 10～20 分，则为一般型。

(2) 两种气质类型得分接近，其差异低于 3 分，又明显示高于其他两种，高出 4 分以上，则可定为这两种气质的混合型。

(3) 三种气质类型的得分均高于第四种，而又接近，则为三种气质的混合型。

第三节　性格差异与管理

一、性格概述

(一)性格的含义

恩格斯曾经说过："人物的性格不仅表现在他做什么，而且表现在他怎样做。"因此，性格是指一个人对现实的比较稳定的态度和习惯化了的行为方式，性格是个性心理特征中最重要的方面。它通过人对事物的倾向性态度、意志、活动、言语、外貌等方面表现出来，是人的主要个性特点即心理风格的集中体现。人们在现实生活中显现出的某些一贯的态度倾向和行为方式，如大公无私、勤劳、勇敢、自私、懒惰、沉默、懦弱等，都反映了自身的性格特点。

实践证明，性格不是天生的，性格是一种与社会相关最密切的人格特征，在性格中包含有许多社会道德含义。性格表现了人们对现实和周围世界的态度，并表现在他的行为举止中。性格主要体现在对自己、对别人、对事物的态度和所采取的言行上。性格体现一个人的品德，受价值观、人生观、世界观的影响。这些具有道德评价含义的人格差异，称为性格差异。性格是在后天社会环境中逐渐形成的，是人的核心的人格差异。性格有好坏之分，能最直接地反映出一个人的道德风貌。

(二)性格与气质的关系

性格与气质的关系十分密切。人们常常把一些气质特征称作性格特征。例如，人们常讲某人性格很活泼，某人的性格很内向，某人性子很急等，都指的是气质特点。实际上，性格与气质既有区别，又有联系。气质主要表现在人的情绪和行为活动中的心理动力性特征上(即强度和速度等)，在社会评价上一般无好坏之分。而性格则更多地受到社会生活条件的制约，主要表现在人的态度体系和行为方式等个性心理特征上，所以在社会评价上就有好坏之分。

性格与气质的关系非常复杂。同一种气质类型的人，可能是不同的性格特征；而有相同性格特征的人，也可能属于两种气质类型。据有关研究表明，性格与气质的关系大致表现为三种情况：

第一，有些性格特征在各种气质类型的人身上都可能形成，而气质只是赋予这些性格特征以某种"色彩"而已。例如，具有勤劳性格的人中，有的可能表现出精神饱满、精力很充沛的气质特征；有的则表现出踏实肯干、认真负责的气质特征。

第二，气质可能影响某些性格特征形成和发展的速度。拿自制力性格特征的形成来讲，对比较急躁气质的人来说就要经过极大的克制和努力，而对于比较稳重、安静气质的人来说则较容易形成。

第三，有些性格特征也具有较多的动力性，鲜明地表现出个性的气质特点。比如，性格的某些情绪特征，往往会引起情绪反应的快慢和情绪活动的强弱，这就表现出气质特征。

二、性格的特征

(一)性格的态度特征

性格的态度特征是指个体在对现实生活各个方面的态度中表现出来的一般特征。它包括对现实的态度和对自己的态度两个方面。人对现实生活的反应，总是以一定的态度表现出来的。但由于现实生活表现出来的特征是多种多样的，所以人对现实的态度所表现出来的性格特征也是多种多样的。例如，对别人、对集体和对社会的态度怎么样，是表现出集体主义、富于同情心、诚实正直、公而忘私等性格特征呢，还是表现出漠不关心、冷酷无情、虚伪狡诈、唯利是图的性格特征。又如，对劳动和工作的态度怎么样，是勤劳、踏实、富于创造性，还是懒惰、马虎、墨守成规呢？另外，对自己的态度，是谦逊，还是傲慢？是自信，还是自满？是自豪，还是自卑？等等，这些都是表现一个人性格的态度特征的非常重要的方面。

(二)性格的理智特征

性格的理智特征是指个体在认知活动中表现出来的心理特征。在感知方面，能按照一定的任务主动去观察，属于主动观察型；有的则明显地受环境刺激的影响，属于被动观察型；有的倾向于观察对象的细节，属于分析型；有的倾向于观察对象的整体和轮廓，属于综合型；有的倾向于快速感知，属于快速感知型；有的倾向于精确地感知，属于精确感知型。在想象方面，有主动想象和被动想象之分，有广泛想象与狭隘想象之分。在记忆方面，有主动与被动之分，有善于形象记忆与善于抽象记忆之分等。在思维方面，是否敏锐、深刻，有无逻辑性和创造性，是独立思考还是依赖他人，是深刻还是浮浅，等等。

(三)性格的情绪特征

性格的情绪特征是指个体在情绪表现方面的心理特征。情绪状态对人的活动影响很大，其具体表现在以下 4 个方面。第一，在情绪的强度方面，即情绪对人的行为活动的感染程度或支配程度，以及情绪受意志控制的程度。有的情绪强烈，不易于控制；有的则情绪微弱，易于控制。第二，在情绪的稳定性方面，有人情绪波动性大，情绪变化大，如有的人在工作上表现为忽冷忽热，情绪不稳，起伏波动；有的人始终保持稳定的情绪，心平气和。第三，在情绪的持久性方面，有的人情绪持续时间长，对工作学习的影响大；有的人则情绪持续时间短，对工作学习的影响小。第四，在主导心境方面，如有的人经常精神饱满，处于愉快的情绪状态，是个乐观主义者；而有的人则是经常抑郁消沉，多愁善感，闷闷不乐。

(四)性格的意志特征

一个人自觉调节自己行为，以及克服困难时的心态表现了一个人的意志。故这种自我调节行为的方式和克服困难时的程度，就反映了他的性格的意志特征。这种意志特征主要表现在对行为目标明确的程度上，以及对行为自觉控制的水平上。自觉性、坚定性、果断性、自制力等是主要的意志特征。

三、性格类型

鉴于性格在个体结构中的重要地位，长期以来，许多心理学家高度重视对性格理论的研究，曾经以各自的标准和原则，尝试从不同角度对人的性格类型进行划分。下面是几种具有代表性的观点。

(一)从社会学与生物学综合的角度分类

从社会学与生物学综合的角度将性格分为以下6种。

1.现实型

具有现实型性格的人喜欢户外、机械以及体育类的活动或职业，喜欢与"物"打交道而不喜欢与"人"打交道，喜欢制造、修理东西，喜欢操作设备和机器，喜欢看到有形的东西。这种性格的人有毅力、勤勉，缺乏创造性和原创性；喜欢用熟悉的方法做事并建立固定模式，考虑问题往往比较绝对；喜欢模棱两可，不喜欢抽象理论和哲学思辨；属于传统、保守的人，缺乏良好的人际关系和言语沟通技巧。这种性格的人当成为别人瞩目中心时会感到不自在，不善于表达自己的情感，别人认为他比较腼腆害羞，但是绝大多数现实型性格的人都秉承实事求是的生活和工作作风。

2.研究型

具有研究型性格的人好奇心强，好问问题，必须了解、解释和预测身边发生的事，有科学探索的热情；对于非科学、过于简单或超自然的解释，多持否定和批判的态度；对于喜欢做的事能够全神贯注，独立自主并喜欢单枪匹马做事，不喜欢管人也不喜欢被管；喜欢从理论和思辨的角度看问题，喜欢解决抽象、含糊的问题，具有创造性，常有新鲜创意，往往难以接受传统价值观；逃避那种高度结构化、束缚性强的环境。这种性格的人处理事情按部就班、精确且有条理，对于自己的智力很有信心；在社交场合常会感到困窘，缺乏领导能力和说服技巧；在人际关系方面拘谨、刻板；不太善于表达情感，可能给人不太友善的感觉。这种性格的人应该更加注重自身的发展与创新精神。

3.艺术型

具有艺术型性格的人有创造力、善表达、有原则、天真、有个性，喜欢与众不同并努力做个卓绝出众的人，不喜欢从事笨重的体力活动，不喜欢高度规范化和程序化的任务；喜欢通过艺术作品表现事物、表现自我，希望得到众人的关注和赞赏，对于批评很敏感。这种性格的人在衣着、言行举止上倾向于无拘无束、不循传统；喜欢在无人监督的情况下工作，处事比较冲动；非常重视美及审美的品位，比较情绪化且心思复杂；喜欢抽象的工作及非结构化的环境。寻求别人的接纳和赞美，觉得亲密的人际关系有压力而避免之。这种性格的人主要通过艺术间接与别人交流以弥补疏离感，思想天马行空、无拘无束。

4.社会型

具有社会型性格的人友善、热心、外向、合作，喜欢与人为伍，能洞察别人的情感和问题；喜欢扮演帮助别人的角色，如教师、顾问；喜欢表达自己并在人群中具有说服力，喜欢当焦点人物并乐于处在团体的中心位置。这种性格的人对于生活及与人相处都很敏感、理想化和谨慎。喜欢哲学问题，如人生、宗教及道德伦理问题；不喜欢从事与机器或资料有关的工作，或是结构严密、重复性的工作。这种性格的人和别人相处融洽并能自然地表达情感，待人处事圆滑，给别人以仁慈、乐于助人的印象，如果能够得到社会的认可将对国家具有重大的贡献。

5. 管理型

具有管理型性格的人外向、自省、有说服力、乐观，喜欢有胆略的活动，敢于冒险；支配欲强，对管理和领导工作感兴趣。这种性格的人通常喜欢追求权力、财富、地位；善于辞令，总是力求使别人接受自己的观点，具有劝说、调配人的才能；自认为很受他人欢迎；缺乏从事细致工作的耐心，不喜欢那些需要长期智力活动的工作。管理型性格的人头脑清楚，思维敏捷，是可靠的生活和社会的保障。

6. 传统型

具有传统型性格的人做事有板有眼、固执、脚踏实地，喜欢做抄写、计算等遵守固定程序的活动，是个可信赖、有效率且尽责的人。这种性格的人依赖团体和组织以获得安全感，并努力成为好成员，在大型机构中从事一般性工作就感到满足，不寻求担任领导职务；知道自己该做什么事时，会感到很自在；不习惯自己对事情作判断和决策，因而不喜欢模棱两可的指示，希望精确了解到底要求自己做什么，对于明确规定的任务可以很好完成；倾向于保守和遵循传统，习惯于服从、执行上级命令；喜欢在令人愉快的室内环境工作，重视物质享受及财物；有自制力并有节制地表达自己的情感，避免紧张的人际关系，喜欢自然的人际关系；在熟识的人群中才会自在；喜欢有计划地做事，不喜欢打破惯例，不喜欢从事笨重的体力劳动。这种性格的人基本上按照社会规律生活。

美国职业指导专家霍兰德认为，每个人都是这 6 种类型的不同组合，只是占主导地位的类型不同。而每一种职业的工作环境也是由 6 种不同的工作条件所组成，其中有一种占主导地位。一个人的职业是否成功，是否稳定，是否称心如意，在很大程度上取决于其个性类型和工作条件之间的适应情况。

(二)根据心理活动的机能不同分类

根据心理活动的机能不同，可将性格分为以下 4 种。

1. 理智型

以理智占优势的人称为理智型，这种性格的人凡事以理智权衡一切并支配自己的行动。

2. 情绪型

情绪型性格的人情绪体验深刻，言行易受情绪左右，喜欢感情用事，不善思考。

3. 意志型

意志占优势的人称为意志型，这种性格的人做事有较明确的目标，并能自觉主动地采取行动。

4．中间型

介于上述三种性格之间的称为中间型性格。

(三)根据心理活动倾向于内部世界还是外部世界分类

根据心理活动倾向于内部世界还是外部世界，可将性格分为以下 3 种。

1．内向(倾)型

具有内向型性格的人，沉默寡言，心理内向，情感深沉，待人接物小心谨慎，性情孤僻，不善交际；一般表现为语言少、好幻想、情感深沉、沉静多思，善于内心活动，反应比较缓慢，适应环境困难，不爱社交、性情孤僻，缺乏决断能力，但具有自我分析和自我批评的精神。

2．外向(倾)型

具有外向型性格的人心理外向，对外部事物比较关心，活泼开朗，善于交际，活跃，情感容易流露，待人接物比较随和，独立性强，决断能力强，不拘小节，但比较轻率，缺乏自我分析和自我批评精神。

3．内外平衡型

内外平衡型性格介于内向型和外向型之间，这种人由内部过渡到外部或由外部过渡到内部比较容易而且平衡。

这种分类方法是以瑞士心理学家荣格为代表。他最早把性格分为内向和外向两种类型。在现实生活中，典型的内向和外向的人很少，大多数是介于两者之间的，而且人的性格又是各不相同的。荣格经过多年的研究，其理论后来又有所发展，把人在生活中，特别是在人际交往中的性格特点分为敏感型、感情型、思考型和想象型 4 类。虽然一个人可能同时具有两种或两种以上的性格类型特点，但其所具有的主要特征总是属于某一类型。

(四)根据个体的独立性程度分类

根据个体的独立性程度分类，可将性格划分为以下 3 种。

1．独立型

具有独立型性格的人，善于独立地发现问题和解决问题，不易受别人意见的干扰。在紧急困难的情况下，沉着稳定，自信、果断，不慌张，能发挥自己的力量。

2．顺从型

具有顺从型性格的人，缺乏独立性，易受暗示，容易不加考虑地接受别人的意见，屈从权威，缺少主见，办事盲从，在紧急困难的情况下，容易惊慌失措，逃避现实。

3．反抗型

具有反抗型性格的人，喜欢把自己的意志强加于其他人或物，相信依靠自己的力量能改变其他人或物，坚持己见，并在行动中贯彻。

实际上，个人性格的形成是在他所生活的社会环境的影响下，由不稳定到逐渐定型的发展过程。所以，划分性格的类型除了主要考察个人的生活经历之外，还应考虑社会环境、阶级因素的影响。否则，就不会找到个人性格的本质特征。对性格进行分类，可以为管理工作者合理地使用人才、充分调动人的积极性提供重要的理论依据，具有实践意义。

四、性格理论在实践中的运用

性格是人的个性中的核心部分，它是在一定的社会环境和教育因素的影响下，在个体的实践活动中逐渐形成和发展起来的，因此，人的性格无不打上社会生活和历史条件的烙印。它对个体的实践活动具有能动的反作用，它对于一个人的成才、事业的成就、健康状况以及管理水平有着重大的影响。因此，对性格问题的研究与应用，有助于提高我们的实践管理水平。

(一)性格与成才

古今中外，大凡在事业上有所成就者，其性格往往起了一种"催化剂"的作用。

在人才成长的心理因素中，智力因素(包括观察力、记忆力、想象力、思维能力等)常以较直接和外显的形式表现出来；非智力因素(包括兴趣、意志、情感、性格等)往往处于内隐之中。人们通常较容易认识到智力与成就的关系，而往往忽视性格与成就的关系。一些研究证明，性格与成就的关系大于智力与成就的关系。

实践证明，智力因素水平相当的人中，非智力因素水平较高者容易成才，而性格是非智力因素中的核心因素，对成才有着巨大的作用。正如爱因斯坦所说："优良的性格，钢铁级的意志，比智慧与博学更加重要。"历史事实也正是这样，伟人之所以能做出巨大的成就，除了历史条件和智力因素外，与性格有着密切的联系。如马克思在青年时代，就有理想，自信，有刚毅和坚强的性格，他在 1865 年回答他的女儿劳拉的问题时，认为男人最好的性格是刚强，他的最大特点是目标始终如一。又如，伟大的科学家居里夫人有一句名言："我们应该有恒心，尤其要有自信力。"这是她刚强与执着的性格的集中表述。伟人的性格是他们取得事业成功的重要因素。

要使性格成为一个成才的有利因素，关键在于让自己的性格和目标二者相适应。一是根据自己的性格特点结合社会需要和可能，选择合适的职业，确立可行的成才目标。二是在实践中不断培养、改造和完善自己的性格，择优汰劣，持之以恒，使自己的性格与既定职业相适应。爱迪生说过："天才等于99%的汗水加上1%的灵感。"可见性格决定命运。

【案例3-4】 奥运冠军徐梦桃的执着

三次征战冬奥会均以失败告终，就算是如此坚强的徐梦桃也不禁陷入了消沉之中，只能灰溜溜地回了国。

回国后的徐梦桃立马接受了手术，这次的伤势更加严重，直接切除了左腿内侧 60%的半月板。

据徐梦桃自己回忆，当时虽然是全麻，但是她依旧可以感受到自己的腿正在经历一场大手术。后来麻药劲儿过了，她整个人都陷入无尽的疼痛之中。光是躺在病床上，什么都不干，都会痛得直哆嗦。为了不让父母担心，她就咬着牙坚持，愣是一滴眼泪都没掉。

虽然备受伤病困扰，但是她的心中还有一个没有完成的梦，那就是实现职业生涯的大满贯，而距离大满贯，她只差一块奥运金牌。在她看来，没有奥运金牌，就不算圆满的结局。

在手术之后，慢慢恢复过来的徐梦桃又开始马不停蹄地加入集训。为了弥补之前缺席的训练，她便给自己制定了魔鬼般的时间表。无论是刮风还是下雨，她都不曾停歇，每个动作都要练上千遍，力求让自己的每一个小细节都完美无瑕。因为集训场地在秦皇岛，并没有专业的雪台供她练习，她就站在高台上，一次次地往游泳池里扎。然而就算是这样的训练强度，徐梦桃仍然觉得不够，反而要求教练给她更严格的打分，她不允许自己再出现失误。

2022年北京奥运会如约开幕，在经历了团体战的失败后，徐梦桃感觉压力山大。但站在场上的那一刻，她的内心却意外很平静，这种平静来源于她付出的所有努力，也来源于对自己实力的坚信。

随着滑行、起跳、落地，整套动作一气呵成，一点失误都没有。

徐梦桃焦急地站在台下等待着评委组的打分，双手不自觉地握紧，眼中充满着不安。

紧接着她的头像跃然出现在第一列，后面跟着的是108.61的高分。

这样的成绩意味着什么，徐梦桃再清楚不过。

或许是梦想实现得太突然，她竟然有点没反应过来，带着疑惑的眼神问身旁的工作人员："我是第一吗，我真的是第一名吗？"

确认了自己的成绩以后，徐梦桃仰天长吼，跪地流下热泪，这一刻，压抑在心中苦楚在顷刻间释放出来。

从第一次征战奥运会，到如今的大满贯，徐梦桃花了整整16年的时间。

(资料来源:http://news.sohu.com/)

(二)性格与人的健康

一个人的性格与健康有着密切的联系。良好的性格有助于人的身心健康，相反，不良的情绪和性格对健康大为不利。近些年国内外有不少资料可说明这一点。例如，美国约翰霍普金斯医学院研究所的贝兹和托马斯曾做过这样一个实验:1948年，他们将45名学生按不同的性格分为三组，第一组学生的性格为谨慎、含蓄、安静、知足;第二组学生的性格为自觉、积极、开朗;第三组学生的性格为急躁、易怒、情绪易波动，不太知足或不想知足。30年后(1978年)，他们又对这45名学生的健康状况进行了调查，发现在第三组学生中患癌症、高血压、心脏病和精神混乱症的约占77.3%;而在第一组中仅占25%;在第二组中也只有26.7%。可见，一个人的性格应该是开朗乐观，对生活充满希望，沉着，善于摆脱烦恼和忧虑，这将大大有利于健康。

中国古代的庄子就曾提出过至理名言，不追究过去，也不为将来做过度的忧虑，只适时应变，事后也不再耿耿于怀。这即是忘却之功。这里庄子强调"忘却"的功德。事实上，一般人要做到"适时应变，事后忘净"实在不容易。

【案例3-5】 破罐不顾

中国古代有这样一个典故,叫"坠罐不顾"。说的是,古时候,有个挑着罐(煮东西的瓦器)叫卖的人,边走边叫卖,一个罐突然掉下来,碎裂一地。卖罐的人却头也不回继续往前走。一个过路人告诉他:"你的罐掉了。"他却说:"我听到这掉下的声音很大,知道碎得派不上用场了,何必回头去捡它?"这个典故告诉我们,事情既已发生,又毫无补救的方法,何必为它而恋恋不舍呢?不要为烦人的琐事而操心,不要无谓地自寻烦恼。

(资料来源:百度百科. http://baike.baidu.com/)

(三)性格与管理

研究人的性格特点,有助于提高管理水平。管理者了解员工的性格差异,可以根据员工不同的性格特征合理地安排工作任务,并采取不同的管理方法充分调动各类人员的积极性,科学地选拔人才和有针对性地进行培训,往往可以取得事半功倍的效果。

1.认识性格特征在管理中的重要意义

认识性格特征在管理中具有如下重要意义。

第一,认识性格特征对于加强思想政治工作有着非常重要的意义。了解和认识员工的性格特征可以有目的有针对性地进行思想教育工作,改善和加强思想政治工作的内容和方法,帮助员工树立远大的理想,确立正确的人生观。

第二,认识性格特征有助于完善和强化各项管理制度,对员工良好的性格特征的形成具有很大的促进作用。企业应当在思想、工作、生活、文化和教育等各个方面制定出一系列既有利于加强管理,又有益于员工性格发展的管理制度。

第三,识别性格特征和类型对于职业选择和合理用人也有重要的指导意义。国外在员工选用方面试行了一系列鉴别性格的心理测验方法,有些很值得我们借鉴。因此,性格不仅对职业要求和工作效率有直接的影响,而且在某种程度上决定了一个人的社会贡献程度。

2.性格与职业的匹配

美国心理学家霍兰德对性格类型与工作匹配问题进行了深入的研究,提出了性格-工作搭配理论,他认为性格与工作之间存在着搭配关系,如果个体的性格特征与其从事的工作相匹配,则工作效率提高,由工作所带来的满足感也更多些。他提出了6种性格类型及与之相匹配的工作,如表3-1所示。

表3-1 霍兰德提出的性格类型与相应的职业

性格类型	职 业
现实型	林业、农业、建筑业
研究型	生物学、数学、新闻报道
社会型	服务业、社会工作、临床心理学
传统型	会计、财务、企业管理
管理型	法律、公共关系、企业管理
艺术型	绘画、音乐、写作

(资料来源:http://www.em-cn.com/chuangye/2006/67713.shtml)

五、性格的鉴别

性格的鉴别是个比较复杂的问题，这里只能提供一些简便易行的方法，并对分析确定性格提供一些见解和思路。

(一)自然实验法

自然实验法是性格鉴别中常用的一种方法，比较自然随便，被试者不会感到是在接受心理测验，可以减少主观因素影响。当然，自然实验法的方式很多，需要在实践中摸索和总结。例如，上海某灯具厂的厂长，曾故意把水龙头开着，或房内无人时把灯开着，自己待在他人注意不到的地方，以观察不同员工对待这类问题的反应，结果有的员工把水龙头关好，表明他细心，关心公物；有的员工看见了也不管；有的员工根本不注意这些事情。观察一段时间以后，就可以做出比较准确的判断。观察往往需要反复多次，才能做出切合实际的结论。这种方法简单易行，但其信度和效度较低，观察结果易受观察者认识的局限。此方法最好与其他方法结合使用。

(二)调查研究法

采用调查研究法的主要途径一般有两条：一是谈话法，即口头调查法，通过相互交谈的方式来了解搜集一些材料，然后通过分析研究确定或判断一个人的性格特征。二是问卷法，这是一种书面调查形式的谈话，可以向本人或其他人进行问卷调查，掌握一定的书面材料来分析个性特征。

(三)性格测验法

性格测验法是西方流行的一种心理测验方法，我国也有许多单位采用这种方法，其中比较实用的有量表法和投射法。量表法是对被测者进行询问的一种标准化方法。所谓量表就是指测量性格特征所采用的衡量尺度，它包括测验题目、性格因素、排列次序、标准答案、答分等。如"明尼苏达多项人格测量表""卡特尔 16 种个性因素测验量表""Y-G 性格检查表"等。其中"卡特尔 16 种个性因素测验量表"中，只需被测试者在"是的""不一定""不是的"三种答案中选择一种，并运用统计方法把每种性格特征因素所得的分数加起来，再换算成标准分填在专门的图表中进行处理，这样就可以看出被测者的性格特征。所谓投射法是指根据被测者对多种含义的刺激和反应结果，然后加以系统分类和量化处理，来推测和判断被测者的性格特征。

【案例3-6】　从"林黛玉进贾府"评析王熙凤的性格

《红楼梦》的"林黛玉进贾府"一章中，从王熙凤闪亮登场、上场后的打扮以及精彩表演三个方面，可以透析出王熙凤泼辣、虚伪、机巧、善变的性格特征。

1. 闪亮登场，风光无限

王熙凤是贾府中的"贵人"——是出身"四大家族"的史老太君两个儿媳中唯一的"官太太"，同时也属"四大家族"的王夫人的娘家侄女，地位非他人可比。她年龄虽轻，又不识字，但老祖宗被她哄得团团转，所以，她掌握了贾府的财政大权，在府中瞒上欺下，为所欲为。正因为此，林黛玉进贾府时，王熙凤出场便也与众不同，未见其人，先闻其声。文中写道，众人都"敛声屏气""恭肃严整"，她却说，"我来迟了，不曾迎接远客！"按照领导者的惯例，于众人均到场之后，才不慌不忙在"又说又笑"中闪亮登场。这符合她的特殊地位与身份，更能展示她泼辣的性格。

2. 打扮——美得像仙女

文中写道："打扮与众姑娘不同，彩绣辉煌，恍如神妃仙子：头上戴着金丝八宝攒珠玑，绾着朝阳五凤挂珠钗；顶上带着赤金盘螭璎珞圈；……下着翡翠撒花洋绉裙。"华贵异常、艳丽逼人。"一双丹凤三角眼，两弯柳叶吊梢眉，……粉面含春威不露，丹唇未启笑先闻，"在这里，曹雪芹运用浓墨重彩，工笔细绘了王熙凤的穿着、打扮和相貌，既写出了人物地位的高贵，也表现了人物生活的奢华，更揭示了人物性情的虚伪。一言以蔽之：俗不可耐！从中不难看出：这里对凤姐的刻画给我们展现了一位活脱脱、沉鱼落雁的"真妲己"；如果说，我们对黛玉是"情切切，意绵绵"，无限怜爱藏心头，那么对凤姐恐怕也只能是"爱不得，恼不得"，无尽畏惧在其中了。古龙言道："她美的像一个仙女，却专带男人下地狱。"的确，想起王熙凤对贾瑞"毒设相思局"，就不难理解这个外表美丽至极，内心却狠毒至极的女人两面三刀的性格了。

3. 精彩表演

会见林黛玉时，王熙凤表演的整个过程更是精妙绝伦，摇曳生姿，令人叹为观止。在"黛玉连忙起身接见"，并"忙陪笑见礼"之前，我们的凤姐是不宜先开口的，她对黛玉是视而不见，不理不睬，无任何主动向客人打招呼的言语举措。故作姿态，以保持身份、地位之优势。之后，王熙凤才"携着"黛玉的手，何其亲热；"上下细细打量了一回"，又是何等珍视！同时也表明下文中她的一番赞誉之辞是"深入观察"后发自肺腑的真情流露了。"天下真有这样标致的人物，我今儿才算见了"的恭维话甜得发腻，但谁受用这句话都会产生如熨斗熨过的舒服感，又不会招致旁听者的反感，可谓滴水不漏，言短意长，语简意丰。"竟不像老祖宗的外孙女儿，竟是个嫡亲的孙女，怨不得老祖宗天天口头心头一时不忘"，这话更是八面玲珑，一举三得，令人回味无尽：既拉近了与黛玉的亲情关系，大大赢得了黛玉的亲切感；更启发出黛玉对老祖宗的感激涕零，大大满足了"最高领导"的感情需要，从而为自己今后"工作"的有"利"展开奠定了基础；同时也在对黛玉旁敲侧击、"善意提醒"——别忘了，你毕竟只是个外孙女儿，以后说话办事可别出格哟！真可谓左右逢源、妙不可言。接着又"只可怜我这妹妹这样命苦，怎么姑妈偏就去世了！"说着，便用帕拭泪。高度清醒的头脑告诉她"这妹妹"是在什么样的情形下才来到他们贾家的，所以，洒的几滴同情泪水，足以体现自己浓浓的人情味和仁慈的好心肠，从而博得在场所有人的极大好感，故而凤姐也就慷慨解泪囊了。在贾母对她的绘声绘色、情文并茂的表演满意地"笑道""我才好了，你倒来招我"时，我们的凤姐"忙转悲为喜"，真如"六月的天""孩子的脸"，一切都可以根据"政治需要"而及时调整，她对于自己的语言、动作、神态、表情乃至内心感情完全做到了指挥若定。"该打！"表明自己的绝对唯领导马首是瞻，从而换得"最高领导"更大的欢心与信任，的确，凤姐太精明了，这次交易她赚定了！接下来的一番话表面上看是体贴入微，关怀备至；但细细读来，总觉语调和用语有些什么不同："不要想家""只管告诉我""也只管告诉我"，与上文相比照，怎么都不像是对"嫡亲"的"妹妹"嘘寒问暖。其实，凤姐是在有意夸耀自己作为贾府"财政部长"的唯我独尊。

综上所述，王熙凤会见林黛玉整个过程中的一连串精彩表演，把她那善于察言观色，善于逢迎机变的虚伪性格，刻画得惟妙惟肖。

(资料来源：贺得峰. 从"林黛玉进贾府"评析王熙凤的性格[J]. 载青年文学家，2010 年(2))

第四节　能力差异与管理

一、能力的含义和分类

(一)能力的含义

能力是指人们顺利地完成某种活动所必需的心理特征。或者说，是人完成一定活动的本领。没有这些心理特征，任何事情都做不成。能力之大小，直接影响着活动本身的效率。要顺利地完成某项任务，单靠某一种能力是不够的，必须靠几种有关能力的综合运用。例如，学习活动就需要综合运用观察力、记忆力、概括力和理解力等能力。人们从事一定活动所具有的各种能力的综合叫作才能。

如果一个人在某一方面或几方面有杰出的才能，如有卓越的创造力、丰富的想象力、突出的聪明智慧，并在实践中做出重大成绩，这样的人就被称为天才。天才是各种能力最完备的结合和发挥，是能力发展的最高水平产物。

(二)能力的分类

1. 一般能力和特殊能力

一般能力是人在各种活动中都必须具备的并在各种活动中表现出来的基本能力，如观察力、记忆力、想象力、思维力等，又称为智力。特殊能力是某种专业活动所必需，并在专业活动中表现出来的能力，也称专门能力，如数学能力、运动能力、绘画能力、音乐能力、判断能力等。

一般能力和特殊能力，二者相辅相成、相互促进。一般能力的发展为特殊能力的发展创造了条件；反过来，特殊能力的发展在一定条件下又积极地影响着一般能力的发展。事实上，特殊能力得到高度发展的人，例如，天文学家、艺术家、科学家、数学家等，他们的一般能力也都有比较高的发展。

2. 再造性能力和创造性能力

再造性能力是指顺利地掌握前人积累的知识和技能，善于按照原有的模式进行活动的能力，如观察力、记忆力、思维能力、语言表达能力、模仿能力等。创造性能力则是指具有独特、变通、创新及超越平常的思考与活动能力，这种能力符合科技创新与创造活动的要求，能够创造出有社会价值、新的、独特的东西。

3. 实际能力和潜在能力

实际能力是指实际作业已能熟练到某种程度而言的能力。潜在能力是指人将来有机会学习或接受训练时，可能达到的程度。

4．认识能力、实践能力和社交能力

认识能力是指人的感知能力、思维能力，是人们完成活动的基本、主要的条件。实践能力是指有意识地调节自己的外部动作，以作用于外部环境的能力，如体育活动、技术操作、生产劳动等能力。社交能力是指参加社会群体生活，和周围人们相互交往、保持协调的能力。这三种能力是相互联系的。人是在实践活动和交往活动中认识客观世界、提高能力的；人又是按自己对客观世界的认识去调节自己的实践活动和交往活动的。

二、能力的形成与发展

影响能力形成和发展的因素是多方面的，如物质因素、先天素质、环境和教育、社会实践活动等。这些因素在不同时期对能力的形成和发展所起的作用不同，它们经常交织在一起对能力起着促进与制约作用。

(1) 先天素质是能力发展的自然基础。能力的形成依赖于一定的自然基础，即人体的素质。素质是有机体生来所具有的某些解剖和生理的特性。它主要包括脑系统、神经系统、感觉器官、运动器官的特性。这些特性直接影响和制约着能力的发展。但素质不是能力本身，更不能直接地、完全地决定人的能力，也不能预先注定能力的发展。例如，一个音乐素质很好的儿童，由于没有得到专门训练的机会，最终也不能施展出优异的音乐才能。

(2) 一定的物质条件是能力发展所必需的。这里所说的物质条件主要指营养状况。它是完善脑功能的先决条件。良好的营养对心理功能的发展有积极的促进作用。营养对脑细胞的形成与发展以及脑机能的活动有着至关重要的影响。

(3) 环境、教育是影响能力的决定性外因。素质为能力的形成提供了可能性，营养为能力的形成和发展提供了客观物质基础，然而这种可能性要变成现实需要后天的学习、实践、教育和训练。良好的家庭环境、学校环境及社会环境是影响能力发展的重要因素。随着生产力的发展，社会为人们提供了更多受教育的机会。学习先辈经验、继承人类文化遗产，是能力发展所不可缺少的。

(4) 实践活动是能力形成和发展的决定性内因。环境和教育作为能力发展的外部条件，需要通过个体的内因而起作用。能力是在人的实践活动中逐渐形成和发展起来的。在实践活动中，人的能力必须通过主体的积极活动才能得到发展。一个人的能力水平与他从事活动的积极性成正比。事实上，劳动实践活动对各种特殊能力的发展起着重要作用。不同职业的实践活动，制约着能力发展的方向。

三、能力的差异

能力差异是指人与人之间在智力、体力及工作能力等方面的差异，是由性别、年龄、文化背景等因素造成的。人与人之间的能力存在着明显的差异，即使是在同样的环境中，年龄相仿、性格相同、教育程度相同的人，在实际能力上也会有较大的差异。这种能力差异主要表现在以下几个方面。

(一)能力发展水平的差异

能力发展水平的差异是能力发展在量上的差异，即能力大小的差异。早在春秋战国时期，孔子就已认识到人的能力发展水平的差异，他把人的智能划分为三种水平："上智""中人""下愚"。这种划分与现代心理学把人的智力划分为"超常""中常""低常"是相似的。但孔子认为这种智能上的差异是先天决定的，这是不对的。当代衡量人的智力发展水平的标准，除了用经验判断外，主要是依据智力测验的结果加以分类，即智商的高低加以区分。据心理学研究的结果表明，在全人口中，智力极低和极高的人都是极少数，绝大多数人属于中常状态。具体分布情况如表3-2所示。

表3-2 全人口智商分布情况

智 商	人口百分比/%	类 型	备 注
140 以上	1	天才	1%智力超常
130～139	2	异常优秀	26%智力偏高
120～129	8	异常优秀	26%智力偏高
110～119	16	优秀	26%智力偏高
90～109	46	平庸	46%智力中等
80～89	16	平庸偏痴	24%智力偏低
70～79	8	临界迟钝	24%智力偏低
60～69	2	生理缺陷	3%智力低下
60 以下	1	生理缺陷	3%智力低下

(资料来源：王雁. 普通心理学. 北京：人民教育出版社，2003)

(二)能力类型的差异

能力在质上的差异，主要表现在能力的知觉差异、记忆差异和思维差异等方面。表现在知觉方面的差异有分析型、综合型和分析综合型的区别。如有的人对事物的细节感知清晰，有较好的分析力；有的人对事物的整体感知较好，概括能力强，有的人兼而有之。表现在记忆方面有听觉型、视觉型、动觉型和混合型的区别。如有的人善于音乐，有的人善于美术，有的人善于体育等。表现在思维方面有抽象思维、形象思维和逻辑思维的区别等。能力类型差异指个体和群体在各类能力方面的差异。

1. 智力类型差异

智力的类型差异，是指智力组成因素的质的差异。人们在知觉、表象、记忆、思维等方面，都表现出个别类型差异。

(1) 知觉的类型差异。人们在知觉方面，表现出个体类型差异，可以分为三类：①知觉综合型。这种人知觉的特点是，观察时注意事物的概括性，但分析能力较弱，对于事物的细节的感知不足。②知觉分析型。这种人知觉的特点与第一种人相反。有较强的分析能力，观察时注意事物的细节，但对于事物的整体性的感知不够。③知觉的分析综合型。这种人兼有上面两种知觉类型的特点，在观察中既能注意事物的整体，也能注意事物的细节。

(2) 表象的类型差异。人们在表象方面，也表现出个体类型差异，可以分为四类：①表象视觉类型。这种人视觉表象占优势。②表象听觉类型。这种人听觉表象占优势。③表象运动觉型。这种人运动表象占优势。④表象混合型。这种人几乎在同等程度上运用各种表象。这种个别差异可以作为某种活动的条件，从而成为某种特殊能力的构成部分。同时，从事同一种活动也可能依靠不同的表象。例如，有的作家在创作时主要依靠听觉表象，另一些作家主要依靠视觉表象。

(3) 记忆的类型差异。人们在记忆方面，也表现出个体类型差异。根据种种分析器(视觉、听觉、味觉、嗅觉、触觉等)参与记忆的情况，可以分为四类：①记忆视觉型，这种人运用视觉记忆较好；②记忆听觉型，这种人运用听觉记忆较好；③记忆运动觉型，这种人有运动觉参加时记忆较好；④记忆混合型，如记忆的视觉-听觉型、记忆的听觉-运动觉型等，这种人运用多种记忆表象时效果较好。许多画家、作家、演员往往具有发展较好的视觉记忆，使他们在绘画写作或表演动作中准确地再现瞬息呈现的人物景象。

(4) 思维的类型差异。人们在思维方面，也表现出个别类型差异，可以分为以下两类：①集中思维型。这种人思维时，集中性思维占优势，对一个问题可以得出一个正确答案或一个最佳的解决方案；②发散思维型。这种人思维时，发散性思维占优势，对一个问题能够得出多种答案。

2．特殊能力类型差异

特殊能力是由若干种不同能力构成的。研究表明，完成同一种活动可以由能力的不同组合来保证。

(1) 音乐能力的类型差异。苏联心理学家捷普洛夫认为，音乐能力由三种主要能力构成：旋律感、听觉表象、音乐节奏感。他对三个学习音乐成绩最好的学前儿童进行的研究表明，其中一个儿童的特点是有强烈的旋律感和很好的听觉表象，但音乐节奏感较弱；第二个儿童的特点是有很好的听觉表象和强烈的音乐节奏感，但旋律感较弱；第三个儿童的特点是有强烈的旋律感和音乐节奏感，但听觉表象较弱。这显示出音乐能力构成因素之间相互关系的差异。

(2) 运动能力的类型差异。击剑运动能力由观察力、反应速度、攻击力量、意志力等多种心理因素组成。普尼对三个击剑运动员的研究表明，他们具有同等水平的职业能力，并达到同样的运动成绩，但他们的击剑运动能力的组成因素的发展水平却不尽相同。第一个运动员具有高度发展的观察力和"感觉因素"，但反应速度并不突出；第二个运动员以身体的灵活性与意志的坚韧性为突出特点；第三个运动员则具有强烈的攻击力量与必胜的信心。

(3) 组织能力的类型差异。特殊能力的差异是指完成同一活动可以由能力的不同结合来实现。个人在特殊能力上的差异是很明显的。彼得罗夫斯基在《普通心理学》一书中，介绍了组织能力方面类型差异的具体事例："据教师们评定，九年级共青团小组长尼古拉是个具有杰出组织能力的人，在他的身上观察到下述心理品质的综合：主动、敏感、关心人，同时又对人要求合理，有观察力，善于并乐意分析同学们的性格、兴趣和才能，有描述能力，对集体有高度责任感。八年级的维克多大胆地组织过许多活动，他也是个卓越的组织者，但却完全是另一种类型。他的组织能力是由另一些心理品质的综合组成的：严谨、考虑周到，并善于利用同伴中每个人的优缺点，精明强干，等等。"这种情况说明，构成特殊能力的各种因素是不一样的，它们之间的关系并不是固定不变的，某种能力的薄弱，可以由其他的能力或能力组合的发展来补偿或代替。同样顺利完成一项活动，可以由各种能力的各式各样的结合来实现。各种不同能力的综合，形成人与人之间特殊能力上的个别类型差异。

(三)能力表现的年龄差异

能力表现的年龄差异即所谓的"人才早熟"或"大器晚成"。有些人在少年时期就表现出优异的能力。根据历史记载，我国许多名人在幼年时期就显露其才华。李白"五岁读六甲，十岁观百家"；杜甫"七龄思即壮，开口咏《凤凰》"；唐初的王勃 10 岁能赋诗，13 岁写出著名的《滕王阁序》；明末爱国诗人夏完淳 5 岁知五经，9 岁擅辞赋古文，17 岁壮烈牺牲。近年来，全国各地更是涌现出一些早慧儿童，成为小画家、小音乐家、小文学家等。国外奥地利作曲家莫扎特 5 岁开始作曲，8 岁试作交响乐，11 岁创作歌剧等，都属早慧。也有的人优异的能力表现较晚，甚至晚年方显露才华。例如，中国著名画家齐白石 40 岁才表现出他的绘画才能；我国明代医学家李时珍，在 61 岁时才写成《本草纲目》；英国生物学家达尔文 50 岁才写出名著《物种起源》，而幼年和青年时代能力一般。控制论的创始人维纳，4 岁就能自由地阅读书籍，7 岁能阅读但丁和达尔文的著作，9 岁破格升入高中，11 岁写出论文，14 岁大学毕业，18 岁就获哈佛大学哲学博士学位。

能力表现的年龄差异，还表现为一个人不同发展时期、不同能力类型发展水平的不同。有些能力发展成熟得早，有些则较晚。同时，各种能力衰退的程度也不一样。一般来说，科学家做出最大贡献的最佳年龄是中年。专家们认为，中年人年富力强，精力充沛，既有丰富的知识经验，又有较强的抽象思维能力和记忆能力，思维敏捷，较少保守，易于革新，勇于创造，是成才的好时机。有人对 301 位诺贝尔奖获得者做了统计，结果表明，30～45 岁是人的智力最佳年龄区，301 位诺贝尔奖获得者中有 75%的人获诺贝尔奖时年龄处于这个最佳年龄区，当代世界上杰出的科学家取得(最有代表性)成就的最佳年龄在 36 岁。莱曼进一步研究了从事不同学科的人最佳创造的平均年龄，如表 3-3 所示。

表 3-3 不同学科最佳创造的平均年龄

学 科	最佳创造的平均年龄(岁)	学 科	最佳创造的平均年龄(岁)
化学	26～36	声乐	30～34
数学	30～34	歌剧	35～39
物理	30～34	诗歌	25～29
使用发明	30～34	小说	30～34
医学	30～39	哲学	35～39
植物学	30～34	绘画	32～36
心理学	30～39	雕刻	35～39
生理学	35～39		

(资料来源：王雁. 普通心理学. 北京：人民教育出版社，2003)

需要说明的是，各种不同能力在发展速度上是不同的。某些能力发展得较早，有的却很晚；到了老年，各种能力衰退速度也是不一样的。有研究表明，知觉能力发展较早，也首先开始下降，其次是记忆力，然后是思维能力。比较、判断能力80岁开始急速下降，动作反应速度在 18～29 岁发展到最高峰，在以后年龄阶段中仍保持较高的水平。从表 3-4 中可以看到，18～49 岁这个年龄阶段，4 种能力的发展水平几乎都处于最高水平，尤其是比较判断能力的发展水平是最高。

表 3-4　不同能力的平均发展水平

年龄	10～17 岁	18～29 岁	30～49 岁	50～69 岁	70～89 岁
知觉	100	95	93	79	46
记忆	95	100	92	83	55
比较、判断	72	100	100	87	69
动作反应速度	88	100	97	92	71

注：表中以 100 为最高水平，其数是与 100 相比而言。

(资料来源：王雁. 普通心理学. 北京：人民教育出版社，2003)

(四)能力的性别差异

关于智力的性别差异，目前研究较多，而且结论各异，但基本一致的结论有两方面：第一，男女智力的总体水平大致相等，但男性智力分布的离散程度比女性大，即很聪明的男性和很笨的男性都比女性多，智力中等的女性比男性多。第二，男女的智力结构存在差异，各自具有自己的优势领域。男性的视知觉能力较强，尤其是空间知觉能力，男性明显优于女性。女性的听觉能力较强，特别是对声音的辨别和定位，女性明显优于男性。男性偏于抽象思维，喜欢数学、物理和化学等学科。女性长于形象思维，喜欢语言、历史、人文地理等学科。一般地说，女性比男性口语发展早，在语言流畅性及读、写、拼等方面均占优势，但男性在语言理解、言语推理等方面比女性强。

能力的类型差异并不是绝对不变的。每个人一般以一种能力类型为主，兼有其他类型的特点。随着人们社会实践活动的发展，环境、教育和个人努力程度的改变，个体的能力类型也可能发生变化。

四、能力与知识、技能及工作效率的关系

能力与知识、技能既有区别又有联系。能力是人顺利完成某种活动的心理条件；知识是人对客观事物的认识与经验总结；技能是人们学会的某种具体的行为活动方式。一方面，人们掌握知识和技能要以一定的能力为前提条件，能力影响知识、技能掌握的快慢、深浅和熟练程度。另一方面，知识、技能的掌握又会导致能力的提高和发展。在许多人身上，能力和知识、技能的发展并不是完全一致的。一些具有相同文化水平或相同技能的人，他们的能力可能并不一样。有的人可能是智力水平较高；有的可能是比较勤奋；有的则可能是学习环境较好，父母和学校的训练和要求较严格。而具有相同能力水平的人，由于思想觉悟不同，训练条件不同，主观努力程度及兴趣爱好不同，也会表现出不同的文化水平和技能水平。所以能力不表现为知识、技能本身，而表现在获得知识技能的动态上，即在其他条件相同时，人掌握知识、技能时所出现的快慢、深浅、难易以及巩固的程度。

能力与工作效率有着密切的联系，它是提高效率的重要因素，但不是唯一因素。一般

来说，工作效率是能力与积极性的函数，用公式表示如下：

$$工作效率=f(能力×积极性)$$

假如一个人能力很强，但缺乏积极性，工作效率肯定不会很高；同样，如果一个人积极性很高而缺乏能力，工作效率也不会高。所以一个好的管理者既要聘用有能力的人，还要善于调动人的积极性，才能提高工作效率。

【案例3-7】 比尔·盖茨的能力与微软

比尔·盖茨独特的个性和高超技能造就了微软公司的文化品位。这位精明的、精力充沛且富有幻想的公司创造人，极力寻求并任用与自己类似的既懂得技术又善于经营的经理人员。他向来强调以产品为中心来组织管理公司，超越经营职能，大胆实行组织创新，极力在公司内部和应聘者中挖掘同自己一样富有创新和合作精神的人才并委以重任。比尔·盖茨被其员工形容为一个幻想家，一个不断积蓄力量和疯狂追求成功的人。他的这种个人品质，深深地影响着公司。他雄厚的技术知识存量和高度敏锐的战略眼光以及在他周围汇集的一大批精明的软件开发和经营人才，使自己及其公司矗立于这个迅速发展的行业的最前沿。盖茨善于洞察机会，并紧紧抓住这些机会，能使自己个人的精神风范在公司内贯彻到底，从而使整个公司的经营管理和产品开发等活动都带有盖茨色彩。

举两个微软文化的小例子，从中可以充分感受到微软文化个性所在。一是微软拥有舒适的环境，包括自然环境和人文环境。大学校园叫campus，微软研究所也叫campus，这正是微软舒适自然环境的写照。其中包括花园式的拥有大量鲜花、草坪的园区，还有美丽的Bill湖。篮球场、足球场更是充满了校园气氛。舒适的自然环境为微软人提供了优雅的工作环境，成为高效工作的保障。二是在交流方面，微软更有自己的特色。微软人认为，交流是沟通的核心，是解决问题的有效途径以及团队精神的体现。在微软，沟通方式有E-mail、电话、个别讨论等，而"白板文化"是最典型的。"白板文化"是指在微软的办公室、会议室，甚至休息室都有专门的可供书写的白板，以便随时可记录某些思想火花或一些建议什么的。这样有什么问题都可及时沟通，及时解决。在这里，员工充分得到了尊重，交流也成了一种艺术。

(资料来源：笔果题库，http://biguotk.com/)

五、能力差异与管理概述

正如美国管理学家德鲁克所主张的：一个有效的管理者或领导者既要善于培养人的能力，又要善于发挥人的能力，要知人之所长，用人之所长，充分挖掘人们的潜在能力资源，以保证事业的兴旺发达。具体地说，从能力差异的角度出发，企业在管理中应注意以下几个方面。

(1) 根据不同职业、岗位及工作任务性质，选用具有相当能力发展水平和相应能力类型的人。不同的企业、工种或生产岗位以及不同的事业单位部门，都有自己相对独立的对任职者的能力要求。例如，飞行员的飞行能力，数学家的想象和逻辑思维能力，艺术家的形象思维能力，语言学家的记忆能力，刺绣、雕刻工人的手指灵巧能力，打字员的眼、手协调能力，汽车司机的快速反应能力。各行各业以及各种工种所需关键能力的确定为选人用人提出了能力要求。这样选择人员就有了明确的标准，培训人员有了明确的方向，考核人员有了明确的指标，就可以提高工作效率。

企业在安排员工工作任务时，还应选用具有相应能力类型的人，管理者应善于发现人们的长处，做到用其所长，避其所短，人尽其才，才尽其用。

(2) 注意对员工两种能力的培训。人们从事生产活动，既需要有一定能力，又要具有该生产活动所要求的特殊能力。为适应现代化生产的发展，必须注意对员工进行两种能力的培训。一方面，为提高员工的一般能力，必须实行成人教育计划，有计划、有步骤地组织员工参加业余学校的学习，根据员工的原有文化水平，采用各种方式，提高他们的科学文化水平，促进其对新的科技知识的了解和掌握，以全面地提高观察能力、分析能力、想象能力和创造能力、计算能力和逻辑思维能力等一般能力，为特殊能力的发展奠定基础。另一方面，要根据员工当前所从事的工作以及将来可能从事的工作，有的放矢地对员工进行专业知识和技能的培训，以提高员工的特殊能力。

(3) 在人员选择、安置使用上，要尽量做到使员工所具有的文化水平、技术水平和能力水平与实际工作要求相匹配，以免大材小用，或小材大用。所以，一个优秀的管理者，并不谋求将一些能力强的人都聚集在自己的周围，而是合理地根据各项工作的具体要求，正确地选用具有相当能力发展水平的人，使人才的管理符合能级原理，做到"人尽其才""各尽所能"，以便最有效地开发人才资源。

六、能力与气质、性格的关系

气质、性格、能力这些心理特征是个性的重要组成部分。这三个部分构成个性的主要特征。其中性格是个性的核心。气质是构成性格的基础，它影响性格的动态方面，表现在性格的情绪性和表现的速度方面。气质的这种动态特点给同样性格特征添加了独特的色彩。气质较多地体现神经系统基本特征的自然影响，而性格则更多地受社会生活条件的制约。性格可以在一定程度上掩盖或改造气质，使之屈从于实践活动要求的行为方式。

性格和能力相辅相成，能力的发展促使某种性格特点的形成，而性格的特点又可补偿能力的不足，俗话说"勤能补拙"。而性格的弱点如缺乏毅力和自信也往往会使能力得不到提高。高级神经活动类型是性格与能力发展的共同基础，在每一种活动中都形成了各种心理过程的特定组织方式，在这种组织方式的形成和巩固过程中，会发生各种体力、智力和性格上的一系列变化。

复习思考题

一、问答题

(1) 简述个性含义及个性的结构。

(2) 简述性格特征，并说明性格特征在管理中的应用。

(3) 简述气质的类型，并说明气质特点在管理中的应用。

(4) 简述能力差异，并说明能力差异在管理中的应用。

(5) 简述个性研究在组织管理中的作用。

(6) 简述性格特征与气质特征的区别和联系。

二、分析题

不按常理出牌

史玉柱疯狂地抽烟，在记者采访他的时候，他是烟不离手，一支接一支地抽，烟灰缸塞满烟蒂；史玉柱疯狂地喝酒，他的副手程晨，曾经的四个火枪手之一说，他曾疯狂地喝黄酒，之后疯狂地喝蓝带，现在是疯狂地喝葡萄酒；他疯狂地玩游戏，玩《传奇》时花 5 万元就为了买一把武器，自己做《征途》时，每天十几个小时泡在游戏里，连吃饭都顾不上，甚至当四通董事长段永基来约他去做体育锻炼的时候，他说自己每天骑马骑四个小时——在游戏里。

他还曾经疯狂到不带导游就去爬珠穆朗玛峰，结果因迷路而差点丧命，下山后认为自己捡了一条命；他小时候还曾按照书上"一硝二磺三木炭"的方法，自制炸药，引来"轰"的一声爆炸，从此得到"史大胆"的外号。

史玉柱的事业，一如他的个性一样疯狂。从汉卡，到脑白金，再到网络游戏，史玉柱对每一个产品都执着到近乎疯狂。做汉卡时，他赊账打广告，结果成功如一夜降临，三个月就给他带来了 100 万元的收入，他又将这 100 万元全部拿去做广告，于是第二年的第一季度他就赚了 3000 万元，他也几乎触摸到了"中国的蓝色巨人"的梦想；做脑白金时，他不惜血本，每年投入几个亿做广告，所有电视台铺天盖地的都是脑白金广告，"今年过节不收礼，收礼只收脑白金"的广告语也一用就是 10 年；做网络游戏时，将营销团队铺遍全国，更要将营销队伍在三年内扩充至两万人，不做收费游戏，要做"永久免费"的游戏，还给玩家发"工资"、送"股票"、送 5000 元现金大奖；公司要上市，他选择条件最苛刻的纽约证券交易所，接受最严格的审核。

疯狂的举动带来的是疯狂的成功，巨人汉卡的成功让史玉柱成为 20 世纪 90 年代大学生留国创业的模范，并多次受到国家最高领导人的接见；脑白金则让他连续 10 年稳居保健品行业老大的位置，销售量更是比行业前五位的另外四家企业的销售总量还多；网络游戏更缔造了史玉柱事业的又一高峰——《征途》成为全球第三款同时在线人数超过 100 万的网络游戏；巨人网络也一举成为中国第一家登陆纽约证券交易所的 IT 企业、在美国发行规模最大的中国民营企业、中国市值最大的网游企业。

(资料来源：道客巴巴，http://www.doc88.com)

(1) 试分析史玉柱的性格特征。

(2) 简述性格的含义及特征。

第四章　需要、动机与管理

【学习目标】

了解需要的含义、特征、产生及种类；理解并掌握动机的含义、特性、功能、产生、种类、识别以及影响动机的因素；特别要了解需要、动机与行为之间的关系，并能够运用心理学知识阐述需要行为与动机。

【关键概念】

需要(need)　动机(motivation)　行为(behavior)　价值观(values)

第一节　需　　要

人类要生存发展就要进行行为活动。通过行为活动，人可以满足各种各样的需要。通过行为活动，人可以实现物质需要和精神需要。需要是动机的基础，需要是推动人行为活动的原动力。通过满足人的需要，可以观察到人的行为变化，进而解释人行为活动的根本原因。

一、需要概述

(一)需要的含义

需要是个体对内外环境的客观需求在人脑中的反映。它常以一种"缺乏感"体验着，以意向、愿望的形式表现出来，最终导致为推动人进行活动的动机。需要总是指向某种东西、条件或活动的结果等，具有周期性，并随着满足需要的具体内容和方式的改变而不断变化和发展。

人为了求得个体和社会的生存和发展，总是存在各种各样的需要。例如，食物、服饰、睡眠、劳动、交往等。这些需求反映在个体头脑中，就形成了人的需要。需要被认为是个体的一种内部状态，或者说是一种个性倾向性，需要是人的个性积极性的源泉。它反映了个体对内在环境和外部生活条件的较为稳定的要求。苏联心理学家波果斯洛夫斯基指出："需要——这是被人感受到的一定的生活和发展条件的必要性。需要反映有机体内部环境或外部生活条件的稳定的要求，……需要是人的思想活动的基本动力。"

然而，需要作为需求的反映并不是一个消极、被动的过程，人的需要是在与客观环境相互作用过程中，在积极的实践活动中产生的。

(二)需要的特征

与人类认识的多样性、复杂性一样，人的需要也是多样的和复杂的。无论多么复杂的需要一般都具有如下特征。

1. 对象性

一般来说，需要的对象具有确定性。需要总是指向一定的对象。有机体的缺乏状态一定是指向某类对象的，例如人在饥渴时会把食物和水作为需求的对象。

2. 动力性

需要是人行为动机的原因，它反映了人对某种目标的渴求或欲望。动机驱使人产生一定行为，所以说，需要是人从事各种行为的原动力，是人一切行动的源泉。没有需要，人就没有动机，也就不可能产生行为。需要越强烈，则动机越强烈，产生行为的动力性也就越强。

3. 社会性

人与动物都有需要，只不过满足需要的对象和方式截然不同。人类满足需要的范围或内容比动物广泛得多，人类的需要是多层次的，既有低层次的需要，也有高层次的需要。人类的高层次需要是特有的，如求知需要、审美需要、尊重需要和自我实现需要等，而且人类满足需要的方式具有强烈的社会制约性。

【案例4-1】　要学会尊重员工

随着知识经济的迅猛发展，在现代企业管理中，激励员工，特别是知识型员工，光靠物质利益，已经很难奏效了。发自内心地尊重员工，这样一种非经济激励方式，越来越具有重要意义。

在这方面，"经营之神"松下幸之助可谓深谙其道。

有一天，松下幸之助在一家餐厅招待客人。一行人都点了牛排。待大家用完餐后，松下便让助理去请烹调牛排的主厨过来。

松下特别强调说："不要找经理，找主厨。"

助理这才注意到，松下的牛排只吃了一半，心想过一会儿的场面可能会很尴尬。

主厨很快就过来了，他的表情很紧张。因为他知道请自己来的人，是大名鼎鼎的松下先生。"有什么问题吗，先生？"主厨紧张地问。

"对你来说，烹调牛排已不成问题，"松下说，"但是我只能吃一半。原因不在于厨艺，牛排真的很好吃，但我已80岁高龄了，胃口大不如从前。"主厨与其他用餐者困惑得面面相觑。大家过了好一会儿，才明白这是怎么回事。

"我想和他当面谈。因为我担心他看到只吃了一半的牛排被送回厨房，心里会很难受。"原来松下先生是怕主厨怀疑自己的烹调手艺出了问题。这让主厨很感动，在场的客人更佩服松下的人格，并更喜欢与他交朋友，做生意。

又有一次，松下对一位管理人员说："我个人要做很多决定，并且要批准他人的很多决定。实际上只有40%的决定是我真正认同的，余下的60%是我有所保留的，或者觉得过得去的。"

这位管理人员感到非常惊讶。在他看来，如果松下不同意办某件事，一口否定就是了，大可不必如此。但松下则认为，对于那些自己认为还算过得去的计划，可以在实际操作过程中指导他们，使他们重新回到你所预期的轨迹。在他看来，作为一个领导人，有时候应该接受自己不喜欢的事，因为任何人都不喜欢自己的主张被否定。

关注对方的感受，这就是松下的领导风格。显然，这是对对方极大的尊重。无疑，这更能得到部下和员工的信赖和拥护。

尊重员工，不仅仅要尊重员工的人格和各种需要，自然也包括尊重员工的辛勤劳动。海尔在对员工的荣誉激励方面也别具一格。他们直接用员工的名字命名他们不断改进的工作方式，如"晓玲扳手""云燕镜子""启明焊枪""李勇冰柜"等。这种以员工名字命名的操作法有二百余项。这是对员工做出的努力和奉献的最大尊重和肯定，员工们也都以此为自豪。这也极大地激发和调动了员工的积极性和创造欲，增强了企业的向心力和凝聚力，企业会更加生机勃勃，兴旺发达。所以，激励员工，首先从尊重员工开始！

(资料来源：百度文库，http://wenku.baidu.com)

4．无限性

需要的无限性包含两层含义，一是指需要的种类无限多样，需要满足的方式无限多样。人既可以有物质需要，也可以有精神需要；既可以有自然需要，也可以有社会需要。诗人裴多菲说："生命诚可贵，爱情价更高；若为自由故，二者皆可抛。"二是指人的一生中需要的无限性，需要的出现并不是人生阶段中某一个时期的特殊产物，而是伴随着人生的始终。

5．发展性

人的需要在外延上和内涵上都要发展。根据马克思的观点，可以把需要分为三个层次，即生存、发展和享受的需要。人类随着物质条件的提高，必然依次解决生存问题、发展问题和享受问题。例如吃饭，开始追求吃得饱，其次吃得好，现在追求吃得健康。人的每种具体需要都可以逐步提高，从而表现出发展性。

6．现实性

习近平同志在党的十九大报告中指出："中国特色社会主义进入新时代，我国社会主要矛盾已经转化为人民日益增长的美好生活需要和不平衡不充分的发展之间的矛盾。"这种对人民生活需要的分析具有非常现实的意义。因此考虑人的需要，必须限定在现实需要和有充分现实性的未来需要上。

(三)需要的产生

个人需要的产生，即指一个人从无意识的状况到有意识的反应和体验到需要的存在，它有赖于个体当时的生理状态、认知水平、社会情境等因素。

1．生理因素

脑及神经系统的活动与产生需要有关，特别是与某些欲望产生关系更为密切。均衡说认为，有机体生理状态的均衡，是维持个体生存状态的必要条件，机体内某种东西缺乏就会破坏平衡，从而使人产生饥饿感、紧张感，于是出现生理及安全的需要。但这种学说不能解释高级自我实现需要的产生。

2．自然因素和社会因素

自然与社会环境因素容易诱发产生或增加已经产生需要的强度。在自然和社会情境中产生需要最强有力的因素是目标对象。例如，嗅到或看见食物，最容易使人产生饥饿感从而引起对食物的需要；英雄、模范的形象，可以激起人产生崇高理想的需要与追求等。

3．个人因素

研究表明，人的思想特别是想象和幻想可能使一个人不断地产生欲望。如果一个人想象自己置身于某一社会情境之中，就可能加强其在这一方面的欲望。而且，他就会将其中某些欲望付诸实现，以满足他的需要。

4．成长性因素

成长性需要是在基本需要得到满足后产生更高理想的追求，以便使自己成为完美的个人的需要。成长理论把需要看成一种积极主动的过程，其对了解需要的本质，揭示行为规律有重要作用。这种理论补充了均衡说的不足。

(四)需要的种类

人的需要是人对机体缺乏状况的主观体验，是一种主观心理倾向。这种主观体验是极其复杂的，是一个多维度、多层次的结构系统。需要可以从不同角度进行分类。

1．生理需要和社会需要

依照需要的起源划分，需要分为生理需要和社会需要。

生理需要是人类最原始、最基本、最重要的需要，它包括对食品、水、排泄、睡眠、运动以及性的需要。生理需要是人的本能的需要，它反映了人对延续和发展自己生命所必需的客观条件的需求。生理需要的满足是通过一定的对象或获得一定的生活条件而达到的。生理需要带有明显周期性特征，正常的生理需要不能得到满足，个体就无法生存或不能延续后代。从这个意义上说，生理需要是推动人们行动的最强大的动力。生理需要不仅要受生物需求的制约，而且也受社会生产、社会生活和科学发展条件制约。

社会需要是指与人的社会生活紧密联系的需要。社会是人类生活的共同体。它是人类在社会历史的发展过程中，在生理需要的基础上形成和发展的人类特有的需要，是社会存在和发展的必要条件，比如对教育的需要、交往的需要、医疗的需要、创造的需要、工作的需要、实现理想的需要等。这些需要是在维持人们的社会生活，促进社会生产发展、社会进步和社会交际过程中形成的。社会需要是人特有的，社会需要是后天习得的，源于人类的社会生活，属于人类社会历史的范畴，并随着社会生活条件的不同而有所不同。

2．物质需要和精神需要

依据需要所指向的对象不同，需要分为物质需要和精神需要。

物质需要是指对维持个体和社会生存与发展所需的物质产品的需要。它是对自然需要和社会需要中的物质对象的需要。物质需要既包含了人们对自然界的天然性需要，又包含人对社会文化用品的社会性需要。物质需要主要包括衣、食、住、行、用等需要。随着人类社会的不断发展和进步，人们的物质需要的内容和方式也日趋多元化和复杂化。

精神需要是指个体参与社会精神文化生活的需要，是人类特有的需要。精神需要是人们对爱、成就、理解、智力、道德、交流、审美、创造等方面发展的反映，是一种对观念对象的需求。随着人类社会的不断发展和进步，精神需要的内容和方式也更加广泛和丰富，包括体育、旅游和娱乐的需要等。

3. 间接需要和直接需要

间接需要是指那些比较概括的、抽象的、属于意识形态的需要，常常以理想、志向、信念和价值观等形式表现出来。间接需要是个体身心和思维发展到一定阶段的产物，属于精神需要和社会需要范畴。间接需要的满足依赖直接需要的满足作为基础和条件。

直接需要是指那些比较具体的需要。个体的发展是以直接需要的不断满足作为发展过程的。直接需要既可以是生理需要，也可以是精神需要。

【案例 4-2】 渴望坚定的信念

1858 年，瑞典的一个富豪人家生下了一个女儿。然而不久，孩子突然患了一种无法解释的瘫痪症，丧失了走路的能力。一次，她和家人一起乘船旅行。船长的太太给孩子讲船长有一只天堂鸟，对这只鸟的描述深深地迷住了她，她极想亲眼看一看。于是，保姆把她留在甲板上，自己去找船长。她却耐不住，央求服务生立即带她去看天堂鸟。那服务生不知道她不能行走，而只顾带着她一道去看天堂鸟。奇迹发生了：她因为过度地渴望，竟忘我地拉住服务生的手，慢慢地走了起来。从此，她的病痊愈了。也许是由于有童年时忘我而战胜疾病的经历，长大后，她又忘我地投入到文学创作之中，后来成为第一位荣获诺贝尔文学奖的女性，她就是茜尔玛·拉格萝芙。

(资料来源：青夏教育，http://1010jiajiao.com)

二、人类行为模式

人的行为究竟受什么支配？这是心理学家一直以来非常关注的问题。心理学家通过研究发现，人的行为受需要、动机、信念、价值观、态度等意识倾向性的支配和制约，其中，需要和动机起着至为关键的作用。可以说，需要支配动机，而动机引导行为。需要和动机是引发个体行为的两个最基本要素。需要是一切行为动力的源泉，需要作为一种内驱力，在诱因(外在条件)或目标的引导下形成行为动机，发挥其动力功能。

人的行为是个体与环境相互作用的结果。人生活在社会环境中，必然会产生各种各样的需要，当个体需要未满足时，会引起心理的紧张、愿望和驱动力，这种需要一旦与外部诱因达到某种一致，就会使人产生行为活动的动机，动机驱使人的行为朝向一定的目标，并在目标激励作用下，需要得到满足，心理紧张感消除。但是人的需要欲望是无止境的，当一种需要得到满足，人又产生新的需要，从而引发新的动机、新的行为。每当较低级的需要得到满足，较高级的新需要就会出现。人的一生就是这样不断产生新的需要、出现新的动机，通过实施行为不断满足新需要的过程。人生就是满足需要的过程。这就是个体行为活动的模式。

三、人类行为的共同特征

(一)行为的含义和分类

1. 行为的含义

人类的行为从广义来说是指由客观刺激，通过人脑内部的心理活动而引起的反应(内部与外部)。从狭义来看仅指外显的行为活动。

一般来说，人的行为由 5 个基本要素构成，即行为主体、行为客体、行为环境、行为手段和行为结果。

(1) 行为主体：人，具体而言是指具有认知、思维能力，并有情感、意志等心理活动的人。

(2) 行为客体：人的行为目标指向。

(3) 行为环境：行为主体与客体发生联系的客观环境。

(4) 行为手段：行为主体作用于客体时所应用的工具和使用的方法等。

(5) 行为结果：行为主体预想的行为与实际完成行为之间相符的程度。

人类行为的发生过程是以内外环境的刺激为基础的，刺激人类行为产生的最重要的刺激源是与人的客观需求相联系的因素。例如环境污染危及人类最基本生理需求的满足而构成强烈刺激，后者促使人类产生生态环境被破坏的危害认识，从而使人类有保护环境的设想和行为反应。因此可以说，刺激—人—行为三个环节相互联系、相互作用，形成了人类丰富多彩的行为。

2. 行为的分类

由于人兼具生物属性和社会属性，因此，人类的行为可分为本能行为和社会行为。

(1) 本能行为。本能行为是由人的生物属性所决定的。包括摄食行为、睡眠行为、性行为、攻击和自我防御行为、学习模仿行为等。人的本能行为与动物的本能行为有本质的区别，因其受到文化、心理、社会诸因素的影响。

(2) 社会行为。社会行为是由人的社会属性所决定的。社会行为是人与周围环境相适应的行为，是通过社会化过程确立的。社会行为的来源包括家庭、学校、社会团体与组织等。人类就是这样通过不间断的学习、模仿、受教育、与他人交往的过程，逐步理解到必须使自己所做的事情得到社会的承认，符合道德规范，具有社会价值。

(二)人类的社会性行为特点

人类的社会性行为具有如下特点。

1. 行为的自觉性与主动性

人类的行为具有自动、自发的特点，外力可能影响人的行为，但无法发动其行为，外部权力和命令无法强制一个人产生真正的主动行为。外因必须通过内因起作用。只有提高人的自觉性，才会有积极主动的行为。

2．行为的因果性

人的任何行为都有一定的起因。遗传素质、外部环境是影响行为的生理原因和外部原因，人的动机、需要(欲望)等是行为的内部原因。

3．行为的目的性

人类并非盲目地行动，它不仅有起因，而且有目标。有直接目标，也有间接目标；有总目标，也有子目标；有长远目标，也有短期目标等。

4．行为的持久性与连续性

行为指向目标，目标没有完成之前，行为不会终止；旧目标达到还要向新目标攀登。

5．行为的稳定性与可塑性

人类的行为经过学习、训练、重复、实践，可以形成较稳定的、习惯性的活动方式，环境的变化也会造成行为的可塑性特点。

第二节 动 机

一、动机概述

(一)动机的含义

动机产生的基础是需要。个体通过自我调节使自身的内在需求(如本能、需要、驱力等)与行为的外在诱因(外在条件、目标、奖惩等)协调一致，从而形成激发、维持行为的动力因素即动机。该动机概念强调了三个方面的因素：首先它强调了动机的内在起因；其次它强调了外在诱因；最后它强调了中介调节作用。当然，认为动机是引起、维持个体活动并使活动朝向某一目标的内在动力也有一定的道理。

(二)动机的特性

1．动机的强度

动机作为个体活动的动力因素，必然具有一定的强度。实际上，个体可能是多种不同性质动机并存，而这些不同性质的动机，对个体具有不同的意义，产生强度不同的推动力量。在同时存在的多种不同性质的动机中，决定个体行为并实际发挥支配作用的动机，就是当时行为活动的主导动机和优势动机。衡量动机强度的大小有两个指标：一是能量。由于动机强度是与个体某一需要的能量大小成正比的，所以，能量的大小是衡量动机强度高低的一个客观指标。二是持续性。当个体产生某种动机并开始实施行为后，一般不会轻易放弃，若个体在某种动机行为中稍遇阻碍便放弃主观努力和追求，则表明该动机不强或动机过弱。

2．动机的清晰度

动机的清晰度是指个体对可见到的或可预见到的某一特殊目标的意识程度。凡是动机，不管行为主体是否意识到，一般都有较为清楚的指向目标。然而，在为了实现目标的活动中，人们对其行为所要达到的特定目标的意识程度却存在着明显的差异。有人有清晰的认识，有人则模糊不清。衡量动机的清晰度也有两个指标：一是检查个体选择行为的自觉性。倘若动机清晰，则对行为的选择是有意识的；反之，则缺少自觉性，个体的行为选择就会表现为极大的习惯性、随意性或者是无意识性。二是注意倾听其语言行为变化。言为心声，由于语言是意识的直接体现，意识的真实性也往往通过语言来表现。因此，可以通过对个体语言行为的测查来判断动机的清晰度。

3．动机的更替性

由于个体常表现出同时产生和存在多种不同性质的动机，这些动机相互抵触或发生干扰冲突，其结果便是强度较高的动机取代原先的动机而产生动机更替。动机更替的这种变化是经常存在的。

4．动机的活动性

动机的活动性是指个体形成某种动机后，能对其行为发生推动作用，表现为对其行为的发动、加强、维持直至中止。动机是推动个体行为活动的直接动因。当个体出现某种较强的动机后，就会表现出一系列的活动，通过其行为活动，来达到最终目的。因此，具有清晰动机的个体较之动机模糊的个体具有较高的活动水平。

5．动机的复杂性

动机的复杂性首先表现在它与行为之间不是简单的一一对应的关系。同一动机可产生不同行为，同一行为亦可由不同动机引起。动机活动中既然有优势动机或主导动机的存在，就说明活动中同时伴有其他动机。了解一个人的动机往往也存在着这样一种情况：内心存在的动机与口头上、书面上表达出来的动机有一定的差距或不一致。另外，个体行为中实际真正起作用的动机与其意识到的动机的清晰度也常常不一致。这些现象，都反映了动机的复杂性。

(三)动机的功能

动机是导致人的行为活动的直接原因，动机对人的行为产生重要的影响。

1．始发功能

动机能引发有机体产生某种活动。人类各种各样的活动都是由一定的动机引起的，没有动机就没有行为。动机是行为的本源，是人的行为发生的主动力，是推动人的行为的原动力。动机是驱使一个人产生某种行为活动的根本原因。动机的这种功能，通常又称作激活功能和启动功能。

2．指引功能

动机具有调节、定向、选择机能，动机可以使行为朝向特定的方向、预定的目标。动机必须明确，没有明确动机支配的行为，往往因主体对行为的目的和后果缺乏清醒的认识、理智的控制而不能持久。动机产生的原因是为了实现一定的目标，动机受目标的直接引导。动机如同指南针一样指引着人们活动的方向，使活动始终朝着预定的目标前进。

3. 强化功能

动机维持个体活动指向一定目标，并调节着活动的强度和时间的持续。如果实现了目标，动机就会促使有机体终止这种活动；如果没有实现目标，动机将驱使有机体维持或加强这种活动，以达到目标。不同性质和不同强度的动机，对活动的激励作用不同，高尚的动机比低级的动机更具有激励作用，动机强比动机弱具有更大的激励作用。

(四)动机的产生

动机是如何产生的呢？心理学研究表明：一般是需要(need)使人产生欲望(want)与驱力(drive)，不过驱力是一种力量，无特定的方向；需要、驱力和外界活动结合便产生既有力量又有方向的动机；再由动机引导个体行动达到目标。通常动机、需要、欲望及驱力被视为同义词。其关系如下：需要(欲望)→驱力→动机→目的。

动机产生主要依赖两个条件：其一是内在条件，即个体缺乏某种东西而引起的需要(欲望)，由身心失去平衡而产生的紧张状态(tension)或感到不舒服(discomfort)；其二是外在条件，即指个体身外的刺激，如食物的色、形、香、味，广告，奖金等。

外在条件与内部状态相互影响便形成行为的动机。内外动机与活动结合而导向动机性行为。

【案例4-3】 重视满足员工内在的需要

斯特公司是一家专门制造汽车零配件的企业，主要客户是美国通用汽车公司、福特公司和克莱斯勒公司。1981年，斯特公司面临许多问题。首先，产品质量低劣，其部分原因是公司实施的计件工资制，计件工资制使工人只关心产品的数量而忽视产品的质量。其次，劳资关系持续紧张，工人们日复一日地重复着高度标准化的工作而无权进行任何改变。

由于日本汽车零配件的大量涌入，斯特公司不得不响应美国三大汽车公司的要求，大幅度提高产品质量。公司采取的第一项举措是开展质量小组活动。不幸的是，因为没有让工会参与，产品质量虽稍有改进，但与预期目标相差甚远。

1984年，斯特公司最大客户——通用汽车公司开始减少货车配件的订单，这使斯特公司再次感到了竞争的压力，因为自己在轿车配件生产方面没有优势。公司管理层认识到只有提高产品质量，才能生存与发展。这次，劳资双方共同建立了质量管理委员会，负责处理各种质量问题。遗憾的是，双方努力的收效不大。虽然产品的质量有所提高，劳资双方的敌意也逐渐消失，但由于实行计件工资制，工人的缺勤率和产品的次品率依然很高。

1986年，美国三大汽车公司开始需求价格更低、质量更好的零配件。斯特公司不得不解雇了1300名工人，公司已经走到破产边缘。此时，工会提出了挽救公司的几项建议：第一，废除计件工资制，实行为期三年的固定工资制；第二，采用弹性工时制，以克服工作的单调、厌烦感；第三，组建自我管理团队，每个团队5~7人，团队有权决定日程安排、休息时间、奖惩办法等各项事宜。公司管理层采纳了工会的意见。结果，几个月后，产品质量迅速提高，次品率从 20%下降到 3%；同时，产品产量显著增加，工人缺勤率明显下降。这使得斯特公司顺利地度过了危机。

(资料来源：豆丁网，http://docin.com/)

(五)活动的目的——目标

活动的目的即指行为所要达到的目标和预期的结果。

目的也属于动机体系的范畴。它具有启动行为、导向行为、调节行为、激励行为、聚合行为、鼓舞士气的作用。人类的目标导向行为(即为达到目标直接满足需要所表现的预备或准备行为)、目标行为(即直接满足需要的行为)、间接行为(即与当前目标暂无直接关系的行为)等都和目标、动机、需要有关系。在企业中，人的行为活动都是为了达到一定的目标。有个人目标，也有团体目标；有短期目标，也有长远目标；有产值产量等物质性目标，也有技术、文化、思想觉悟等精神、理想与观念的目标。目标有诱发动机的作用，心理学中把目标也称为诱因，把诱发动机实现目标的过程称为一种激励过程。

美国管理心理学家德鲁克(P.F.Drucker)于 1956 年提出"目标管理"概念，沃迪恩(G.Ordiorne)在 1965 年把参与目标管理的观念扩大到整个企业。至此，目标管理已成为一种激励技术，成为员工参与企业管理的一种形式。

二、动机的种类

人类的动机十分复杂，可以从不同角度，用不同标准对之进行分类。

(一)生理性动机和社会性动机

根据动机的起源，可以把动机分为生理性动机和社会性动机。

生理性动机来自生理需要。生理性动机也称原发性动机、原始性动机、生物性动机。它是以生物性需要为基础的动机。例如，饥思食、渴思饮、寒思衣、住思房、行思车等动机。人类的生理性动机也受社会生活条件的制约，留下了较深的社会烙印。

社会性动机源于社会性需要。社会性动机又叫继发性动机、习得性动机、精神性动机和心理性动机，是以社会文化需要为基础的动机。社会性动机是后天习得的，具有持久性特征，其内容十分丰富，如兴趣动机、成就动机、权力动机和交往动机、威信性动机、地位性动机等都属于社会性动机。当然，只有高尚的社会性动机，才能使行为具有稳固和完整的内容。

(二)近景性动机和远景性动机

根据动机影响范围大小和持续作用时间的长短，可以把动机分为近景性动机和远景性动机。

近景性动机常常由活动本身的兴趣所引起，影响范围小，持续时间短。如有的同学为了能通过公务员考试，不得不突击学习公务员考试课程。再如，大学生为了获得高分数、赞赏、奖励、免受惩罚等都属于近景性学习动机。近景性学习动机随年级的升高而逐渐减弱。

远景性动机与活动的社会意义相联系，持续时间较长，比较稳定，影响范围广。远景性动机是与学习的社会意义和个人的前途相联系的。大学生意识到自己的历史使命而学习，这样的学习动机就属于远景性动机。大学生的远景性学习动机，如求知、探索、成就、创造、贡献等，随年级的升高而逐渐加强。

研究表明，那些高尚的、正确的远景性动机的作用较为稳定和持久；而那些为了个人的名誉地位产生的近景性动机，其稳定性和持久性就比较差，易受情境因素的冲击。

(三)高尚动机和低级动机

根据动机的正确性和社会价值，动机可以分为高尚动机和低级动机。

高尚动机符合社会要求和道德准则，能为他人或社会做出贡献，能较持久地调动人的积极性。低级动机违背社会要求和道德准则，不利于社会发展。

从广义的角度来讲，当一个人在进入一个新的领域时，都是抱着善良、美好的动机去工作、去学习、去交友的。高尚是一种品行，是一种日积月累的行为习惯。

【案例4-4】 激发他人高尚的动机

每个人的行事都有两个好理由：一是看起来很好；二是的确很好。

我们每个人的内心都将自己理想化，都喜欢为自己行为的动机赋予一种良好的解释。因此，如果我们要想改变他人，就应该诉诸一种高尚的动机。

① 一位建筑公司的女主管，为了让员工与客户对自己的工作有更深的了解，她常常会送书给客户以及员工，有时更会为自己的客户收集一些资料，她希冀建立给员工的想法如同自己的一句话："努力赚钱，是为了有能力去做善事。"这一句话可以消除疲劳，激发他人的高尚动机，并且将集体的斗志带到最高点。

② 洛克菲勒极不喜欢摄影记者拍摄关于他子女的照片，便对记者们这么说："你们也是有孩子的人，一定了解我的感受。你们一定也知道，太出风头对小孩子是很不好的。"洛克菲勒巧妙地激发了人人都不愿伤害儿童的高尚动机，得到了他人的赞同。

③ 有位汽车营业员在卖车时，突然拿出一条纯白的手帕，铺在客户那台本来就想换的破烂车辆前，然后客气地说："请让我为您的车检查一下。"旋即钻到车底下，不久后，他边拍着沾满泥土的手帕边说："一切都好"。当客户看到那条被弄得肮脏不堪的手帕时，心里不禁十分感动，同时也对这位营业员的细心体贴感激不已。本来他不想马上换车的，但看到这位业务员有这么好的服务精神和态度，有这么好的付出心态，想来在他公司买车绝对不会错，当下就决定换一辆新车。那名营业员常常运用这种技巧，靠顾客对他的感激之情来从事推销，大大提高了个人的销售业绩。他是该行数一数二的汽车推销员。

可见，赋予行为高尚的动机，对改变他人是多么重要。

(资料来源：http://www.cando100.com/)

(四)主导动机和辅助动机

根据动机在活动中的地位与作用大小不同，可以把动机分为主导动机和辅助动机。

主导动机是一个人动机中最强烈、最稳定的动机。在活动中处于支配地位，发挥主导作用。辅助动机则往往与一个人的习惯和兴趣相联系，在活动中处于从属地位，只起辅助作用，它能加强主导动机。在个体的成长过程中，活动的主导性动机是不断变化与发展的。事实表明，只有主导动机与辅助动机的关系较为一致时，活动动力才会加强；彼此冲突，活动动力会减弱。

(五)意识动机和潜意识动机

根据对动机内容的意识程度不同，动机可分为意识动机和潜意识动机。

意识动机指行为者能觉察到，并且动机内容明确，在人类动机体系中，意识动机起着主导作用。

潜意识动机是指行为者意识不到，但能自主决定其活动倾向的动机。定势就属于一种潜意识动机。

【案例4-5】 莉莎的潜意识动机

汤姆今年11岁，已经上五年级了。因为他们家距离学校的路程超过了3英里，每天都有一辆黄色的学校巴士在他家的门口停下来，接周围的小朋友去上学，下午再送他们回家。汤姆从小就盼着自己也能和其他孩子一样，背着小书包，跑上那辆明亮的大巴士。可是不知为什么，妈妈坚持每天要送他去学校。

"妈妈，我也想坐校车上学。"有一天，汤姆终于忍不住了。

"为什么？妈妈送你不好吗？这样更安全。"妈妈惊讶之余，有点焦虑。

"隔壁的戴安娜刚上学前班，才5岁，她都坐校车啦！"

"要想坐校车，6点钟就得起床，你能起得来吗？早饭来得及吃吗？你……"妈妈开始不停地唠叨，弄得汤姆很沮丧，以后再也没有提起这件事。同学们都笑话他是长不大的"妈妈的宝贝儿"。

表面看起来，汤姆的母亲莉莎是因为过分担心和宠爱自己的儿子，才保持了有碍于儿子成长的一系列的非爱行为。但是如果我们仔细探究她的行为，可以发现，这些行为是被莉莎本人的潜意识机所支配的。

莉莎出生在一个富裕的美国家庭。大学毕业以后，与汤姆的父亲结婚，第二年生了汤姆，成为家庭主妇。看着丈夫每日辛苦地工作，儿子一天天长大，莉莎对于自己赋闲在家，暗暗地感到罪过。但是，她没有勇气再回到竞争激烈的劳动市场上去找工作。她的女友们多数都有工作，有自己的事业。偶尔和她们聚会的时候，莉莎总是不由自主地开始抱怨："我每天都快忙死了。做饭、洗衣、买东西、打扫房子。我们的房子有四间厕所、五间卧室，星期一是清理厕所，星期二……"

很有趣，在美国生活的17年里，总是听见那些不工作的家庭主妇们，抱怨她们整天在家里有多么忙碌，却很少听到既上班，又料理家务的职业女性抱怨"太忙"。因为在就业年龄的女性之中，仅有7%的女性不工作。她们心里不敢承认，但是潜意识里隐藏着负罪感。同时，她们潜意识里，还具有一种减轻这种不好感觉的动力。被这种潜意识动力支配的行为表现为，专职太太们拼命为其他家庭成员，特别是自己的孩子们做他们自己可以料理的事情，以此向自己和他人证明："我不去工作，是因为你们需要我，家庭需要我。"这种潜意识动机支配着她们的非爱行为，严重地阻碍了孩子的心理成长。

(资料来源：http://zhjtiyw.com)

(六)外在动机和内在动机

根据动机的起因不同，可以将动机分为外在动机和内在动机。

由外在诱因所诱发的动机称为外在动机。例如，大学生为获得学校奖学金而努力学习。由内在条件(如兴趣、好奇)诱发的动机称为内在动机，内在条件是一个人成功的重要因素。如马未都因为喜欢收藏而坚持不懈，最终成为文物鉴赏大家。

内在动机是指人们对于活动本身感兴趣，活动能使人们获得满足，是对自己的一种奖励与报酬，无需外力作用的推动。美国教育心理学家、认知心理学家布鲁纳(Jerome Seymour Bruner，1915—2016)指出，内在动机由三种内驱力引起：好奇心(求知欲)、好胜心(求成欲)、互惠的内驱力。

(七)物质性动机和精神性动机

根据动机对象的性质，可以将动机分为物质性动机和精神性动机。

物质性动机是以物质性需要为基础的动机。如追求较好的衣食住行等物质生活条件、追求较好的学习环境和学习工具等物质生活条件。

精神性动机是以精神性需要为基础的动机，强调对精神产品的获取，如认识和学习性动机、交往性动机、归属性动机、赞誉性动机、成就性动机等。

三、影响人类动机模式的因素

需要是人的动机产生的基础，内部需要和外部需要刺激结合，使需要具有一定目标和方向，便成为活动动机。除了客观环境、人际关系、团体与组织气氛、物质与精神诱因等对动机产生影响之外，尤其是心理需要对人的动机模式具有较大的影响力。心理需要不同，动机模式也不一样，由此影响人的行为方式也不同。与人的心理需要相联系的下列因素对个人动机的模式具有决定性的影响。

(一)兴趣与爱好

兴趣与爱好是和人的愉快情绪相联系的认识与活动的倾向性。这种倾向性能推动人们对自然和社会生活的深刻认识，能使人积极地参加各种活动，从而满足人的求知与活动的欲望。兴趣与爱好是影响人的动机模式的重要因素。苏联心理学家彼德罗夫斯基把兴趣爱好看成动机体系的一个结构成分。在现实生活中，人的兴趣品质有很大的差异，有人喜欢学文，有人喜欢学理；有人好静，有人爱动；有人爱集邮，有人喜欢绘画，有人爱踢球，有人喜欢下棋等，这将影响和决定人的职业、专业、活动等目标的定向和导向。

(二)价值观

价值观是指主体按照客观事物对其自身及社会的意义或重要性进行评价和选择的原则、信念和标准。价值观是一个人思想意识的核心，对个人的思想和行为具有一定的导向或调节作用。符合价值观标准的事物和行为就被认为是有价值的，否则就被认为是没有价值的。

德国心理学家施普兰格尔根据社会文化生活方式把人的价值观区分为经济价值观、理论价值观、审美价值观、社会价值观、政治价值观和宗教价值观等。

经济型：以谋求利益为最高价值，实业家多属于此型。

理论型：以发现事物的本质为人生的最高价值，哲学家和科学家多属于此型。

审美型：以感受事物的美为人生最高价值，艺术家多属于此。

社会型：崇尚人的交往和帮助他人，致力于增进社会的福利，社会活动家多属于此。

政治型：以掌握权力为最高价值，且有一种强烈支配和控制他人的欲望，政治家多属于此。

宗教型：以超脱现实生活为最高价值，宗教信仰或传教士多属于此。

动机是个体行为调节系统的一个组成部分，其中价值观起着核心的作用。价值观决定着动机的性质、方向和强度。如利他的价值观促使个体产生助人的动机，做出助人的决定，并使这种行为坚持下去。价值观是个体在生活实践中逐渐形成的。一旦形成，就相当稳定。个体会自觉不自觉地时时以自己的价值观来判断事物的意义。事物是客观存在的，仅由于价值观不同，人对事物的认识会有很大的差异；价值观也影响到人对事物的需要和需要对行为的调节。

【案例4-6】 知名企业的企业价值观

- 迪士尼——健康而富有创造力。
- 吉百利——竞争力、质量，明确的目标，朴实，开放，责任感。
- 美林——客户为本，尊重个人，团队精神，负责的公民感，正直诚实。
- 惠普——尊重个人。
- 默克制药——企业的社会责任感，企业各方面绝不含糊的质量要求，科技为本的革新，诚实正直，赢利——从为人类造福的工作中赢利。
- 索尼——提高日本的国民文化和地位，成为行业先锋而非跟随者，向不可能挑战，新生，鼓励个人能力和创造力。
- 宜家——创新，人性化，朴实，追求大多数客户利益和意志力。
- 路透社——准确，独立，可靠和开放，及时，创新，以客户为本。
- Merck公司——诚实与正直，共同的社会责任，基于科学的创新，而不是模仿，公司各项工作的绝对优势，但是利润应来自有益于人类的工作。
- 摩托罗拉——高尚的操守和对人不变的尊重，全面的顾客满意度。
- 柯达——尊重个人，正直不阿，相互信任，信誉至上，精益求精，力求上进，论绩嘉奖。
- 杜邦公司——安全，健康和环保，商业道德，尊重他人和人人平等。
- 宝洁——领导才能，主人翁精神，诚实正直，积极求胜，信任。
- 戴尔——通过重视事实与数据，建立对自我负责的信念来凝聚所有戴尔人。
- 丰田——上下一致，至诚服务；开发创造，产业报国；追求质朴，超越时代；亲情友爱，亲如一家。
- 联合利华——以最高企业行为标准对待员工、消费者、社会和我们所生活的世界。

（资料来源：百度文库，http://wenku.baidu.com/）

(三)理想与信念

价值观的终点是人的理想和信念。孔子说:"三军可夺帅也,匹夫不可夺志也。"墨子说:"志不强者智不达。"这足以说明理想、信念的重要作用。理想与信念是一个人的精神支柱和动力源泉。远大的理想、崇高的信念能点燃人生的激情,激发人们的才智,激励人们奋发向上。如果说社会是大海,人生是小舟,那么理想就是引航的灯塔,信念就是推进的风帆。没有理想、信念的人生,就像失去方向的小船,在生活的波浪中随处漂泊,甚至会沉没于急流险滩。理想是人们对未来生活目标向往和追求的一种想象。一个人有理想和追求,前进就有了方向,行为就有了动力,就会为实现理想而奋斗终身。可见理想和追求本身就是一种行为动机。信念是人的行为的主导动机,是坚信某种观点的正确性,并从感情上愉悦接受,以此来支配自己行为活动的个性倾向性。一个人信念一旦形成,就会对其动机和其他心理活动产生巨大的影响。信念能使人满怀信心地按一定的道路勇往直前,走向预定的目标。

【案例 4-7】 信念的价值

美国诺必塔小学的董事兼校长皮尔·保罗对所有的学生一视同仁,在他的心目中根本没有什么"优生"和"差生"之别。因而,他对所有学生都给予热忱地鼓励,从而在他们心中竖起一面旗帜,而孩子确实是需要鼓励、需要有一面旗帜的。在他的学生中,有一位叫罗杰·罗尔斯的学生后来成为美国纽约州历史上第一位黑人州长。

罗杰·罗尔斯出生在纽约的大沙头贫民窟。那里环境恶劣,充满暴力。罗杰·罗尔斯所在的诺必塔小学的学生不与老师合作,旷课、斗殴,甚至砸烂教室黑板。皮尔·保罗想了很多办法来引导他们,可是没有一个是奏效的。后来他发现这些孩子都很迷信,于是在他上课的时候就多了一项内容——给学生看手相。他用这个办法来鼓励学生。

有一天,当罗尔斯从窗台上跳下,伸着小手走向讲台时,皮尔·保罗说:"我一看你修长的小拇指就知道,将来你是纽约州的州长。"当时,罗尔斯大吃一惊,因为长这么大,只有他奶奶让他振奋过一次,说他可以成长为五吨重的小船的船长。这一次,皮尔·保罗先生竟说他可以成为纽约州的州长,着实出乎他的预料。他记下了这句话,并且相信了它。

从那天起,"纽约州州长"就像一面旗帜飘在罗尔斯的心中,他的衣服不再沾满泥土,说话时不再夹杂污言秽语。他开始挺直腰杆走路,在以后的40多年间,他没有一天不按州长的身份要求自己。51岁那年,他终于成了州长。

在就职演说中,罗尔斯说:"信念值多少钱?信念是不值钱的,它有时甚至是一个善意的欺骗,然而你一旦坚持下去,它就会迅速升值。"信念,可以成为所有奇迹的萌发点;鼓励,能够成为一个人一生的动力。

(资料来源:豆丁网,http://www.docin.com)

(四)抱负水准

性格特点和价值观决定行为的方向,抱负水准则决定行为达到什么程度。所谓抱负水准是指欲将自己的工作做到某种质量标准的心理要求。个体在从事某种实际工作之前,自己内心预先估计所能达到的成就目标,以后竭尽全力为实现这个目标而努力。假如工作学习结果的质量和数量都达到或超过了自己的标准，便会产生成功感，否则，就会出现失败感或挫折感。

抱负水准不是整齐划一的，有人高，有人低。有人进了大学只求"60分万岁"，能够获得毕业文凭就行；有人则希望自己毕业后继续考硕士、博士，一定要干出个名堂为国建功立业。抱负水准是一种主观愿望和理想目标，对个体的动机模式具有重要的影响作用。一般来说，抱负水准高，对动机模式的影响就大。个体抱负水准的高低取决于以下因素。

1．影响抱负水准高低的个人因素

影响抱负水准高低的个人因素有以下4种。

(1) 个人成就动机的高低影响。成就动机指个体在完成某种任务时力图取得成功的动机。成就动机对个人的发展和社会的进步都具有重要作用，它好像一架强大的"发动机"那样，激励人们努力向上，在前进道路上取得一个又一个的成就。一般来说，遇事想做、做好、想胜过他人的人，成就动机高，抱负水准则高。

美国心理学家罗特(J.B.Rotter)认为，制约个人抱负水准的两个因素是：个人的成就动机和个人根据已往的成败经验对自我能力的实际估计。

(2) 过去经验的影响。过去做过的事若是一帆风顺、屡屡成功，自然会增强信心，提高抱负水准；倘若连连碰壁，频频失败，就会丧失信心，降低抱负水准。一个学生第一次考70分，第二次考80分，第三次就想考90分甚至100分，若是连续几次不及格，原有的百分抱负也会荡然无存。

(3) 个人实现目标的现实感的影响。目标太高没有实现的可能，太低没有实现的意义，都会影响人的抱负水准。

(4) 个体心理差异的影响。一个人的胆量、意志、责任心、经受挫折的能力、判断和决策的能力等都能影响自己的抱负水准。

【案例4-8】 艾柯卡的抱负

20世纪60年代后期，美国福特公司副总裁艾柯卡亲自出马，夜以继日地研制出一款专为年轻人设计的新车，并定名为"野马"，第一年销售量竟高达41.9万辆，创下了全美汽车制造业的最高纪录。头两年"野马"型新车为公司创纯利11亿美元，他成了闻名遐迩的"野马之父"。后来"侯爵""美洲豹"和"马克3型"高级轿车型的推出，更是大获成功。1970年12月10日，艾柯卡终于如愿以偿地登上福特汽车公司总裁的宝座，成了这家美国第二大汽车企业中地位仅次于福特老板的第二号人物。

一瞬间，好似整个世界都在他的脚下了，艾柯卡从来没有这么得意过。可是，老天没有让他的高兴持续太久，1978年7月31日，由于"功高盖主"，他被妒火中烧的大老板亨利·福特开除了。当了8年的总经理，在福特工作已32年，一帆风顺，从来没有在别的地方工作过，突然间失业了，艾柯卡几乎无法承受住这个打击，这是梦还是现实，命运为什么要给他开这个玩笑呢？

在他被解雇之后，由于过去的威名，许多大公司诸如洛克希德、国际纸业公司等，都对他发出过邀请。但艾柯卡认为，54岁是个尴尬的年龄：退休太年轻，在别的行业里另起炉灶又太老；况且汽车的一切已经在他的血液里流动了。因此，他还是选择了汽车业这一老行当。

他接受了一个新的挑战——应聘到濒临破产的克莱斯勒汽车公司出任总经理。在公司处于生死存亡的关键时刻，艾柯卡没有气馁，更不想退缩，而是深入员工中调查研究，认真分析国内外汽车市场的发展趋势。为了拯救克莱斯勒，确保65万员工的工作和生活，他没有简单地裁员，决定以紧缩开支为突破口，提出了"共同牺牲"的大政方针。艾柯卡从自己做起，把36万美元的年薪降为1美元，与此同时全体员工的年薪也减少了125倍。

艾柯卡把自己的年薪减至1美元的做法在美国企业界没有先例，很自然地引起了轰动。克莱斯勒人长期以来一直很铺张浪费，讲究奢侈，他们无不对此深感震惊，开始时很不理解。然而榜样的力量是无穷的，老总的表率作用是最好的动员令。从各级领导到普通员工，人人渐渐地达成共识。大家毫无怨言，心甘情愿地勒紧裤腰带。

"共同牺牲"给克莱斯勒公司带来了生机，使广大员工看到了希望。艾柯卡率领高层领导班子对营销、信贷、财务、计划和人事等部门进行整顿改革，积极扶持新产品的开发，花大力气抓生产制造。

当然，更重要的是尽快拿出适销对路的产品。1982年，"道奇400"新型敞篷车先声夺人，畅销市场，多年来第一次使克莱斯勒公司走在其他公司前面。K型车面市，也一下子占领小型车市场的20%以上。

艾柯卡曾经说过——"齐心协力可以移山填海"。1983年8月15日，艾柯卡把他生平仅见的面额高达8亿1348万多美元的支票，交到银行代表手里。至此，克莱斯勒还清了所有债务。而恰恰是5年前的这一天，亨利·福特开除了他。

（资料来源：康丽. 88位世界富豪的成长记录[M]. 北京：中国戏剧出版社，2004）

2. 影响抱负水准高低的外部因素

影响抱负水准高低的外部因素有以下3种。

(1) 第三者的影响。老师、父母、同学或领导都可作为当事人的第三者出现，他们的期望或整个社会气氛都指向较高的目标，个体的抱负水准自然会随之提高。

(2) 所处地位与扮演角色的影响。常言说，不在其位不谋其政，个人所处地位不同，扮演社会角色也不一样，其抱负水准也会不同。

(3) 不同目标的影响。无论是现实目标还是理想目标，具体目标还是长远目标，对人的动机与抱负水准也会产生不同的影响。

四、动机的识别

识别动机可以采用以下方法。

(1) 看其如何对待从事活动的要求和任务。是积极主动地参与，还是消极被动地应付。

(2) 看其对待活动的态度如何。是把活动作为一种乐趣和追求，因而认真、勤奋地工作，还是当作负担和压力，感到无限苦恼而想方设法逃避，以致弄虚作假来对付。

(3) 看其从事活动时注意力是否集中。即能否做到专心地工作，认真积极地思考。

(4) 看其能否按时完成布置的各项任务。是主动地、创造性地完成，还是强制地、机械地完成；是独立地完成，还是靠外力帮助完成。

（5）看其遇到困难、挫折、失败时的表现。是充满信心和决心坚持到底、争取成功，还是知难而退、畏缩不前；是面对成绩就骄傲，面对失败就灰心，还是对成败无动于衷。

（6）看其怎样对待奖赏与责备、表扬与批评。对奖赏和表扬是作为追求的目标而力争，还是作为进一步努力的鼓励和鞭策；是正视自己行为的缺点和错误力求改进，还是抱无所谓的态度或对批评抱怨、对抗。

（7）看其在竞赛中的表现。在竞赛中力求获取名次是为集体争荣誉，还是一味为自己争名利，以致不惜采取各种手段排挤对手；竞赛后胜不骄、败不馁，还是胜则骄、败则馁或败则嫉妒。

（8）看其对别人的态度。对别人是诚诚恳恳、真心实意，毫不保留地帮助他们；还是对之漠不关心，就是帮助也要"留一手"；抑或根本不愿帮助，并幸灾乐祸。

以上诸方面是紧密联系着的。通过对上述内容进行全面、深入、细致、客观的了解和考察，便于判断其真实的动机。

复习思考题

一、问答题

（1）简述需要的含义、特征、产生和种类。
（2）简述动机的含义、特征、功能和种类。
（3）简述动机的产生根源。
（4）简述影响动机模式的因素。

二、分析题

成功就是简单的事情重复做、重复做

著名的推销大师，即将告别他的推销生涯，应行业协会和社会各界的邀请，他将在该城中最大的体育馆，作告别职业生涯的演说。

那天，会场座无虚席，人们在热切地、焦急地等待着那位当代最伟大的推销员做精彩的演讲。当大幕徐徐拉开，舞台的正中央吊着一个巨大的铁球。为了这个铁球，台上搭起了高大的铁架。

一位老者在人们热烈的掌声中，走了出来，站在铁架的一边。他穿着一件红色的运动服，脚下是一双白色胶鞋。

人们惊奇地望着他，不知道他要做出什么举动。

这时两位工作人员，抬着一个大铁锤，放在老者的面前。主持人这时对观众讲："请两位身体强壮的人，到台上来。"好多年轻人站起来，转眼间已有两名动作快的跑到台上。

老人这时开口和他们讲规则，请他们用这个大铁锤，去敲打那个吊着的铁球，直到把它荡起来。

一个年轻人抢着拿起铁锤，拉开架势，抡起大锤，全力向那吊着的铁球砸去，一声震耳的响声，那吊球动也没动。他就用大铁锤接二连三地砸向吊球，很快他就气喘吁吁。

另一个人也不示弱，接过大铁锤把吊球打得叮当响，可是铁球仍旧一动不动。

台下逐渐没了呐喊声，观众好像认定那是没用的，就等着老人做出什么解释。

会场恢复了平静，老人从上衣口袋里掏出一个小锤，然后认真地面对着那个巨大的铁球。他用小锤对着铁球"咚"敲了一下，然后停顿一下，再一次用小锤"咚"敲了一下。人们奇怪地看着，老人就那样"咚"敲一下，然后停顿一下，就这样持续地做。

10分钟过去了，20分钟过去了，会场早已开始骚动，有的人干脆叫骂起来，人们用各种声音和动作发泄着他们的不满。老人仍然一小锤一停地工作着，他好像根本没有听见人们在喊叫什么。人们开始愤然离去，会场上出现了大块大块的空缺。留下来的人们好像也喊累了，会场渐渐地安静下来。

大概在老人进行到40分钟的时候，坐在前面的一个妇女突然尖叫一声："球动了!"会场立即鸦雀无声，人们聚精会神地看着那个铁球。那球以很小的幅度摆动了起来，不仔细看很难察觉。老人仍旧一小锤一小锤地敲着，人们好像都听到了那小锤敲打吊球的声响。吊球在老人一锤一锤的敲打中越荡越高，它拉动着那个铁架子"咣、咣"作响，它的巨大威力强烈地震撼着在场的每一个人。终于场上爆发出一阵阵热烈的掌声，在掌声中，老人转过身来，慢慢地把那把小锤揣进兜里。

老人开口讲话了，他只说了一句话：在成功的道路上，你没有耐心去等待成功的到来，那么，你只好用一生的耐心去面对失败。

你可以不思成功，但你的生活并不会因此而轻松。你追逐成功，你会因此而生活得更好。

(资料来源：360文库，http://www.360doc.com/)

(1) 推销大师的话包含了哪些道理？

(2) 试用相关动机理论进行分析解释。

第五章 激励理论与管理

【学习目标】

了解激励的一般理论知识，理解并掌握内容型激励理论、过程型激励理论和行为改造型激励理论，能够熟练运用这三种理论中的内容解释企业管理现象。

【关键概念】

激励(incentive) 激励的原则(the principles of motivation) 内容型激励理论(content type inspire theory) 过程型激励理论(the process of driving theory) 行为改造型激励理论(behavioral transformation driving theory)

第一节 激 励 概 述

激励理论是行为科学中处理需要、动机、目标和行为四者之间关系的核心理论。行为科学认为，人的动机来自需要，需要引发人的行动，通过行动达到一定的目标。激励作用于人的内心活动，它激发、驱动和强化人的行为。企业实行激励机制的最根本的目的在于正确地诱导员工的工作动机，使他们在实现企业目标的同时满足其自身的需要，增加其满意度，从而使他们的积极性、主动性和创造性得到不断提升。

一、激励的含义

激励，即激发鼓励，也就是激发人的行为的心理过程，即激发员工工作的积极性、主动性和创造性的过程。管理者应当运用各种有效的方式激发员工努力去完成企业的任务，实现企业的目标。有效的激励会点燃员工的激情，促使他们的工作动机更加强烈，使他们产生超越自我和他人的欲望，并将潜在的巨大的内驱力释放出来，为企业的目标奉献自己的热情。

激励的具体含义如下。

第一，激励的出发点是满足企业员工的各种需要，即通过系统地设计适当的外部奖酬形式和工作环境，来满足企业员工的外在性需要和内在性需要。

第二，科学的激励工作需要奖励和惩罚并举，既要对员工表现出来的符合企业期望的行为进行奖励，又要对不符合企业期望的行为进行惩罚。

第三，激励贯穿于企业员工工作的全过程，包括对员工个人需要的了解、个性的把握、行为过程的控制和行为结果的评价等。因此，激励工作需要耐心。赫兹伯格强调，激励员工的有效方法就是要做到锲而不舍。

第四，信息沟通贯穿于激励工作的始末，从对激励制度的宣传、企业员工个人的了解，到对员工行为过程的控制和对员工行为结果的评价等，都依赖于一定的信息沟通。企业信息沟通是否通畅，是否及时、准确、全面，直接影响着激励工作的成本与激励制度的运用效果。

第五，激励的最终目的是在实现企业预期目标的同时，也能让企业员工实现其个人目标，即达到企业目标和员工个人目标在客观上的统一。

【案例5-1】 索尼公司的内部招聘制度

有一天晚上，索尼董事长盛田昭夫按照惯例走进职工餐厅与职工一起用餐、聊天。他多年来一直保持着这个习惯，以培养员工的合作意识和与他们的良好关系。这天，盛田昭夫忽然发现一位年轻职工郁郁寡欢，满腹心事，闷头吃饭，谁也不理。于是，盛田昭夫就主动坐到这名员工对面，与他攀谈。几杯酒下肚之后，这个员工终于开口了："我毕业于东京大学，原来有一份待遇十分优厚的工作。但是，进入索尼之前，对索尼公司崇拜得发狂。当时，我认为我进入索尼，是我一生的最佳选择。但是，现在才发现，我不是在为索尼工作，而是为课长干活。坦率地说，我这位课长是个无能之辈，更可悲的是，我所有的行动与建议都得课长批准。我自己的一些小发明与改进，课长不仅不支持、不解释，还挖苦我癞蛤蟆想吃天鹅肉，有野心。对我来说，这名课长就是索尼。我十分泄气，心灰意冷。这就是索尼? 这就是我的索尼? 我居然要放弃那份待遇优厚的工作来到这种地方!"这番话令盛田昭夫十分震惊，他想，类似的问题在公司内部员工中恐怕不少，管理者应该关心他们的苦恼，了解他们的处境，不能堵塞他们的上进之路，于是产生了改革人事管理制度的想法。之后，索尼公司开始每周出版一次内部小报，刊登公司各部门的"求人广告"，员工可以自由而秘密地前去应聘，他们的上司无权阻止。另外，索尼原则上每隔两年就让员工调换一次工作，特别是对于那些精力旺盛、干劲十足的人才，不是让他们被动地等待工作，而是主动地给他们施展才能的机会。在索尼公司实行内部招聘制度以后，有能力的人才大多能找到自己较中意的岗位，而且人力资源部可以发现那些"流出"人才的上司所存在的问题。

(资料来源: 360文库，http://wenku.so.cn)

二、激励的原则

1. 目标结合原则

在激励机制中，目标设置是关键环节。目标设置必须同时体现企业目标和员工需要的要求。

2. 物质激励和精神激励相结合的原则

物质激励是基础，精神激励是主导。两者相辅相成，不可偏废。要努力将二者紧密结合。

3. 引导性原则

外激励措施只有转化为被激励者的自觉意愿，才能取得激励效果。因此，引导性原则是激励过程的内在要求。

4．合理性原则

激励的合理性原则包括两层含义：其一，激励的措施要适度。要根据所实现目标本身的价值大小确定适当的激励量。其二，奖惩要公平。

5．明确性原则

激励的明确性原则包括三层含义：其一，明确。激励的目的是需要做什么和必须怎么做。其二，公开。特别是涉及分配奖金等许多员工关心的问题时，要更为谨慎。其三，直观。实施物质奖励和精神奖励时都需要直观地表达它们的指标。直观性与激励所影响的心理效应成正比。

6．时效性原则

要把握激励的时机，"雪中送炭"和"雨后送伞"的效果是不一样的。激励越及时，越有利于将人们的激情推向高潮，使其创造力连续有效地发挥出来。

7．正激励与负激励相结合的原则

所谓正激励就是对员工的符合企业目标的期望行为进行奖励。所谓负激励就是对员工违背企业目标的非期望行为进行惩罚。正负激励都是必要而有效的，不仅作用于当事人，而且会间接地影响周围其他人。

8．按需激励原则

激励的起点是满足员工的需要，但员工的需要应当因人而异、因时而异，并且只有满足最迫切需要(主导需要)的措施，其效价才高，其激励强度才大。因此，领导者必须深入地进行调查研究，不断了解员工需要层次和需要结构的变化趋势，有针对性地采取激励措施，才能收到实效。

9．实事求是原则

激励应当考虑到解决职工的需要与生产力发展水平相适应。在国家经济和生产力水平不断发展的基础上，逐步改善和提高员工的生活水平。

10．贯彻个人、集体、国家三者利益兼顾的原则

激励过程中既要照顾国家利益，又要兼顾集体利益，同时还要考虑个人利益。三者之间要有效协调。

第二节 内容型激励理论

需要是激励的起点和基础，是动机体系中核心的部分。内容型激励理论重点是研究激发动机因素——人的需要的内容、结构、特征及其动力作用等的理论。主要有马斯洛的需要层次理论，赫茨伯格的双因素理论，奥尔得弗的 ERG 需要理论，麦克莱兰的成就需要理论等。

一、马斯洛的需要层次理论

(一)马斯洛的需要层次理论的内容

1943年，美国著名心理学家马斯洛(Abraham Harold Maslow，1908—1970)在其《人的动机理论》一文中提出了需要层次理论。马斯洛认为人有5种基本需要，依次构成需要的层次。

1．生理需要

生理需要指衣、食、住、行、婚姻、疾病治疗等人类最原始、最基本的维持个体生存的物质性需要。马斯洛认为："在一切需要之中，生理需要是最优先的。这意味着，在某种极端的情况下，即一个人生活上的一切东西都没有的情况下，很可能主要的动机就是生理的需要……对于一个处于极端饥饿的人来说，除了食物，没有别的兴趣。就是做梦也梦见食物。""在这种极端情况下，写诗的愿望，获得一辆汽车的愿望，对美国历史的兴趣，对一双新鞋的需要，则统统被忘记或退居第二位……但是，当一个人有了充足的面包，而且长期以来都填饱了肚子，这时，又会有什么愿望产生呢？这时，立即会出现另外的'更高级的需要'。"

2．安全需要

这是寻求依赖和保护，避免危险与灾难，维持自我生存的需要。这类需要包括人生健康与安全、劳动保护、职业安全、生活稳定、社会保险、社会秩序与治安、退休金与生活保障等。马斯洛认为："整个有机体是一个追求安全的机制，人的感受器官、效应器官、智能和其他能量主要是寻求安全的工具，甚至可以把科学和人生观都看成满足安全需要的一部分。"马斯洛强调："如果生理需要相对满足了，就会出现一组新的我们可以概称为安全的需要……一个和平、安全、良好的社会，常常使得它的成员感到很安全，不会有野兽、极冷极热的温度、犯罪、袭击、谋杀、专制等的威胁……我们可以看到表达安全需要的某些现象，比如，一般偏爱职位牢固有保护的工作，要求有积蓄，以及要求各种保险(医疗、牙科、失业、老年的保险)。追求安全的另一种情况是，人们总喜欢选择那些熟悉的而不是陌生的，已知的而不是未知的事情。有一种信仰或世界观，它趋向于要把世界上的人们组成一种令人满意的、和谐的、有意义的世界，这也是由于部分地受到安全需要的驱使。当然，当这种需要一旦相对满足后，也就不再成为激励因素了。"

3．社交需要

社交需要包括两个方面的内容。一是友爱的需要，即人人都需要伙伴之间、同事之间的关系融洽或保持友谊和忠诚；人人都希望得到爱情，希望爱别人，也渴望得到别人的爱。二是归属的需要，即人都有一种归属于一个群体的感情，希望成为群体中的一员，并相互关心和照顾。感情上的需要比生理上的需要来得细致，它和一个人的生理特性、心理、教育、宗教信仰都有关系。

4. 尊重的需要

人人都希望自己有稳定的社会地位，要求个人的能力和成就得到社会的承认。尊重的需要又可分为内部尊重和外部尊重。内部尊重是指一个人希望在各种不同情境中有实力、能胜任、充满信心、能独立自主。总之，内部尊重就是人的自尊。外部尊重是指一个人希望有地位，有威信，受到别人的尊重、信赖和高度评价。马斯洛认为，尊重需要得到满足，能使人对自己充满信心，对社会满腔热情，体验到自己活着的用处和价值。他说："社会上所有的人(病态者除外)都希望自己有稳定、牢固的地位，希望别人的高度评价，需要自尊自重，或为他人所尊重。……这种需要可以分成两类。第一，在面临的各种环境中，希望有实力、有成就、能胜任和有信心，以及要求独立和自由。第二，要求有名誉或威望(可看成别人对自己的尊重)、赏识、关心、重视或高度评价。"

5. 自我实现的需要

这是最高层次的需要，它是指实现个人理想、抱负，发挥个人的能力到最大限度，完成与自己的能力相称的一切事情的需要。也就是说，人必须干称职的工作，这样才会使他们感到最大的快乐。马斯洛提出，为满足自我实现需要所采取的途径是因人而异的。自我实现的需要是在努力实现自己的潜力，使自己越来越成为自己所期望的人物。

马斯洛提到："音乐家必须演奏音乐，画家必须绘画，诗人必须写诗，这样才能使他们感到最大的快乐。是什么样的角色就应该干什么样的事。我们把这种需要叫作自我实现。'自我实现'这个词是库尔特·戈尔德斯泰因首创的。说到自我实现需要，就是指使他的潜在能力得以实现的趋势。这种趋势可以说成是希望自己越来越成为所期望的人物，完成与自己的能力相称的一切事情。"

通过研究这 5 种基本需要，马斯洛得出结论："我们把这些需要得到满足的人叫作基本满足的人。由此，我们可以期望这种人具有最充分、最旺盛的创造力。"

马斯洛认为，这 5 种基本需要之间的关系是复杂的。一般来说，在低层次需要得到满足后，高层次需要才会出现，但也有例外情况，同时，任何一种需要都不会由于高层次需要的产生而结束，只是对行为的影响力有所降低。各层次需要是相互依赖、彼此共存的。这 5 种基本需要在人的心理发展的不同阶段占有不同的地位。

(二)马斯洛的需要层次理论的应用

1. 生理需求

对食物、水、空气和住房等需求都是生理需求，这类需求的级别最低，人们在转向较高层次的需求之前，总是尽力满足这类需求。管理人员应该明白，如果员工还在为生理需求而忙碌时，他们所真正关心的问题就与他们所做的工作无关。当努力用满足这类需求来激励下属时，要基于这种假设，即人们为报酬而工作，主要关于收入、舒适等，所以激励时要利用增加工资、改善劳动条件、给予更多的业余时间和工间休息、提高福利待遇等来善待员工。

2. 安全需求

安全需求包括对人身安全、生活稳定以及免遭痛苦、威胁或疾病等的需求。对许多员工而言，安全需求表现为有安全而稳定以及医疗保险、失业保险和退休福利等。如果管理人员认为对员工来说安全需求最重要，他们就应在管理中着重利用这种需求，强调规章制度、职业保障、福利待遇，并保护员工不致失业。如果员工对安全需求非常强烈时，管理者在处理问题时就不应标新立异，并应该避免或反对冒险，而员工们将循规蹈矩地完成工作。

3. 社交需求

社交需求包括对友谊、爱情以及隶属关系的需求。这些需求如果得不到满足，就会影响员工的精神，导致高缺勤率、低生产率、对工作不满及情绪低落。管理者必须意识到，当社交需求成为主要的激励源时，工作被人们视为寻找和建立温馨和谐人际关系的机会，能够提供同事间社交往来机会的职业会受到重视。管理者感到下属努力追求满足这类需求时，通常会采取支持与赞许的态度，十分强调能为共事的人所接受，开展有相关企业或部门参加的体育比赛和集体聚会等业务活动，并且遵从集体行为规范。

【案例5-2】 通用汽车的危机与解决

通用汽车为了提高劳动生产率曾实施过一次企业再造、改革计划，对汽车生产装配操作加强控制。改革后，工人把它看作恢复了20世纪30年代"血汗工厂式"的管理，让自己以同样的工资做更多的工作。工人举行了一次罢工，企业损失4500万美元。工人怠工，汽车没有进行必要的检验就出厂，出现了大批质量问题。

通用汽车公司组织了恢复正常工作环境的活动。他们对全厂工人进行了问卷调查，与各级领导管理人员一起举行了一系列会议，并对公司危机进行了细致的诊断。经过诊断，公司发现产生危机的主要根源是管理部门和工人之间缺乏及时的沟通，缺乏必要的交往。为改变这种状况，公司全面实施"交流计划"，内容是：①每天用5分钟在工厂广播与汽车工业、公司和工厂有关的新闻。这些新闻主要涉及销售、库存和生产计划的状况，使工人对公司的情况有大体的了解。其内容也张贴在工厂的各处布告栏里面。②消息公报：作为工厂经理和工人之间一种直接交流的方法，所有关于工厂业务的主要消息都直接告诉工人，并贴在布告栏里面，包括新产品、轮班、生产计划、每周生产和新订货等变化。工厂经理还告诉大家该厂存在的问题，征求工人对解决这些问题的意见。③管理训练：为了加强管理人员在工作中的人际交往作用，所有管理人员以及职员都要经过人际关系和交往的训练。由具有丰富组织装配线经验的公共关系协调员和质量控制主任来设计和指导。管理部门发展了一种作业轮换计划，对轮换工作有兴趣的工人给予必要的训练，帮助他们扩大在同一装配工作组内的工作能力，其中包括大约30种各不相同的但基本上属于同一技术水平的工作。

交流计划实行一段时间后看到了效果，工厂恢复了正常生产，不满下降到前一年的1/3，生产效率也有明显提高。

(资料来源：百科知识，http://www.guayunfan.com)

---

4. 尊重需求

尊重需求既包括对成就或自我价值的个人感觉，也包括他人对自己的认可与尊重。有尊重需求的人希望别人按照他们的实际形象来接受他们，并认为他们有能力，能胜任工作。

他们关心的是成就、名声、地位和晋升机会。当他们得到这些时，不仅赢得了人们的尊重，同时因对自己价值的满足而充满自信。在激励员工时应特别注意有尊重需求的员工，管理人员应采取公开奖励和表扬的方式，布置工作要特别强调工作的艰巨性以及成功所需要的高超技巧等，颁发荣誉奖章、在公司的刊物上发表表扬文章、公布优秀员工光荣榜等手段都可以提高人们对自己工作的自豪感。

5. 自我实现需求

自我实现需求的目标是自我实现，或是发挥潜能。达到自我实现境界的人，接受自己也接受他人。自我实现需求居支配地位的人，会受到激励在工作中运用最富于创造性和建设性的技巧。重视这种需求的管理者会认识到，无论哪种工作都可以进行创新，创造性并非管理人员独有，而是每个人都期望拥有的。为了使工作有意义，强调自我实现的管理者，会在设计工作时考虑运用适应复杂情况的策略，会给身怀绝技的人委派特别任务以使其施展才华，或者在设计工作程序和制订执行计划时为员工群体留有余地。

二、赫茨伯格的双因素理论

(一)赫茨伯格的双因素理论内容

双因素理论也称激励—保健因素理论，是美国的行为科学家弗雷德里克·赫茨伯格(Fredrick Herzberg)提出来的。

20世纪50年代末期，赫茨伯格和他的助手们在美国匹兹堡地区对200名工程师、会计师进行了调查访问。赫茨伯格在企业调查中发现，职工感到不满意的因素大多与工作环境或工作条件有关。这些因素的改善可以预防或消除职工的不满，维持原有的工作效率，但不能导致积极的后果，不能直接起到激励的作用，故称为保健因素。属于保健因素的有公司政策与管理、监督、人际关系、薪金、地位、个人生活、工作安定、工作环境等。与此相反，使职工感到满意的因素主要与工作内容或工作成果有关，这些因素的改善可以使职工获得满足感，产生强大而持久的激励作用，所以称为激励因素。这些能满足个人自我实现需要的因素包括成就、赏识、上进心、职位升迁、挑战性的工作、责任感，以及成长和发展的机会等。

【案例5-3】　培训进修

DELL公司培训销售人员是如何采取"太太式培训"的？他们把销售经理比喻为销售新人的"太太"，销售经理像太太一样不断地在新人耳边唠叨、鼓励，才能让新人形成长期的良好销售习惯，从而让销售培训最终发挥作用。培训由培训经理和销售经理一起完成的。销售新人不仅向销售经理汇报，还要向培训经理汇报。培训经理承担技能培训和跟踪、考核职能(每周给销售新人排名，用E-mail把排名情况通知他们。没有压力，就没有动力)，销售经理承担教练和管理职能，通过新人的最终执行，达到提高业绩的目的。先是为期三周的集中培训，由专家讲解销售的过程和技巧，邀请有经验的销售人员来分享经验。然后每周末召开会议，销售经理与培训经理都参加，检查新人上周进度，讨论分享工作心得，分析新的销售机会，制订下周的销售计划。销售经理与培训经理、新人们一起讨论新人的成长、下一步的走向。最终，"太太"在工作中能够自觉指导新人运用销售技巧，及时鼓励新人、有效管理新人。"太太式培训"的效果非常惊人，用数字可以说明。DELL 销售代表每季度平均销售额是 80 万美元，没有"太太式培训"的时候，新人第一季度平均销售额为 20 万美元，经过这样培训，新人在第一季度的平均业绩达到 56 万美元，远远高于以前销售新人 20 万美元的销售额。让员工了解公司内部的信息也是让员工获得知识的重要途径。特别是让员工了解公司如何传递信息能产生很大的激励作用。商业周刊的一份调查报告显示，有 59%的员工认为，激励他们的最好方法就是直接说出他们的工作是如何帮公司获取利润的，77%的经理也是这样认为。具体如何操作？部门经理先找出公司最看重的关于业绩的那些重要数字，向员工解释公司的现金流、收入和利润之间的区别，以及如何阅读利润表和资产负债表，让员工能把自己的工作与部门和公司的最终赢利水平联系起来。

(资料来源：百度文库，http://wenku.baidu.com/)

赫茨伯格在企业调查中还发现，激励因素和保健因素都有若干重叠现象，如赏识属于激励因素，基本上起积极作用；但当没有受到赏识时，又可能起消极作用，这时又表现为保健因素。工资是保健因素，但有时也能产生使职工满意的结果。

双因素理论促使企业管理人员更加注意工作内容方面的因素，特别是它们同工作丰富化和工作满足的关系，因此是有积极意义的。赫茨伯格告诉我们，满足各种需要所引起的激励深度和效果是不一样的。物质需求的满足是必要的，没有它会导致不满，但是即使获得满足，它的作用往往是很有限的、不能持久的。要调动人的积极性，不仅要注意物质利益和工作条件等外部因素，更重要的是要注意工作的安排，量才录用，各得其所，注意对人进行精神鼓励，给予表扬和认可，注意给人以成长、发展、晋升的机会。随着温饱问题的解决，这种内在激励的重要性越来越明显。

(二)赫茨伯格的双因素理论的应用

1. 管理者要将激励因素和保健因素有机结合进行激励

采取了某项激励的措施并不一定就带来满意，要提高员工的积极性首先得注意保健因素，以消除员工的不满、怠工和对抗。但保健因素并不能使员工变得非常满意，也不能激发他们的工作积极性，所以更重要的是要利用激励因素来激发员工的工作热情和工作效率。因此，企业如果只考虑到保健因素而没有充分利用激励因素，就只能使员工感到没有不满意却不能使员工变得非常满意，则企业就很难创造一流的销售业绩。

2. 管理者要重视激励手段与员工工作绩效之间的关系

在企业管理实践中，欲使奖金成为激励因素，必须使奖金与员工的工作绩效相联系。如果采取不分部门和员工绩效的平均主义"大锅饭"做法，奖金就会变成保健因素，奖金发得再多也难以起到激励的作用。对某一个岗位而言，如果长期为一个人所占有，又没有来自外部的竞争压力，该员工的惰性就会自然而然地释放出来，工作质量随之下降。企业为了激发员工的工作潜能，应设置竞争性的岗位，并把竞争机制贯穿到工作过程的始终。

3. 管理者要因人而异地运用激励方式

双因素理论是在美国的社会和文化背景下提出的，与他国的国情不相同，因而，在企业管理中，哪些是保健因素，哪些应属于激励因素也是不一样的，企业的管理者在对员工进行激励时，必须要考虑到这种文化差异，因地制宜，制定有效的激励措施和采取有效的激励手段。

> **【案例5-4】　日立公司内的"婚姻介绍所"**
>
> 在把公司看作大家庭的日本，老板很重视员工的婚姻大事。例如，日立公司内就设立了一个专门为员工架设"鹊桥"的"婚姻介绍所"。一个新员工进入公司，可以把自己的学历、爱好、家庭背景、身高、体重等资料输入"鹊桥"电脑网络。当某名员工递上求偶申请书，他(或她)便有权调阅电脑档案，申请者往往利用休息日坐在沙发上慢慢地、仔细地翻阅这些档案，直到找到满意的对象为止。一旦他被选中，联系人会将挑选方的一切资料寄给被选方，被选方如果同意见面，公司就安排双方约会。约会后双方都必须向联系人报告对对方的看法。日立公司人力资源部门的管理人员说：由于日本人工作紧张，职员很少有时间寻找合适的生活伴侣。我们很乐意为他们帮这个忙。另一方面，这样做还能起到稳定员工、增强企业凝聚力的作用。
>
> (资料来源：新浪博客，http://blog.sina.com.cn/)

4. 管理者要注意激励的公平性、公正性和公开性

双因素理论诞生在温饱问题已经解决的美国，而在当前尚未完全解决温饱问题的国家的企业里，工资和奖金并不仅仅是保健因素，工资和奖金的多少关系到个人的切身利益和自身价值的实现，如果运用得当，也会表现出明显的激励作用。因此，企业应该建立灵活的工资、奖金制度，防止僵化和一成不变，在工资、奖金分配制度改革中既注重公平又体现差别。

5. 管理者应当重视多种激励方式的综合运用

激励是企业管理的重要环节，被认为是"最伟大的管理原理"。就企业工作而言，对员工激励至关重要，但对员工进行激励的时候必须注重多种激励方式的综合运用，将物质激励和精神激励有机结合起来，物质需要是人的第一需要，合理而富有竞争力的薪酬制度是企业激励员工、留住人才的基本方略。同时，企业更要注重精神激励的重要作用，学习型企业为我们提供了一个典型的精神激励模式：通过培养员工自我超越的能力，打破旧的思维限制，创造出更适合企业发展的新的心智模式，在这种更为开阔的思维中发展自我，并朝着企业的整体目标和共同愿景努力。

三、奥尔德弗的 ERG 需要理论

(一)奥尔德弗 ERG 需要理论的内容

美国耶鲁大学教授克莱顿·奥尔德弗(Clayton Alderfer)通过对工人进行认真、详细的调查研究，提出将人的需要分为三类，即生存需要、关系需要和成长需要。由于这三类需要的英文名称第一个字母分别是 E、R、G，因此奥尔德弗的需要理论又称 ERG 需要理论(有时简称 ERG 理论)。

1．生存需要

生存(Existence)需要指的是全部的生理和物质上的欲望。如吃、喝、穿、住、睡等。企业中员工的报酬、对工作环境和条件的基本要求等都可以包括在生存需要中。这和马斯洛需要层次论中的生理及安全需要相对应。

2．关系需要

关系(Relatedness)需要重点强调的是人们之间的相互关系、联系。这类需要类似于马斯洛需要层次论中的部分安全需要、社交需要以及部分尊重需要。

3．成长需要

成长(Growth)需要是指一种要求得到提高和发展的内在欲望。人不仅要求充分发挥个人潜能、有所作为和成就，而且还有开发能力的需要。它与马斯洛需要层次理论中部分尊重需要和自我实现需要相对应。

(二)奥尔德弗 ERG 需要理论的三个概念

下面介绍关于奥尔德弗 ERG 需要理论的三个概念。

1．需要满足

需要满足即在同一层次的需要中，当某个需要只得到少量满足时，会强烈地希望得到更多的满足。这里，消费需要不会指向更高层次，而是停留在原有的层次，向量和质的方面发展。

2．需要加强

需要加强即低层次需要满足得越充分，高层次的需要就越强烈，消费需要将指向更高层次。

3．需要受挫

高层次的需要满足得越少，越会导致低层次需要的膨胀，消费支出会更多地用于满足低层次需要。

(三)奥尔德弗 ERG 需要理论的特点

ERG 需要理论假设需要是具有一定层次的，在这点上，它与马斯洛提出的理论相似，但 ERG 需要理论对各层次需要之间内在联系的阐述更具说服力。

第一，需要层次理论是基于"满足—上升"的逻辑，即个体较低层次的需要相对满足后，会向较高层次需要前进。而 ERG 需要理论不仅认为 "满足—上升"，还包括"挫折—后退"的思想。"挫折—后退"思想认为在高层次需要没有相应满足或受到挫折时，需要的重点可能会转向较低层次。

第二，ERG 需要理论认为在任何时间里，多种层次的需要会同时发生激励作用。所以它承认多种需要可以同时作为激励因素而起作用。从这一意义来说，ERG 需要理论更符合实际，比需要层次理论更加完整和严密。

ERG需要理论也存在不足。ERG需要理论缺乏充分的研究验证。近年来，也有一些研究对ERG需要理论的适用范围提出疑义，认为在有些企业中它的作用明显，但在另外一些企业中就不能发挥作用。造成这种结果的原因，可能是与所研究的企业对象的基本工作性质有关。但当代大多数理论家认为这一理论优于马斯洛的理论，有人认为它提供了更为实用的激励方法。

四、麦克莱兰的成就需要理论

麦克莱兰(David McClelland)在《成就需要理论》中阐明了三类基本的激励需要，对理解激励做出了贡献。他把这三种需要分为权力的需要、友谊的需要和成就的需要，所有这三种动力——权力需要、友谊需要和成就需要都与管理紧密相关，因为人们必须认识了这三种需要以后，才能管理好一个企业。

(一)麦克莱兰的成就需要理论内容

1. 成就需要

成就需要指追求优越感的驱动力，或者参照某种标准去追求成就感、寻求成功的欲望。高成就需要的人具有以下几个特点：

(1) 有较强的责任感。他们不仅仅把工作看作对企业的贡献，而且希望从工作中来实现和体现个人的价值，因此对工作有较高的投入。

(2) 喜欢能够得到及时的反馈，看到自己工作的绩效和评价结果，因为这是产生成就感的重要方式。

(3) 倾向于选择适度的风险。他们既不甘于去做那些过于轻松、简单而无价值的事，也不愿意冒太大的风险去做不太可能做到的事，因为如果失败就无法体验到成就感。

高成就需要者在创造性的活动中更容易获得成功。但是，成就需要高的大公司的人并不一定能成为一名优秀的经理，因为他们通常只关注自己的工作业绩，而不关心如何影响他人干出优秀的业绩。

【案例5-5】　比尔·盖茨的胸襟

一天，比尔·盖茨召集手下的管理人员开会，商议公司改组的有关事宜，要求参加会议的人必须发言。刚加入微软公司不久的李开复想：如果一定要讲，莫不如把心里话都说出来。于是，他开诚布公地直言："在我们微软公司，员工的智商比谁都高，可我们的效率却比谁都差，因为我们总是在改组，根本不顾及员工的感受和想法。在其他的公司，员工的智商是相加的关系，而我们整天陷在改组'漩涡'里，我们员工的智商其实是相减的关系。"

李开复的话让参加会议的所有人震惊，他大胆地说出了他们想说却不敢说的话。他们面面相觑，会场上静得仿佛可以听见人们心跳的声音。

李开复还是第一次在比尔·盖茨面前发言，他有些忐忑不安，他不知道自己的话会引起什么样的后果。

但后来发生的一切让所有的人释然，比尔·盖茨不但接受了李开复的建议，改变了公司的改组方案，还在与公司高层开会时引用李开复的话，让大家改变公司的文化，不要总是"窝里斗"，浪费公司的人力、智力资源。

(资料来源: 掌桥科研, http://zhangqiaokeyan.com/)

2. 权力需要

权力需要指促使别人顺从自己意志的欲望。权力需要较高的人喜欢支配、影响别人，喜欢对人"发号施令"，十分重视争取地位与影响力。这些人喜欢具有竞争性和能体现较高地位的场合或情境。

研究表明，杰出的经理们往往都有较高的权力欲望，而且一个人在企业中的地位越高，其权力需要也越强，越希望得到更高的职位。高权力需要是高管理效能的一个条件，甚至是必要的条件。

如果权力需要强的人通过正常手段获得权力是为了整个企业的好处而去影响他人行为的，他们会成为优秀的管理者。

3. 友谊需要

友谊需要是指寻求与别人建立友善且亲近的人际关系的欲望。友谊需要强的人往往重视被别人接受、喜欢，追求友谊、合作。这样的人在企业中容易与他人形成良好的人际关系，易被别人影响，因而往往在企业中充当被管理的角色。

许多出色经理的友谊需求相对较弱，因为友谊需要强的管理者虽然可以建立合作的工作环境，能与员工真诚、愉快地在一起工作，但是在管理上过分强调良好关系的维持通常会干扰正常的工作程序。

在对员工实施激励时需要考虑这三种需要的强烈程度，以便提供能够满足这些需要的激励措施。

【案例 5-6】 重振士气，重振 Lawson

Lawson 是日本第二大连锁便利店，当 Takeshi Niinami 在 5 月份接任 Lawson 的总裁职务时，当初的过度扩张给 Lawson 留下了太多的分店，随着日本的通货紧缩压低零售价格，许多分店都亏损了；该公司所涉足的新业务，如自动取款机(ATM)和网上购物中心，都未能带来收益，该公司的快餐不仅以"单调乏味"而著称，现在又有了"令人恐怖"的名声。此后，Niinami 就像一阵旋风一样接管了 Lawson，在日本的企业界，他那晒得黝黑的脸庞已为人所熟知。在接任 Lawson 总裁后不久，Niinami 就定下了巡视 Lawson 旗下的所有分店(在全日本共有 7648 家)的计划，而且"我总是试图与 Lawson 员工进行直截了当的沟通，也许他们有时会想，'那个讨厌的家伙！'但我总是很直率"。这种直言不讳的作风让 Lawson 员工萎靡不振的士气得到了显著的改善。摩根士丹利的分析师 Michinori Shimizu 认为，改善 Lawson 各分店与高级管理层之间的沟通是 Niinami 上任伊始对公司做出的最大贡献。他指出，Niinami 的直率作风有助于提高士气，因为这让员工感到：激进的改革正在进行之中。他在该报告中建议投资者买进 Lawson 的股票，"整个公司的气氛有所改善，有 Lawson 已经变为这样一家公司，在那里，员工可以自由地向上级发表意见。"鉴于 Niinami 的努力，Lawson 高涨的士气正在逐步转化为更漂亮的经营业绩，虽然整个经济形势不好，虽然竞争对手

Seven Eleven 的实力不凡，但在日经指数过去 3 个月的暴跌中，Lawson 的股价依然保持了稳定，实现了初步的成功。

(资料来源：原创力文档，http://max.book118.com/)

(二)麦克莱兰的成就需要理论的应用

麦克莱兰的成就需要理论可以应用于以下几个方面。

(1) 在人员的选拔和安置上，通过测量和评价一个人动机体系的特征来分派其工作和安排职位有重要的意义。

(2) 对于具有不同需求的人需要采取不同的激励方式，了解员工的需求与动机有利于建立合理的激励机制。

(3) 麦克莱兰认为动机是可以训练和激发的，因此可以训练和提高员工的成就动机，以提高生产率。

第三节　过程型激励理论

需要和动机是引发人们行为的动力和原因。过程型激励理论重点研究如何由需要引起动机，由动机引起行为，并由行为导向目标的理论。该理论主要包括弗鲁姆的期望理论、豪斯的综合激励模式、波特和劳勒的激励过程模式以及亚当斯的公平理论。

一、弗鲁姆的期望理论

(一)弗鲁姆的期望理论的内容

期望理论又称效价—手段—期望理论，它是北美著名心理学家和行为科学家维克托·弗鲁姆(Victor H.Vroom)于 1964 年在《工作与激励》一书中提出来的激励理论。

弗鲁姆提出的期望理论的基本内容是：人之所以能够从事某项工作并达成目标，是因为这些工作和目标会帮助他们实现自己的目标，满足自己某方面的需要。弗鲁姆认为，人们采取某项行动的动力或激励力量取决于其对行动结果的价值评价和预期达到该结果可能性的估计。换言之，激励力量的大小取决于该行动所能达到的目标并能导致某种结果的全部预期价值乘以他认为达到该目标并得到某种结果的期望概率。用公式表示为

$$M=V\times E$$

式中：M 为激励力量，是直接推动或使人们采取某一行动的内驱力，这是指调动一个人的积极性，激发出人的潜力的强度；V 为目标效价，指达到目标后对于满足个人需要价值的大小，它反映个人对某一成果或奖酬的重视与渴望程度；E 为期望值，这是指根据以往的经验进行的主观判断，达到目标并能导致某种结果的概率，是个人对某一行为导致特定成果的可能性或概率的估计与判断。

显然，只有当人们对某一行动成果的效价和期望值同时处于较高水平时，才有可能产生强大的激励力。

弗鲁姆的期望理论辩证地提出了在进行激励时要处理好三个方面的关系，这些也是调

动人们工作积极性的三个条件。

第一，努力与绩效的关系。人们总是希望通过一定的努力达到预期的目标，如果个人主观认为达到目标的概率很高，就会有信心，并激发出很强的工作力量。反之，如果他认为目标太高，通过努力也不会有很好的绩效时，就失去了内在的动力，导致工作消极。

第二，绩效与奖励的关系。人总是希望取得成绩后能够得到奖励，当然这个奖励也是综合的，既包括物质上的，也包括精神上的。如果他认为取得绩效后能得到合理的奖励，就可能产生工作热情，否则就可能没有积极性。

第三，奖励与满足个人需要的关系。人总是希望自己所获得的奖励能满足自己某方面的需要。然而由于人们在年龄、性别、资历、社会地位和经济条件等方面都存在着差异，他们对各种需要所要求得到满足的程度就不同。因此，对于不同的人，采用同一种奖励办法能满足的需要程度不同，能激发出的工作动力也就不同。

(二)弗鲁姆的期望理论的应用

弗鲁姆提出的期望理论在企业管理中的实际价值如下。

1．管理者应该同时注意提高期望概率和效价

管理者不要简单地采用一般的激励措施，而应当采用多数组织成员认为效价最大的激励措施，而且在设置某一激励目标时应尽可能加大其效价的综合值，加大组织期望行为与非期望行为之间的效价差值。但是，仅仅重视激励是片面的，应该注意提高工作人员的素质，包括提高他们的思想素质和业务能力，通过提高他们对自身的期望概率而去提高激励水平，创造较高的绩效目标。

2．管理者应该提高对绩效与报酬关联性的认识，将绩效与报酬紧密结合起来

绩效与报酬的联系越紧密，拟实现的目标能够满足受激励者需要的程度相对提高，目标对受激励者的吸引力也就相对加大，激励的水平也就相对提高。

3．管理者应该将物质奖励与精神奖励结合起来

期望理论表明，目标的吸引力与个人的需要有关。受激励者对报酬持有不同的价值观，价值观的差异会产生需要的差异，要重视下属的个人效价。因此，管理者应该了解自己的管理对象，在可能的情况下，有针对性地采取多元化的奖励形式，使企业的报酬在一定程度上与员工的愿望相吻合。

【案例5-7】 MTW公司和员工制定"期望协议"

MTW公司的销售额从1996年的700万美元跃升到2000年的近4000万美元，并建立了以人为本的文化，使公司从当初的50人发展到215人，人员流动率约为行业标准的20%。作为公司总裁兼首席执行官的爱德·奥西认为：MTW成功的基石在于公司和每位员工签订的"期望协议"。

奥西解释，"期望协议"的价值在于"换位思考"。在此过程中，每一方都说出他的目标，然后由他人再次重复目标。加入MTW公司的每一位员工都要签订一份"期望协议"，MTW公司鼓励新员工提出所有的期望。奥西认为，这个过程让员工说出他们心目中最重要

的东西。有时，人们想灵活地处理家庭事务，照顾上了年纪的父母或者需要特殊照顾的孩子。

在 MTW 公司，"期望协议"是一个双向的，随员工的职业发展不断改进的文案，大约每 6 个月就要对它进行一次回顾，并进行修改。人们有较清晰的使命感，"公司知道你想去的地方，你也知道公司发展的方向"。

在市场部工作的 John 说，与大多数 MTW 公司的员工一样，他的"期望协议"既包括共同的目标，也包括个人的目标。他想获得公司支持，丰富软件市场的经历；他想找到一位导师帮助他变得更加专业；他想参加许多专业贸易协会，丰富他的行业知识；他想接触更多的经营活动，学习更多的业务知识，而不仅仅是营销。

MTW 公司赞同这些想法并在"期望协议"中以同样具体的条件要求他。公司让他及其团队在限定时间内重新设计和部署公司的网站；让他写三篇关于 MTW 公司的文章，然后在 6 个月的期限内发表；公司同时想让他参加某些行业会议开拓新的市场。把协议写得如此详细，可以提醒 John。他说："它有助于我制订计划，并在未来的一年内专注于这一计划。它可以让你反思你正在做的事情，同时也预期你应该做的事情。"

(资料来源：原创力文档，http://max.book118.com/)

二、豪斯的"综合激励模式"

罗伯特·豪斯(Robert House)所提出的综合激励模式，就是企图通过一个模式把上述几类激励理论综合起来，把内、外激励因素都归纳进去。其代表性的公式是

$$M = V_{it} + E_{ia}(V_{ia} + \sum E_{ej} \cdot V_{ej})$$

式中：M 为某项工作任务的激励水平高低，即动力的大小。V_{it} 为代表对该项活动本身所提供的内酬效价，它所引起的内激励不计任务完成与否及其结果如何，故不包括期望值大小的因素，也可以说期望值最大是 1，所以可以不表示。E_{ia} 为代表对进行该项活动能否达到完成任务的期望值，也就是主观上对完成任务可能性的估计。进行这种活动时，人们要考虑自己完成任务的能力，以及客观上存在的困难等。V_{ia} 为代表对完成任务的效价。$\sum E_{ej} \cdot V_{ej}$ 为代表一系列双变量的总和。这些双变量中的第一个 E_{ej} 代表任务完成能否导致获得某项外酬的期望值；第二个 V_{ej} 代表对该项外酬的效价。在估计 E_{ej} 时，人们考虑完成任务后，有多大把握得到相应的外酬，如加薪、提级和表扬。

公式中下标的意思是：i——内在的；e——外在的；t——任务本身的；a——完成。

如果把公式中的括号破除，将 E_{ia} 乘入，公式右端则变为如下三项。

① V_{it}，代表工作任务本身的效价，即这工作对工作者本人有用性大小。只要本人做那种工作感到有很大乐趣，很有意义，那么完成工作任务的期望值就为 1，即完成任务的主观概率是百分之百，所以不必再乘 1 了。因此，这一项也代表做这件工作本身的内激励。

② $E_{ia} \cdot V_{ia}$ 代表任务的完成所起的内激励作用。

③ $E_{ia} \cdot \sum E_{ej} \cdot V_{ej}$ 代表各种外酬所起的激励效果之和，其中引入两项期望值是因为前者是对完成任务可能性的估计，后者则仅是对完成任务与获得奖酬相联系的可靠性的估计。

豪斯的激励模式表明：①项和②项属于内激励因素；③项是外激励因素；三项之和代表内外综合激励的效果。要提高职工的激励水平，充分调动职工的积极性，可采取以下激励方法。

1. 提高外激励的水平

豪斯的模型表明，外激励是由职工完成任务的期望值(E_{ia})、完成任务后能否取得奖酬的期望值(E_{ej})和外酬效价(V_{ej})三种因素构成的。要提高外激励的水平，应从三方面入手。

第一，提高职工对完成任务的期望值，是外激励的前提条件，有把握完成任务才可能取得其想要获得的外部奖酬。要提高职工的期望值，应注意：①加强职工的专业知识和职业技术的培训，提高职工的技术水平和完成工作任务的能力；②创造条件，合理分工，使职工能胜任本职工作；③加强指导，帮助有困难的职工，增强其完成任务的信心；④重视工作效果的反馈，使职工的行为得到及时修正或强化。

第二，增强职工对完成任务后取得奖酬的期望值，有助于提高外激励的水平。要增强这方面的期望值，应做到：①取信于民，政策兑现，按工作绩效付酬；②有奖有罚，赏罚分明；③应奖励工作绩效，不应仅停留在奖励职位上；④对常规性工作可采取计时或计件付酬的方法；⑤对高科技与创造性的工作，要支持奖励并根据客观效果及重大意义付酬奖励；⑥要及时知晓工作绩效结果，调整与改善奖酬方式，不断提高激励水平。

第三，要提高外部奖酬的效价，应采用多种不同的外部奖励制度，应根据职工的个性差异、认知差异、需要差异，采取因人而异的外部奖酬的方式；否则外部奖酬如果脱离个人的需要，个人认为没有意义，就会降低其外酬效价，影响激励的效果。

2. 提高内激励的水平

内激励的因素有工作任务本身的效价(即内酬效价 V_{it})、完成工作任务的效价(V_{ia})和完成任务的期望值(E_{ia})三个变量。其中期望值(E_{ia})因素前面已经分析了，这里只介绍两种效果因素。

提高内酬效价(V_{it})的方法主要是使职工对工作本身感到有意义、有乐趣并热爱它。具体方法有：①使工作多样化、丰富化、扩大化，避免单调乏味；②使工作过程能为职工提供学习和成长发展的机会，变得有吸引力；③使工作能为人提供交往的机会，能满足人的社会需要；④尽量使工作专业对口或适合自己的特长，能使自己对它有兴趣。

提高对完成任务的效价(V_{ia})的方法有：①任务的整体性。分工过细，常使职工感到只做了工作的一部分，而没有将全部工作完成。所以应将工作任务放宽，使其感到是在做一件完整的工作。也应提高每个人对其工作成果的全面性和统一性的认识。②提高职工对自己所完成工作任务的重要性和意义的认识。③使职工在其职责和工作范围内有某些控制权和自主权，增强职工的责任感。

3. 将内部和外部激励紧密联系起来

外部激励是暂时的，内部激励具有持久性，将二者联系起来，才能产生强有力的激励作用。外部激励可以增进人们对工作的兴趣，也可能削弱兴趣。正确处理好二者关系，将内激励和外激励方式有机结合起来，才能提高激励水平。

【案例5-8】 德国企业里的工厂委员会

在德国企业里，参与管理主要通过工厂委员会的协商、董事会的共同决策、监事会的制衡及其他一些方式实现。工厂委员会由不包括管理阶层的所有员工选举代表组成，委员会定期与雇主举行联合会议。法律规定雇主有义务向工厂委员会提供各种信息和有关文件，尤其是涉及财务生产、工作流程的改变等方面。员工超过 100 人的企业，工厂委员会必须委任一个财务委员会，定期与管理层会面，了解公司的财务状况；1000 人以上的企业，每季度雇主还必须书面报告企业各方面的情况。IT 委员会几乎可以对企业中所有重大的决策与举措表达看法。在工作时间、工资福利等方面，IT 委员会还具有共同决策权，特别是当发现劳动条件的改变损害了员工的人性化需要时，可以要求雇主予以改变或赔偿。方式如下。

(1) 每个员工每年要写一份自我发展计划，简明扼要阐述自己在一年中要达到什么目标，有什么需求，希望得到什么帮助，并对上一年的计划进行总结。自我发展计划一方面是员工实行自我管理的依据，另一方面给每个员工的上级提出了要求：你如何帮助你的下属实现自己的计划，它既可以作为上级人员制订自我计划的基础，又成为对上级人员考核的依据。

(2) 每年定期让全部员工填写对公司工作意见的员工调查，这个员工调查可以使那些没有参与管理但积极性强的员工调动起其积极性并能参与进管理，他们对公司工作的评价会成为管理部门主动了解意见和建议的基础。

(3) 每年进行一次员工评议。

(4) 定期举行座谈会，征求员工意见，参加人员就所定议题充分发表意见，一般需要在会议期间或会议结束时做出明确的决议。召开研讨会，为制定某项重大问题的决策、原则与办法，各级组织举行研讨会，就某个问题做深入研究，从而提出妥善的解决办法。被邀请或指定参加的人员，即使没有发表什么意见，也可使其心理上感到受重视或得到满足的感觉。

(5) 设置咨询机构或顾问委员会。

（资料来源：百度文库，http://wenku.baidu.com/）

三、波特和劳勒的"激励过程模式"

(一)波特-劳勒模型的内容

在波特(Lyman W.Porter)和劳勒(Edward E.Lawler)看来，人们通过一定的努力来达到一定的工作绩效，不同的绩效决定不同的报酬和奖励，并且给员工带来不同的满意程度。他们所建立的波特-劳勒模型就是对激励、满意和绩效三者的一种综合理解。实现激励目标，取决于以下因素：①努力；②奖酬的价值；③感知的努力与获得奖酬(外在奖酬)的关系；④绩效；⑤完成任务所需的能力和品质；⑥对任务的认识程度；⑦奖酬；⑧感知到的公平奖酬；⑨满意。

(二)波特-劳勒模型的应用

波特-劳勒模型一般应用于如下几个方面。

(1) 管理者应该采取一定的方法来了解员工对奖酬效价的评价，对不同的员工采取不同的奖酬政策，并且根据员工奖酬效价的改变而变动奖酬的内容，做到有的放矢。

(2) 管理者应该针对员工的实际情况对员工所应该达到的绩效确定大致的衡量标准。

(3) 管理者应该把自己希望得到的绩效水平与员工所得到的奖酬结合起来，以最大限度地让激励作用得以发挥。

(4) 管理者要善于从全局的观点来引导员工的行为，对期望的行为与企业中其他因素的冲突问题及时进行了解和解决，以便产生较高的激励作用。

四、亚当斯的公平理论

(一) 亚当斯的公平理论的内容

公平理论是美国心理学家亚当斯(Adanms)20 世纪 60 年代首先提出的，也称为社会比较理论。这种激励理论主要讨论报酬的合理性、公平性对人们工作积极性的影响。其基本内容包括：员工将自己的付出、所得与企业内其他员工的付出、所得进行比较，从而判断自己所得是否具有内部公平性。一种比较称为横向比较，即将自己获得的"报酬"(包括金钱、工作安排以及获得的赏识等)和自己的"投入"(包括教育程度，工作努力，用于工作的时间、精力和其他无形损耗)等的比值与企业内其他人做比较，只有相等时他才认为公平。另一种称为纵向比较，即把自己目前投入的努力与目前所获得报酬的比值，同自己过去投入的努力与过去所获报酬的比值进行比较，只有相等时他才会认为公平。

公平理论可以用公平关系式来表示。设当事人 a 和被比较对象 b，则当 a 感觉到公平时有下式成立：

$$op/ip = oc/ic$$

式中：op 为自己对所获报酬的感觉；oc 为自己对他人所获报酬的感觉；ip 为自己对个人所作投入的感觉；ic 为自己对他人所作投入的感觉。

当上式为不等式时，可能出现以下两种情况。

(1) op/ip＜oc/ic。在这种情况下，他可能要求增加自己的收入或减小自己今后的努力程度，以便使左方增大，趋于相等；他可能要求企业减少比较对象的收入或者让其今后增大努力程度以便使右方减小，趋于相等。此外，他还可能另外找人作为比较对象，以便达到心理上的平衡。

(2) op/ip＞oc/ic。在这种情况下，他可能要求减少自己的报酬或在开始时自动多做些工作，但久而久之，他会重新估计自己的技术和工作情况，终于觉得他确实应当得到那么高的待遇，于是产量便又会回到过去的水平了。

除了横向比较之外，人们也经常做纵向比较，即把自己目前投入的努力与目前所获得报偿的比值，同自己过去投入的努力与过去所获报偿的比值进行比较。只有相等时他才认为公平，如下式所示：

$$op/ip = oh/ih$$

式中：op 为自己对现在所获报酬的感觉；oh 为自己对过去所获报酬的感觉；ip 为自己对个人现在投入的感觉；ih 为自己对个人过去投入的感觉。

当上式为不等式时，也可能出现以下两种情况。

(1) op/ip＜oh/ih。当出现这种情况时，人也会有不公平的感觉，这可能导致工作积极性下降。

(2) op/ip＞oh/ih。当出现这种情况时，人不会因此产生不公平的感觉，但也不会觉得自己多拿了报偿，从而主动多做些工作。

调查和试验的结果表明，不公平感的产生，绝大多数是由于经过比较认为自己目前的报酬过低而产生的；但在少数情况下，也会由于经过比较认为自己的报酬过高而产生。

公平理论提出的基本观点是客观存在的，但公平本身却是一个相当复杂的问题，这主要是由于下面几个原因。

第一，它与个人的主观判断有关。上面公式中无论是自己的或他人的投入和报偿都是个人感觉，而一般人总是对自己的投入估计过高，对别人的投入估计过低。

第二，它与个人所持的公平标准有关。上面的公平标准是采取贡献率，也有采取需要率、平均率的。例如有人认为助学金应改为奖学金才合理，有人认为应平均分配才公平，也有人认为按经济困难程度分配才适当。

第三，它与绩效的评定有关。我们主张按绩效付报酬，并且各人之间应相对均衡。但如何评定绩效？是以工作成果的数量和质量，还是按工作中的努力程度和付出的劳动量？是按工作的复杂、困难程度，还是按工作能力、技能、资历和学历？不同的评定办法会得到不同的结果。最好是按工作成果的数量和质量，用明确、客观、易于核实的标准来度量，但这在实际工作中往往难以做到，有时不得不采用其他的方法。

第四，它与评定人有关。绩效由谁来评定，是领导者评定还是群众评定或自我评定，不同的评定人会得出不同的结果。由于同一企业内往往不是由同一个人评定，因此会出现松紧不一、回避矛盾、姑息迁就、抱有成见等现象。

然而，公平理论对我们有着重要的启示：首先，影响激励效果的不仅有报酬的绝对值，还有报酬相对值。其次，激励时应力求公平，使等式在客观上成立，尽管有主观判断的误差，也不致造成严重的不公平感。最后，在激励过程中应注意对被激励者公平心理的引导，使其树立正确的公平观，一是要认识到绝对的公平是不存在的。二是不要盲目攀比。三是不要按酬付劳，按酬付劳是在公平问题上造成恶性循环的主要杀手。

公平理论认为，当员工感到不公平时，可以预计他们会采取以下 6 种办法中的一种：改变自己的投入；改变自己的产出；歪曲对自我的认知；歪曲对他人的认知；选择其他参照对象；离开该领域。

(二) 亚当斯的公平理论的应用

公平理论为企业管理者公平对待每一个职工提供了一种分析处理问题的方法，对于企业管理有较大的启示意义。

1. 管理者要引导员工形成正确的公平感

员工的社会比较或历史比较客观存在，并且这种比较往往是凭个人的主观感觉，因此，管理者要多作正确的引导，使员工形成正确的公平感。在人们的心理活动中，往往会产生过高估计自己的贡献和作用，压低他人的绩效和付出，总认为自己报酬偏低，从而产生不公平心理的现象。企业管理者要引导员工客观公正地选择比较基准，多在自己所在的地区、行业内比较，尽可能看到自己报酬的发展和提高，避免盲目攀比而造成不公平感。

2. 员工的公平感将影响整个企业的积极性

在企业管理中，管理者要着力营造一种公平的氛围，如正确引导员工言论，减少因不正常的舆论传播而产生的消极情绪；经常深入群众中，了解员工工作、生活中的实际困难，及时帮助解决；关心照顾弱势群体，必要时可根据实际情况，秘密地单独发奖或给予补助等。

3. 领导者的管理行为必须遵循公正原则

领导行为是否公正将直接影响员工对比较对象的正确选择，如领导处事不公，员工必将选择受领导"照顾者"作为比较基准，以致增大比较结果的反差而产生不公平心理。因此，企业管理者要平等地对待每一位员工，公正地处理每一件事情，依法行政，避免因情感因素导致管理行为不公正。同时，也应注意，公平是相对的，是相对于比较对象的一种平衡，而不是平均。在分配问题上，必须坚持"效率优先，兼顾公平"的原则，激发企业运行机制的活力。

4. 报酬的分配要有利于建立科学的激励机制

对员工报酬的分配要体现"多劳多得，质优多得，责重多得"的原则，坚持精神激励与物质激励相结合的办法。在物质报酬的分配上，应正确运用竞争机制的激励作用，通过合理拉开分配差距体现公平；在精神上，要采用关心、鼓励、表扬等方式，使员工体会自己受到了重视，品尝到成功的欣慰与自我实现的快乐，自觉地将个人目标与企业目标整合一致，形成无私奉献的职业责任感。

第四节 行为改造型激励理论

人的行为是人的心理活动的外部表现，所有有意识的行为的产生和发展，都离不开心理活动的支配。而人的心理的积极能动作用的发挥，也必须通过人的行为才能实现。因此，研究如何激励人的生产、工作积极性问题，应把研究人的内隐的心理活动与研究人的外显的行为表现有机地结合起来，而不是把二者割裂开来，对立起来。

在管理活动中，不管采取什么样的措施，其根本目的都在于使被管理者在生产、工作中积极的建设性行为增加，防止消极的破坏性行为减少乃至消失。行为改造型激励理论主要包括强化理论、挫折理论和归因理论三部分内容。

一、强化理论

(一)强化理论的内容

强化理论是美国心理学家和行为科学家斯金纳(Burrhus Frederic Skinner)等人提出的一种理论，也叫操作条件反射理论、行为修正理论。强化理论是以斯金纳的操作性条件反射理论为基础发展起来的一种激励理论。这个理论的主要特点是：从人的行为与客观环境刺激的相互关系中，去寻求改造人的行为的方法，而不重视人的心理活动的作用。例如，斯金纳就认为，不应从人的内在心理状态来寻找对人的行为的解释，而应从决定行为的那些外部条件来解释人的行为。这个理论强调，通过控制刺激人的外部环境中的两个条件来影响和改变人的行为。这两个条件一是人的行为的外在目标，二是对行为结果的奖惩。

斯金纳所倡导的强化理论是以学习的强化原则为基础的关于理解和修正人的行为的一

种学说。所谓强化，从其最基本的形式来讲，指的是对一种行为的肯定或否定的后果(报酬或惩罚)，它至少在一定程度上会决定这种行为在今后是否会重复发生。根据强化的性质和目的可把强化分为正强化和负强化。在管理上，正强化就是奖励那些组织上需要的行为，从而加强这种行为；负强化就是惩罚那些与组织不相容的行为，从而削弱这种行为。正强化的方法包括奖金、对成绩的认可、表扬、改善工作条件和人际关系、提升、安排担任挑战性的工作、给予学习和成长的机会等。负强化的方法包括批评、处分、降级等，有时不给予奖励或少给奖励也是一种负强化。

(二)强化理论的应用

强化理论一般应用于如下几个方面。

1．经过强化的行为趋向于重复发生

所谓强化因素就是会使某种行为在将来重复发生的可能性增加的任何一种"后果"。例如，当某种行为的后果是受人称赞时，就增加了这种行为重复发生的可能性。

2．要依照强化对象的不同采用不同的强化措施

人们的年龄、性别、职业、学历、经历不同，需要就不同，强化方式也应不一样。如有的人更重视物质奖励，有的人更重视精神奖励，管理者应区分情况，采用不同的强化措施。

3．小步子前进，分阶段设立目标，并对目标予以明确规定和表述

对于人的激励，首先要设立一个明确的、鼓舞人心而又切实可行的目标。同时，还要将目标进行分解，分成许多小目标，完成每个小目标都及时给予强化，这样不仅有利于目标的实现，而且通过不断的激励可以增强信心。

4．及时反馈

所谓及时反馈就是通过某种形式和途径，及时将工作结果告诉行动者。要取得最好的激励效果，就应该在行为发生以后尽快采取适当的强化方法。领导者的一声表扬、一个微笑这样简单的反馈，也能起到正强化的作用。所以，必须利用及时反馈作为一种强化手段。

5．正强化比负强化更有效

在强化手段的运用上，应以正强化为主；同时，必要时也要对不良的行为给以惩罚，做到奖惩结合。

强化理论只讨论外部因素或环境刺激对行为的影响，忽略人的内在因素和主观能动性对环境的反作用，具有机械论的色彩。但是，许多行为科学家认为，强化理论有助于对人们行为的理解和引导。因为一种行为必然会有后果，而这些后果在一定程度上会决定这种行为在将来是否重复发生。因而，强化理论已被广泛地应用在激励对人的行为的改造上。

二、挫折理论

挫折理论是由美国的亚当斯提出的。挫折理论主要揭示人类个体在从事有目的的活动

过程中，指向目标的行为受到阻碍或干扰，致使其动机不能实现，需要无法满足时所产生的情绪状态，并由此而导致的行为表现，力求采取措施将消极性行为转化为积极性、建设性行为。

(一)挫折理论的内容

挫折是指个体的意志行为受到无法克服的干扰或阻碍，预定目标不能实现时所产生的一种紧张状态和情绪反应。挫折包含着三层含义。①挫折情境，即干扰或阻碍意志行为的情境。②挫折认知，即个体对挫折情境的认知、态度和评价，这是产生挫折和如何对待挫折的关键。③挫折行为，即伴随着挫折认知而产生的情绪和行为反应。当挫折情境、挫折认知和挫折反应同时存在时，便构成心理挫折。但是，有时只有挫折认知和挫折反应这两个因素，也可以构成心理挫折。

挫折所引起的心理和行为反应是多种多样的。这些心理和行为反应可归为两类：一类是积极的建设性的心理和行为。挫折可增加个体的心理承受能力，使人猛醒，汲取教训，改变目标或策略，从逆境中重新奋起。另一类是消极的破坏性的心理和行为。挫折也可使人们处于不良的心理状态中，出现负面情绪反应，并采取消极的防卫方式来对付挫折情境，从而导致不安全的行为反应。

对于同样的挫折情境，不同的人会有不同的感受；引起某一个人挫折的情境，不一定是引起其他人挫折的情境。挫折的感受因人而异的原因主要是由于人的挫折容忍力不同，也就是经得起挫折的能力差异，它在一定程度上反映了人对环境的适应能力。对于同一个人来说，对不同的挫折，其容忍力也不相同，如有的人能容忍生活上的挫折，却不能容忍工作中的挫折，有的人则恰恰相反。挫折容忍力与人的生理、社会经验、抱负水准、对目标的期望以及个性特征等有关。

(二)挫折产生的原因

挫折的产生一般基于以下两个原因。

1. 环境因素

环境因素包括自然环境因素和社会环境因素。自然环境因素是指自然环境中的各种现象，如台风、洪水、地震、污染、疾病、死亡等。它们有可能成为阻碍人们开展活动、实现动机的因素，使人们无法达到预期的目标，从而造成心理挫折。社会环境因素是指社会环境中的各种成分，如政治、经济、舆论、道德、宗教、风俗习惯等。它们也可能成为限制人们活动、阻碍个人动机实现的因素。在现实社会中，在很大程度上，社会因素比起自然因素更能影响个人动机的实现。

2. 个人因素

个人因素包括生理因素和心理因素。生理因素是指个体通过遗传获得的生理特征，如容貌、身材、智力或某些生理缺陷所带来的限制等。它们可能成为限制个人实现某种动机的因素。心理因素是指个体的能力、性格、气质、心理状态等特征，如身体素质不佳、个人能力有限、认识事物有偏差、性格缺陷、个人动机冲突等，它们更有可能成为阻碍个人动机实现的因素。

(三)挫折理论的应用

企业中个体发生挫折是屡见不鲜的。挫折往往会引起人心情沮丧和行为上的消极反应，损伤员工的生产、工作积极性。因而，在管理中采取有效的方法降低挫折的消极作用，对于维护员工生产、工作积极性和提高员工生产、工作效率是非常必要的。

1. 对形成挫折的根源进行系统分析，以有效地预防挫折的发生

遭受挫折的员工要正确归因，就是要对造成挫折的原因进行实事求是的认识和分析，弄清挫折的原因到底是外部的，还是内部的，或是内外部两种因素相互交织，共同起作用的。正确地分析和归因，是应付和解决挫折情境的必要基础。只有以积极的态度去冷静地分析遭受挫折的主、客观原因，及时找出失败的症结所在，才能从本人的实际条件出发，用切实的行动去促使挫折情境的改变。

2. 提高员工的挫折容忍力

挫折在人的心理和行为上引起反应的强度，在很大程度上受人的挫折容忍力的制约。

要有意识地创设一定的挫折情境。即不断地让自己经受磨难，自找苦吃，自寻烦恼，对自己加强意志、魄力和挫折排解力的训练，最终使自己能经受住任何残酷的打击。袁伟民训练中国女排时，让主力阵容在 10∶14，只输一球就要丢掉全局的危急情况下进行练习，一球一球往回扳，这就使中国女排多次在世界大赛中出现类似局面的关键时刻，心理稳定，临场不乱，技术、战术发挥得好，从而反败为胜。挫折适应能力的提高，同样可以采取类似的方法。

【案例5-9】　小泽征尔的成功

1935 年 9 月 1 日，小泽征尔出生在中国的沈阳。在当时的"伪满洲国"度过了他幼年的时光，6 岁时随全家返回日本。

在少年时代，小泽征尔就显露出音乐天赋，他喜爱听音乐，尤其喜爱听交响乐。一次，他跟随父母去听日本广播协会交响乐团的演奏会，俄国著名指挥家列昂尼德·克鲁采尔担任乐队指挥。听着那优美动听的音乐旋律，看着乐队指挥那潇洒自如、热情洋溢的指挥风姿，小泽征尔深深地被吸引住了。他暗暗想：我一定要成为列昂尼德·克鲁采尔那样的指挥家！从此，小泽征尔开始涉足音乐艺术。1951 年 4 月，他正式考入了桐明学园的高中指挥专业。在那里，他系统地学习了音乐理论和技术，并且开始担任学校管弦乐队的指挥。这为他以后做乐队指挥打下了坚实的基础。高中毕业以后，他决心到欧洲去继续深造。1959 年 4 月，他登上了一艘货船，带着他心爱的吉他和书来到马赛，后又从马赛转到巴黎。巴黎的繁华和现代色彩使他激动，一种征服它的欲念传遍了全身。没过多久，他就在贝桑松国际指挥比赛中获奖，后来又连续两次赢得了伯克郡音乐节和卡拉扬主持的指挥比赛奖。卡拉扬很欣赏小泽征尔，并亲自点拨过他。你们知道卡拉扬吗？他是世界著名指挥家、音乐魔术大师，他的指挥受到全世界人的喜爱，许多人会早晨 6 点就去排队买票，为了亲眼见到卡拉扬的风采。所以，能够得到卡拉扬的欣赏和点化，真是太幸运了。在巴黎停留的两年里，小泽征尔进步很快，他已经成为一个相当引人注目的年轻指挥家，并受聘于纽约爱乐乐

团和美国最大的演出公司——哥伦比亚艺术公司，成了一名乐队指挥。按理说，小泽征尔的事业是一帆风顺的，他的成才之路也是平坦的，没有失败和挫折。然而，事实却并非如此。

1962 年发生的"小泽事件"对一直走在坦途上的小泽征尔来说，的确是一个很大的打击。当时，小泽征尔刚刚返回日本，并受聘担任了日本广播公司交响乐团的常任指挥。可是，乐团中的一些成员对年轻的他很不服气，相比较而言，他们更崇拜德国著名指挥富尔特文格勒的指挥风格。因此，他们拒绝参加演出，在空荡荡的剧场里，只有小泽征尔一个人站在指挥台上。

愤怒之余，小泽征尔毅然离开了祖国，开始了他的流亡生活，并且发誓永远不再回来。他不相信自己会是个失败者，他一定要争口气，一定要做出卓越的成绩来给那些瞧不起他的人瞧瞧。

离开日本之后，他来到了美国。除了潜心学习之外，他还担任了芝加哥团拉维尼亚青年节的指挥。同时，他还兼任加拿大多伦多乐团的指挥。丰富的阅历使他积累了足够的经验，使他的指挥技艺更加精湛。5 年之后，他离开了美国，开始在世界各地旅行，并经常担任客席指挥。他的足迹遍布世界各地，各种不同的音乐流派、艺术风格他都接触过，并经过他的博采众长、整理加工逐渐形成了自己的风格。从此以后，小泽征尔真正地出名了，他指挥的演奏会使观众掌声不绝，西方舆论界称他为"当今世界著名指挥家"。

尽管如此，小泽征尔仍没有放松对自己的要求，他始终按照自己定下的规则去做：每天凌晨 1 点左右睡觉，早晨 5 点起床。除了指挥演奏会以外，他把大部分时间都用在了研究乐谱上。

1972 年，小泽征尔被聘担任波士顿交响乐团的常任指挥，波士顿交响乐团是世界一流的交响乐团，能够在这样的乐团里担任指挥，对于一个音乐家来说是无比幸福的。小泽征尔通过自己的艰苦努力，终于登上了世界音乐高峰。如果没有当初的"小泽事件"，会有今日的小泽征尔吗？如果小泽征尔没有对待失败的勇气，他今天还能够敲开波士顿交响乐团的大门吗？所以，对于一个肯奋斗的人来说，失败并不可怕，可怕的是没有承受挫折的能力。小泽征尔有着足够的心理准备和心理承受能力，失败面前他没有退缩，而是把失败踩在脚下，创造出一个奋斗者的"神话"。

(资料来源：陈晨. 你的世界你来造[M]. 北京：蓝天出版社，2008)

3. 对受挫者采取宽容的态度

遭受挫折的员工，常常以消极的方式发泄自己心中不满的情绪，甚至直接攻击管理者、管理制度和方针政策，以消极破坏性行为对待工作和公共财产。对此，不能只简单地从思想意识和道德品质中去找原因，还应考虑挫折心理的消极影响。心理学家马斯洛曾说过这样一段话："心若改变，你的态度跟着改变；态度改变，你的习惯跟着改变；习惯改变，你的性格跟着改变；性格改变，你的人生跟着改变。"对员工这些行为采取适度的宽容是必要的。先宽容，待挫折引起的消极性激情消失后，再进行思想工作和说服教育，往往能收到事半功倍的效果。

4. 改变受挫折者的情境

改变情境的一种方法，就是暂时离开当时的挫折情境，到一个新的环境里去。通常采用的方法是调换一个工作环境，或调整工作班组，减少原来环境中的不利刺激。这样，可以帮助员工在新的情境中克服原来的对立情绪，重新建立良好的人际关系，放下包袱轻装前进。恩格斯年轻时曾失恋过，他一度感到痛苦和心灰意冷，后来他去阿尔卑斯山旅行，在新的环境里，看到世界是如此宏大，生活是如此多彩，很快心理平衡，摆脱了痛苦，旅行归来后又以新的热情迎接了新的工作。

5. 释放不良情绪，降低挫折的消极影响

人们在遭受挫折以后心理上失去了平衡，很容易意气用事，行为常常不是为理智所左右，而是为情绪所推动。因而，让受挫者通过一些有效的方式，释放心中的消极情绪，恢复心理的平衡和理智状态，对于降低挫折所引起的消极作用是很有效的。例如，在霍桑实验中，采用个别谈话的方法让工人发泄对工厂管理当局的不满和抱怨，研究人员只是洗耳恭听，详细记录，经过上万人次的谈话以后，霍桑厂的产量大幅度上升。

释放消极情绪的方法是多种多样的。例如，管理者耐心倾听受挫者的抱怨、申诉，建立良好的信访制度等。

三、归因理论

归因理论是关于说明和分析人们活动因果关系的理论，人们用它来解释、控制和预测相关的环境，以及随这种环境而出现的行为，因而也称认知理论，即通过改变人们的自我感觉、自我认识来改变和调整人的行为的理论。

归因理论研究的基本问题包括以下三点。①人们心理活动发生的因果关系。包括内部原因与外部原因、直接原因和间接原因的分析。②社会推论问题。根据人们的行为及其结果，来对行为者稳定的心理特征和素质、个性差异做出合理的推论。③行为的期望与预测。根据过去的典型行为及其结果，来推断在某种条件下将会产生什么样的可能行为。

(一)海德的归因理论

归因理论最初是由 F.海德(Fritz Heider)于 1958 年在《人际关系心理》一书中提出来的，因此，海德是归因理论的创始人。归因是人们对别人或自己所表现出来的行为发生原因加以解释的过程。人们在进行归因解释时，一般有两种情况。①将行为发生的原因归于外界环境因素的作用，称为情景归因。情景归因是指影响行为者周围环境的因素，如他人的期望、奖励、惩罚、指示、命令，天气的好坏，工作的难易程度等。②将行为发生的原因归于个人的性格因素或其他主观条件，称为性格归因。性格归因是指影响行为者本身的因素，如需要、情绪、兴趣、态度、信念、努力程度等。一般人在解释别人的行为时，倾向于性格归因；在解释自己的行为时，倾向于情景归因。海德的归因理论是关于人的某种行为与其动机、目的和价值取向等属性之间逻辑结合的理论。

海德认为，日常生活中，所有的人，包括心理学家，对各种行为的因果关系都非常感兴趣，都力图弄清周围人们行为的前因后果。海德还分析了导致行为发生的两种因素。①行为者的内在因素，包括能力、动机、努力程度等。②行为者的外在因素，包括命令、气候、工作的难易程度等。他认为行为观察者对因果关系进行朴素分析时，试图评估这些因素的作用，而且对行为的归因和对行为的预测两者密切相关。海德的归因理论开创了归因问题

的先河，他对行为原因所做的个人—环境的划分成为归因理论的基础，影响深远。

(二)维纳的归因理论

1972 年，维纳(Bernard Weiner)提出了归因理论，该理论说明的是归因的维度及归因对成功与失败行为的影响。维纳认为内因外因、稳定不稳定是人们在进行归因时所考虑的两个维度，这两个维度相互独立，人们如何归因将会影响今后的成就行为。如果把成功归于内部的稳定的因素(如能力)，会使个体感到自豪，觉得自己聪明导致了成功。相反，把成功归于外部的不稳定的因素(如运气)，则会对未来类似活动上的成功不敢肯定，产生担心的情绪情感体验；而把自己的失败归于内部稳定的因素，会使个体产生羞耻感，引起无助忧郁的情绪情感体验。相反把自己的失败归因于外部的不稳定的因素，则会对未来类似活动的成功期望不至于过低，会继续努力，这将有助于保持乐观的情绪情感体验。

维纳于 1982 年又提出了归因的第三个维度——可控制性，即事件的原因是个人能力控制之内还是之外。在维纳看来，这三个维度经常并存，可控制性这一维度有时本身也可以发生变化。他认为，当归因对象是自己时，把成功的结果归因于可控制的原因，如努力，会充满自信。归因于不可控的原因，如能力、任务难度、运气等，则产生惊异的感觉。若把失败的结果归因于可控制的原因，会感到内疚。若把失败的结果归因于不可控的原因，则会感到无奈，如表 5-1 所示。

表 5-1　常见原因知觉的维度分析

原因源	可　控		不　可　控	
	稳　定	不　稳　定	稳　定	不　稳　定
内　部	持久的努力	一时的努力	能力	心境、疲劳技能发挥
外　部	他人的持久努力 他人的偏见	他人的一时努力 他人的帮助	他人的能力 任务难度	他人的心境 运气、机遇

(资料来源：http://yingyu.bokecn.net/html/57/1007/49911.html)

(三)凯利的归因理论

1967 年，美国社会心理学家凯利(H. H. Kelley)发表《社会心理学的归因理论》，继相应推断理论之后提出三维归因理论，也称为三度理论，对海德的归因理论进行又一次扩充和发展。凯利将归因现象区分为两类：一类是能够在多次观察同类行为或事件的情况下的归因，称为多线索归因；另一类则是依据一次观察就做出归因的情况，称为单线索归因。凯利认为，人们对行为的归因总是涉及三个方面的因素：客观刺激物、行动者、所处关系或情境。其中，行动者的因素是属于内部归因，客观刺激物和所处的关系或情境属于外部归因。

对上述三个因素的任何一个因素的归因都取决于下列三种行为信息。

1. 区别性

区别性指行动者是否对同类其他刺激做出相同的反应，他是在众多场合下都表现出这种行为，还是仅在某一特定情境下表现这一行为。例如，一名今天迟到的员工是否经常表现得自由散漫、违反规章纪律。如果行为的区分性低，则观察者可能会对行为作内部归因；

如果行为的区分性高，则活动原因可能会被归于外部。

2．一贯性

一贯性指行动者是否在任何情境和任何时候对同一刺激物做相同的反应，即行动者的行为是否稳定而持久。例如，如果一名员工并不总是上班迟到，她有 6 个月从未迟到过，则表明这是一个特例，行为的一贯性较低；而如果她每周都迟到两三次，则说明行为的一贯性高。行为的一贯性越高，观察者越倾向于对其作内部归因。

3．一致性

一致性指其他人对同一刺激物是否也做出与行为者相同的方式反应。如果每个人面对相似的情境都有相同的反应，我们说该行为表现出一致性。比如，所有走相同路线上班的员工都迟到了，则迟到行为的一致性就高。从归因的观点看，如果一致性高，我们对迟到行为进行外部归因。如果走相同路线的其他员工都准时到达了，则应认为该员工的迟到行为的原因来自内部。

凯利认为这三个方面信息构成一个协变的立体框架，根据上述三方面的信息与协变，可以将人的行为归因于行动者、客观刺激物或情境。

归因理论提出了人们在对他人的行为进行判断和解释过程中所遵循的一些规律，在管理过程中，管理者和员工对行为的归因也不可避免地受到这些规律的影响。管理者要认识到员工是根据他们对事物的主观知觉而不仅仅是客观现实作出反应的。员工对于薪水、上级的评价、工作满意度、自己在组织中的位置和成就等方面的知觉与归因正确与否，对于其潜力的发挥和组织的良好运作是有重要影响的；同时，管理者在对员工的行为进行判断和解释时也应该尽量避免归因中的偏见和误差。

复习思考题

一、问答题

(1) 简述激励理论含义及原则。
(2) 简述马斯洛的需要层次理论、赫茨伯格的双因素理论的内容。
(3) 简述弗鲁姆的期望理论以及亚当斯的公平理论的内容。
(4) 简述过程型激励理论的内容。
(5) 简述行为改造型激励理论内容。

二、分析题

乘着梦想的翅膀翱翔

2003 年，张某曾服务于一家高科技公司，主要负责电脑的软硬件服务。公司成立于 2001 年，到 2003 年在河北省已经小有名气了，2006 年公司销售额已经突破了一个亿。公司下设管理部、软件研发部、企划部、财务部、销售部、服务部六大部门，当时公司有 50 多人，张某作为企划部的经理负责公司企业文化建设以及市场策划方面的工作，该公司老板李总很有个性，是一个带有浪漫气息、喜欢做梦的企业家，李总特别喜欢给张某他们讲述他的梦想，同时鼓励张某他们要经常寻找自己的梦想，并为了自己的梦想而努力。

在老板的渲染和鼓励下，张某他们每个人都有了梦想，有些是近期的，有些是远期的。作为老板的李总就把帮助部门经理实现梦想作为一项重要的工作来抓，并且定期召开中层干部的梦想大会。在大会上，每一个部门经理都可以说出自己的梦想，然后大家一起讨论如何才能实现这个梦想。记得当张某第一次参加梦想大会时，老板让各位经理说出自己最近的梦想，部门经理说得真可谓五花八门。有的说，他想在两个月内挣到 5 万块钱；有的说，想和自己的爱人去巴黎旅游；有的说想得到一款最新的戴尔笔记本电脑；还有一个姓李的员工说很想和他的偶像歌星共进晚餐等。

当李总听完大家的梦想以后，便组织大家一起讨论这个梦想是不是可以在短期内实现，一旦确认可以实现，他便和大家一起讨论如何实现。当然作为老板，他肯定需要计算公司为了帮助大家实现梦想所需要花费的金钱和精力，并据此为各个经理制定不同的工作目标和完成日期，例如在 3 个月内把销售量提高 20%，在半年内开发出适合中小企业的财务软件等。与此同时，他还对大家进行详细的跟踪，制定严格的绩效考核办法，有时他还会帮助部门经理工作，以让部门经理们尽快地实现自己的梦想。最后，一旦在规定日期内完成了所制定的工作目标，李总就马上代表公司赠送梦想大礼——当然就是大家想要的梦想了。

在中层人员管理干部会上，李总经常说的一句话就是人一定要有梦想，并且应该为了实现自己的梦想而去努力，只要你的梦想是合理的，当你努力到一定程度后，你的梦想自然就会实现。

正因为在他这种独创的"梦想管理"方式的激励下，公司中层的忠诚度相当高，各部门的负责人还把这一办法推广到了下面的普通员工身上，整个公司士气空前高涨，业绩突飞猛进。就因为此事，公司还被当地的媒体戏称为"制造梦想的公司"。的确，在短短的几个月内，公司几个中层干部的梦想都实现了，想得到奖金的拿到了自己满意的奖金，想旅游的也去旅游了，想和自己偶像共进晚餐的目标也实现了。

（资料来源：百度文库，http://wenku.baidu.com/）

(1) 李总的激励措施是什么？

(2) 该激励措施有何意义？

第六章　态度与管理

【学习目标】

了解态度的含义及特征，理解态度的影响要素及形成和转变过程，重点掌握态度的转变理论，学会利用有关理论去分析生活工作中的有关问题。

【关键概念】

态度(attitude)　态度的功能(function of attitude)　态度的作用(the role of attitude)　态度的形成(the formation of attitude)　态度的改变(attitude change)

第一节　态　度　概　述

在现实生活中，由于人们的社会经历不同，除了形成各自不同的需要、兴趣、个性和思想方法之外，还形成了不同的信念、理想和态度。如有的人主张自由民主，有的人则喜欢独裁专制。同样，在工作中，有的人认真负责，一丝不苟；有的人却敷衍了事，马马虎虎。即使是对待同一个事物，也会有人赞成，有人反对。因此，态度在很大程度上影响着一个人的工作行为和生活方式。研究态度的意义、性质和影响态度的各种因素，也是管理心理学的重要内容。

一、态度的含义

态度是指个人对某一对象所持有的评价与行为倾向。从态度的定义可以看出，态度的主体是个人，客体是某一对象，使主体与客体发生关系的媒体是实践活动。

心理学家认为态度是由认知、情感和行为倾向三种成分组成的心理倾向。认知成分是指人们对外界对象的心理印象，包含有关的事实、知识和信念，认知成分是态度结构的基础。情感成分是指人们对对象肯定或否定的评价以及由此引发的情绪情感。当外界事物作用于人时，如果符合人的需要或认知体系，就会产生喜爱、尊敬、赞同和满意等肯定的内心体验；如果对象不符合人的需要或认知体系，就会产生厌恶、憎恨、反对和失望等否定的内心体验。行为倾向成分是指人们对对象所预备采取的反应，它具有准备性质。行为倾向成分会影响到人们将来对对象的反应，但它不等于外显行为。

认知、情感和行为倾向之间一般是相互协调的，但也可能不一致。例如，在现实生活中，有人曾有这样的感受："某领导，从工作上看是称职的，但从感情上我不喜欢他。""从理智上看，某一事物、某项制度、某项政策是正确的，但从感情上却不喜欢，因而在行动上也不愿真正接纳。"这说明从认识上改变人的态度有时较容易，但真正从思想感情上转变就较困难。

态度不是天生就有的，它是在人的活动当中形成的，是由一定的对象引起的。态度是可以改变的,当个人所处的社会环境和团体出现某种变化或新规定时,会引起个人某些态度的转变;当个人所属的群体、个人在群体中所担当的角色发生改变时,也会引起某些态度的改变;当有威信的宣传者向个人宣传一些可信的消息、资料时,也能引起态度的改变。

在日常生活和企业管理中,我们要求个人"端正态度",这就是指要某人对某一对象要有一个正确的评价和定势作用,这样才能导致正确的社会行为;反之,一个人"态度不正确"就会产生对事物的不正确评价和定势作用,从而导致不正确的反社会性的行为。

【案例6-1】 态度影响认知

社会心理学家兰伯特曾让加拿大学生根据声音判断说话者的人格特征。他让被试者听10人朗读同一篇文章的录音带(实际上只有5人朗读,只不过每人用英、法两种语言各读一次),然后判断这10人的人格特征。结果发现,同一个人用英语朗读比法语朗读获得了更高的评价。说英语时被认为个子高、有风度、聪明、可靠、亲切、有抱负;而说法语时被认为有幽默感。实践证明,人们根据已有态度来判断他人,因为英裔加拿大人的社会背景优于法裔加拿大人,大学生对英裔加拿大人的态度优于法裔加拿大人。

社会心理学家琼斯让两组白人大学生背诵几篇反对黑人与白人分校方面的文章,其中第一组被试者平时反对种族歧视、反对黑人与白人分校,第二组被试者平时主张黑人与白人分校。实验结果发现,第一组学生的成绩明显优于第二组。深层原因是,与态度一致的材料容易被接受、记忆,与态度相悖的材料则通常被人们过滤、歪曲或遗忘。

(资料来源:豆丁网,http://www.docin.com/)

二、态度的特征

从本质上来说,态度是代表一种形成特定意见的倾向,往往具有以下几个方面的特征。

(一)态度的社会性

态度的社会性不是由遗传获得的,而是随着人的成长,在工作和实践中,通过与他人的交往和与环境的相互作用,逐渐形成的。如对老师和领导、对劳动和荣誉等的态度,都是在社会生活的实践中形成的。态度形成后反过来对他人和环境发生影响。态度就是在不断地与他人和环境相互作用中,时时得到修正,从而使个体的态度体系日趋完善。

(二)态度的针对性

态度的针对性是指态度具有特定的对象。这个对象可能是具体的,也可能是某种状态或某种观念。态度的这种针对性的特点,反映了主体与客体的对应关系。例如,厂长对改革的态度,老师对学生的态度,等等,都明显地表现出主体与客体的对应关系。如果主体和某一客体之间没有任何对应关系,那么,主体对这一客体或事物,也就不存在"态度"问题。

(三)态度的协调性

态度是认知、情感和意向三种成分的统一体,三种成分既有区别又有联系。认知成分是态度的基础，情感成分是态度的核心，意向成分则是态度的外观，三者通常是协调一致的。但是也有出现不一致的情况，这主要是因为认知的改变比情感的改变容易，所以人们常出现这种现象，心里明白但感情却转不过弯来。

(四)态度的稳定性

态度形成的过程需要一段时间，而一旦形成之后，就比较稳定，比较长久，并且不轻易改变。例如，某厂由于管理不善而利润减少，在员工中就形成了"总是搞不好了"的思想，这种思想反映了对该厂前途抱消极、悲观的持久性态度。当然在态度形成的初期，引进新的经验和科技方法，可能促使态度的改变。因此，在对员工的管理过程中，员工的某种不正确的态度，要及时加以引导、教育。否则，当不正确的态度形成并稳定后，再进行教育，就困难得多了。

(五)态度的潜在性

态度是一种内在的心理结构，只是行为前的心理状态，并不是行为本身。所以态度本身难以直接观察到。人们的态度可以通过他们的行为进行推测了解，所以态度具有一定的潜在性，需要进行观察分析和推测才可以挖掘出来。

三、态度的功能

人为什么要形成或保持某些态度，这是一个态度功能(function of attitude)的问题。卡茨(D.Katz，1960)和奥斯卡姆普(S.Oskamp，1977)等认为，态度有 4 种基本功能。

(一)适应功能

适应功能指人的态度都是在适应环境中形成的，形成后的态度起着更好地适应环境的作用。我们是社会性的生物，一些人和群体对我们都是很重要的，适当的态度将使我们从重要的人物(双亲、老师、雇主及朋友等)或群体那里获得认同、赞同、奖赏或与其打成一片。对不同的人应学会有不同的态度。许多大学生发现，如果他们以对父母的态度去跟朋友打交道往往就不适应，反之亦然。所以适当的态度是为了适应社会生活的一种功能。

(二)自我防御功能

人们常说："怀有偏见的人往往是心理不健康的。"态度有时也反映出一个人未澄清的人格问题，如不明说的侵犯和生怕丧失身份。态度作为一种自卫机制，能让人从中受到贬抑时用来保护自己。比如一个知识分子看到商人赚很多钱并在生活中拥有许多物质享受，为了恢复被损伤的自尊，他常会显示出自命清高和鄙视"为富不仁"者的态度，以保持心理平衡。

(三)价值表现功能

在很多情况下，特有的态度常表示一个人的主要价值观和自我概念。如你参与某种群众性运动，手持某一政治人物的标语牌，这表明你赞同这一运动主题，并拥有这方面的价值观。

(四)认识或理解功能

一种态度能给人提供一种作为建构世事手段的参照框架，因此它能引起责任感。如在政治争论中你的态度常常是为评价政治候选人提供一种参照框架。假如这些候选人支持争论朝你所持肯定态度的方向进行，你就会比他们反对这种争论似乎做出更为偏袒的反应。

上述 4 种功能的前两种是为实际的需要服务的，它们能帮助我们调整或纠正自己的行为，以使我们将受到奖赏而不是受到惩罚。后两种功能是和追求自我实现相连的高层次需要有关。因为我们要从表达的价值观，即表达自己所赞同的观点中获得满足；此外，我们有了解周围世界及我们在这个世界中所处地位的需要。

四、态度的作用

态度对一个人的心理与行为具有多方面的影响与作用。已有的研究表明它具有多种作用，现仅举几种。

(一)态度影响社会判断

态度一经形成，就会成为个人适应上的习惯性反应，这就影响了他们对社会环境与社会事务的判断。于是往往会根据现成的态度去判断他人，而少数团体中的成员，大都会采纳多数人共有的态度，或模仿权威的态度，以提高自己的地位与价值，消除内心的不安全感。他们会跟着周围的人去学去做，尤其是领导与老员工，以便与团队保持一致，增加心理上的安全感。

【案例 6-2】 态度影响社会判断

哈斯托夫和坎特里尔将普林斯顿大学和达特茅斯学院两校队足球赛录像分别放给两校学生看，结果普林斯顿大学生发现达特茅斯学院球队犯规次数比裁判实际上指出的多两倍，而达特茅斯学院学生则相反，则更多地指出普林斯顿球队犯规而未受罚的次数。显然，这是两校学生维护各自学校荣誉的立场和期望本校球队获胜的积极态度造成认知判断上的偏差的例证。

(资料来源：豆丁网，http://www.docin.com/)

(二)态度影响耐力

态度会在很大程度上提高耐受力，比如无端受到客户指责时不动怒，几年甚至十几年如一日微笑待客、热情服务，他们能克制情绪，忍受伤痛，因为他们知道服务无小事。

【案例 6-3】 态度影响耐力

兰伯特(1960)等曾做过一个"会员群体对耐痛力增长特色的效应"实验。他们以基督徒与犹太教徒大学生为被试者，使用一种类似血压计的改装耐压器(在充气皮绑带上置一尖突起，绑在被试者手臂上，充气后会使人产生痛感。当被试者无法忍受时会说"受不了"，这时松开绑带并测定充气量，作为耐痛力的指标)来测定耐痛力的水平。实验前告诉被试者，测试目的是为了确定正常人耐痛的程度。初测时，仅仅是记录两教派群体各人的耐痛水平。休息时，对基督徒的一半学生被试者说："据某一报告认为，基督徒的耐痛力不如犹太教徒"；而对犹太教徒的一半学生被试者说："据某一报告认为，犹太教徒的耐痛力不如基督徒。"结果，再测时发现，那些被告诉上述话语的两组被试者，其耐痛水平都显著提高，而其余未被告诉上述话语的两组被试者，其耐痛水平与初测结果无显著差别。研究者认为，这种戏剧性的变化，主要是由于休息时实验者的指导语激起各半组被试者对自己宗教群体的效忠态度所致。这个实验表明，一个人对自己所属的群体有认同感、荣辱感、责任感，并时时能被激起效忠态度，就会表现出巨大能量与挫折耐力。事实上也是如此，历史上许多爱国者与革命者之所以能表现出惊人的毅力与不怕牺牲的精神，都是和他们具有崇高信念和对祖国、对人民的效忠态度分不开的。

(资料来源：金锄头文库，http://www.jinchutou.com/)

(三)态度影响学习效果

了解学习意义，对学习活动怀有兴趣，因此对学习采取认真、积极的态度，就会更好地理解与记忆学习材料；否则就会得到相反的效果。这似乎是一种常识。当然，学习态度端正，也不一定就能取得良好的学习成绩，因为学习过程中，还存在着其他影响学习效果的因素，如智力、策略等。这里不妨介绍一下，态度在学习中的过滤作用，即学习者对某些事件所持的社会态度，也常影响着他对有关事件的论述材料内容有筛选地去掌握并产生不同的学习效果。

(四)态度影响工作效率

一般来说，人对自己所从事的工作喜爱并有良好的态度，就会努力去工作，产生高效率。但事实比这种设想更复杂。布雷菲尔德和克罗克特曾对此进行了长期的调查研究，发现企业员工对工作的态度(满意或不满意)与生产效率之间并无必然的关系。如对工作感到满意的员工，有的效率高，有的则一般或不高，这是因为后者受工人群体内部隐存的社会标准("不过高也不太低"的生产指标所制约，他们不愿离群，故有意降低效率以求与大家一致。而对目前工作不满意的员工，由于其他动机，如为了维持生计、受人尊重或自我表现等，往往也能提高工作效率。当然，如果整个群体都较了解工作的意义，对工作满意而有积极的态度，比持有消极态度的群体会有更高的效率，这是无疑的。

【案例6-4】 热忱的力量

美国著名的人寿保险销售员法兰克·派特刚转入职业棒球界不久，就遭到有生以来最大的打击，他被开除了。他的动作无力，因此球队的经理有意要他走人。球队经理对他说："你这样慢吞吞的，哪像是在球场混了二十年的？我告诉你，无论你到哪里做任何事，若不提起精神来，你将永远不会有出路。"

法兰克离开原来的球队以后，一位名叫丁尼·密亨的老队员把他介绍到新凡去。在新凡的第一天，法兰克的一生有了一个重要的转变。因为在那个地方没有人知道他过去的情形，他决心变成新凡最具热忱的球员。为了实现这点，当然必须采取行动才行。

法兰克一上场，就好像全身带电。他强力地投出高速球，使接球的人双手都麻木了。记得有一次，法兰克以强烈的气势冲入三垒，那位三垒手吓呆了，球漏接，法兰克就盗垒成功了。当时气温高达 39℃，法兰克在球场奔来跑去，极可能因中暑而倒下去，但在过人的热忱支持下，他挺住了。

这种热忱所带来的结果，真令人吃惊。由于热忱的态度，法兰克的月薪增加到原来的 7倍。在往后的两年里，法兰克一直担任三垒手，薪水加到 30 倍之多。为什么呢？法兰克自己说："就是因为一股热忱，没有别的原因。"

后来，法兰克的手臂受了伤，不得不放弃打棒球。接着，他来到菲特列人寿保险公司当保险员，整整一年多都没有什么成绩，因此很苦闷。但后来他又变得热忱起来，就像当年打棒球那样。

再后来，他是人寿保险界的大红人。不但有人请他撰稿，还有人请他演讲自己的经验。他说："我从事推销已经 15 年了。我见到许多人，由于对工作抱着热忱的态度，使他们的收入成倍地增加起来。我也见到另一些人，由于缺乏热忱而走投无路。我深信唯有热忱的态度，才是成功推销的最重要因素。"

(资料来源：文字大全，http://lishixinzhi.com/)

第二节　态度的形成与转变

态度的形成与转变是一个人社会化的重要方面。一个婴儿在他刚刚生下来的时候，只是一个生物的个体，一个自然的人，在成人的照料下发育长大，成为一个社会的人。在他的成长过程中，家庭、学校和周围环境的影响，使他逐渐掌握了一定的价值观念，形成了对周围世界的种种态度。当然随着生活和环境的变化，其对待事物的态度也要发生相应的变化。

一、态度的形成与转变概述

人从出生开始，不具有对任何事物的态度，是在后天的生活环境中学习形成的，主要从以下几个方面理解态度的形成。态度是对欲望的满足后形成的，欲望是与生俱来的，理性的个体对凡是能满足欲望的对象，或能帮助自己达到目标的对象，必然会产生喜好的态度。相反地，对阻挠其目标实现或引起挫折的对象，就会发展出一种厌恶的态度。

态度的改变主要包括两个方面：一是态度的方向，二是态度的强度。以一种新的态度取代原有的态度，这就是方向的改变。只是改变原有态度的强度而方向不变，这就是强度的改变。同时，态度的方向和强度也是密切相关的，一个人从一个极端转变到另一个极端，这本身既包含方向上的转变，又是强度上的变化。

态度的改变包括方向与强度的变化，依据态度改变的方向可分为一致性变化与不一致性的变化。一致性变化指强度发生改变，而方向保持不变，如由反对变为强烈反对。而不一致性变化则指态度方向发生变化，如由积极变为消极或由消极变为积极。大多数即时性态度改变只是态度体系中认知成分发生了变化，而没有改变情感与行为倾向，这样的态度改变是极不稳定的，时间一长，遇到的刺激一多，态度又会恢复原状。如那些屡教不改的犯罪分子，经过在监狱的劳动与思想改造，决心重新做人，但出狱后，经不起诱惑，又干出了对国家和人民有害的事情，这就是一种即时性态度改变。

【案例6-5】 她改变了一个国家的态度

在同塑料袋宣战中，需要领军人士智慧地冲锋陷阵，英国广播公司的摄影师丽贝卡·霍斯金是其中之一。

2006年，英国广播公司女摄影师丽贝卡·霍斯金到夏威夷海域拍摄野生动物的纪录片，中途岛上的一幕惨景让她心灵震颤：数百只信天翁倒在海滩上。

这些美丽的鸟的胃已被阳光曝晒，塑料颗粒散落在羽毛和骨骼之间。各种塑料器物的残片——塑料袋、玩具、哮喘器、圆珠笔、香烟过滤嘴、牙刷、梳子、饮料瓶盖——都从死亡的信天翁的胃中暴露出来。

这些鸟，显然是在吃了塑料残渣后窒息而死的。

更糟糕的场面接二连三：鲸鱼、海豹、乌龟等都死于塑料残片。凡是海洋上漂浮塑料颗粒比较集中的地方，海滩上必能见到动物成片死亡的惨状。在中途岛下风方向地带，丽贝卡看到好几千只刚孵化出的信天翁雏鸟要么死亡，要么软弱地匍匐在地。她捡起一只活着的小鸟，它啄着她的手指，很快就死亡了。

那一刻，丽贝卡在气愤和郁闷中崩溃了。

回到故乡英国莫德博里镇，丽贝卡剪辑完纪录片，便展开了禁止塑料袋的活动。一个月的时间内，她和儿时的朋友一起向家乡人展播野生动物生存的实况录像，邀请小镇上43个零售商在酒吧边看纪录片边商议禁止塑料袋的行动计划。6个月的实验后，这个随手丢塑料袋的社区全部用上了布袋，向大自然少扔了50万个塑料袋。

莫德博里成了欧洲第一个全面禁止塑料袋的城镇，丽贝卡的勇气和行为在英国家喻户晓。英国绿色和平组织的负责人说："她在几个月内改变了英国人对塑料袋的态度，她把太平洋上的所见所闻和自己生活的国家联系起来，她应当是英国的首相。"

丽贝卡的作为向人们证实：不要等待政府和超市去作为。只要公民自觉行动起来就可产生巨大力量。成千上万的人向她写信致敬，80多个城镇自愿加入告别塑料袋的行列。2007年11月，伦敦的33个区宣布要用立法方式对付"塑料袋之害"。作为一个普通人，她用简单的语言向其他普通人传递着这样一个信息：有些事是我们不能大意的。

英国首相布朗在发表他上任后的第一篇"绿色讲话"时，提到他将召集所有超市的高管开会，讨论如何消除塑料袋。"我相信我们能消除一次性使用的塑料袋，找到可持续使用的替代品。"没有人游说，也没有辩论，丽贝卡用行动说服了首相对塑料袋开战。布朗致信莫德博里镇的行政官员，"莫德博的人应当为他们所表现的领导作用感到骄傲"。

1974年出生、毕业于爱丁堡大学的丽贝卡，2007年11月获得全英环境与媒体奖。

(资料来源：掌桥科研，http://www.zhangqiaokeyan.com/)

社会心理学家凯尔曼(H.Kelmen)于1961年提出了态度形成或改变的模式，他认为态度的形成或改变经历了顺从、同化和内化三个阶段。

(1) 顺从阶段。顺从又叫服从，是表面上改变自己的观点与态度，这是态度形成或改变的第一个阶段。在生活中，个体一方面不知不觉地在模仿着他所崇拜的对象，另一方面也受一定外部压力或权威的压力而被迫接受一定的观点，但内心不一定接受该观点，这是形成或改变态度的开端。

(2) 同化阶段。同化又叫认同，是在思想、情感和态度上主动地接受他人的影响。这个阶段比顺应阶段进了一步，即态度不再是表面的改变了，也不是被迫的了，而是自愿接受他人的观点、信念、行动或新的信息，使自己的态度和他人的态度(自己要形成的态度)相接近。但在这一阶段，新的态度还不稳定，很容易改变，新的态度还没有同自己的态度相融合。

(3) 内化阶段。在思想观点上与他人的思想观点相一致，将自己所认同的新思想与自己原有的观点结合起来，构成统一态度体系。这是形成态度的最后阶段，在这个阶段中，人的内心发生了真正的变化，把新的观点、新的情感纳入自己的价值体系中，彻底形成了新的态度。

二、态度的形成与转变过程的影响因素

从态度的形成和转变过程中，可以看出，态度是在社会化过程中形成的。因而，影响个体的社会化的因素也就是影响其态度形成的因素。

(一)影响态度形成的因素

态度不是与生俱来的，而是在后天的生活环境中，通过自身、社会化的过程逐渐形成的。在这个过程中，影响态度形成的因素主要有以下几个。

1．欲望

态度的形成往往与个人的欲望有着密切的关系。实验证明，凡是能够满足个人欲望，或能帮助个人达到目标的对象，都能使人产生满意的态度。相反，对于那些阻碍目标，或使欲望受到挫折的对象，都会使人产生厌恶的态度。这种过程实际上是一种交替学习的过程，它说明欲望的满足总是与良好的态度相联系。有人曾对某种族偏见(态度)的发展进行过研究，认为这种偏见具有满足某些个人欲望的功能。如有些人需要借蔑视其他种族，以发泄自己在生活中压抑已久的敌意与冲动行为。这说明态度中的情感和意向成分与欲望的满足有着密切的关系。

2．知识

态度中的认知成分与一个人的知识密切相关。个体对某些对象态度的形成，受他对该对象所获得的知识的影响。例如，一个人阅读过某种科技著作，了解到原子武器爆破力的杀伤性，就会产生对原子武器的一种态度，这就是说态度的形成是受知识影响的。但是，并不是说态度的形成，单纯受知识的影响。心理学家进行过有趣的调查，他们把调查对象分成两种态度组，即有严密组织的宗教态度者(特征是：态度分明，无意成分少，情绪色彩低)与无严密组织的宗教态度者。结果发现前者能够认识并且接受自己的优点和缺点，而后者则只接受自己的优点，把自己的缺点掩盖起来。

【案例6-6】 一辆劳斯莱斯

有 3 个人要被关进监狱 3 年，监狱长满足他们每人一个要求。美国人爱抽雪茄，要了三箱雪茄；法国人最浪漫，要一个美丽的女子相伴；而犹太人说，他要一部与外界沟通的电话。3 年后，第一个冲出来的是美国人，嘴里鼻孔里塞满了雪茄，大喊："给我火，给我火！"原来他忘了要火。接着出来的是法国人，已经孩子成群。最后出来的是犹太人，他紧紧握住监狱长的手说："这 3 年来我每天与外界联系，我的生意不但没有停顿，反而增长了200%，为表感谢，我送你一辆劳斯莱斯！"

(资料来源：青夏教育，http://www.1010jiajiao.com/)

3. 个体经验

一个人的经验往往与其态度的形成有着密切的联系，生活实践证明，很多态度是由于经验的积累与分化而慢慢形成的。例如，四川人喜欢吃辣椒、山东人喜欢吃大葱的习惯，就是由于长期的经验而形成的一种习惯性态度。当然有时也会出现只经过一次戏剧性的经验就构成了某种态度。例如，在某一次逗狗的游戏中被狗咬伤，很可能从此就不喜欢狗，甚至害怕狗，即所谓"一朝被蛇咬，十年怕井绳"。

4. 群体观念

个体的许多态度往往受所属群体，如家庭、学校、社会团体的影响。这是因为，个体对群体的认同感使个体接受群体的规范；个体与群体其他成员接受相似的知识；个体无形中受到群体压力的影响。

5. 个性特征

群体意识虽然会使群体成员形成某种相似的态度，但由于群体成员之间个性的不同，在态度的形成过程中仍然存在着个体差异。如一般认为，具有独立性格的人，对待事物的态度往往具有独到的见解；具有顺从性格的人，对待事物的态度往往追随权威，容易接受他人的暗示和支配。

(二)影响态度转变的因素

1. 态度本身的特性

态度本身的特性意味着人们对客观事物已经形成了一定的认识和看法，即态度是明确的。具体包括以下几种。

(1) 少年时代养成的某种态度，如嗜好、偏爱、兴趣等不易改变。

(2) 一个人某种极端性的态度，或者对待某种事物前后一贯的习惯性态度，也不容易改变。

(3) 复杂的态度或协调一致的态度不容易改变。复杂的态度就是态度的建立不是凭借某一简单事实，而是依赖多次证明的事实，至于协调一致的态度就是说态度中的三种成分(认知、情感、意向)协调一致，没有矛盾。

(4) 态度中的价值成分与态度的转变有密切关系。态度中的价值意义越大，越不容易转变。

(5) 欲望满足的数量与力量的转变有密切关系。某种事物一次能使个体满足欲望的数量越多、力量越强烈，其态度越不容易改变。

2．个体态度

个体态度的形成与人的个性有着密切的关系。具体表现在下面 4 个方面。

(1) 能力差异。对于复杂的问题，智慧较高的人容易理解其中各种赞成或反对的论点，并根据这些论点，决定是否坚持或改变自己的态度，其态度改变是主动的。智慧较低的人，由于缺乏判断力，容易被说服，也容易接受群体态度的压力，而被动地改变自己的态度。

(2) 性格差异。研究发现，由于人们的性格不同，有的人容易接受劝告，有的人比较固执。一般来说，独立性比较强的人不容易改变自己的态度。而顺从型的人，由于缺乏判断能力，依赖性强，容易信任权威，改变态度也比较容易。研究者还发现，女性比男性更容易被说服而改变态度。

(3) 自我意识。研究者发现，自我意识的强度与个人态度的转变亦有密切关系。自尊心、自信心、自我防卫机能强的人，普遍有一种自我保护的态度，一般这种人的态度比较难以改变。心理学家卢森堡指出，在政治上的极端保守者，都有一种不安和自我防卫的倾向。

(4) 个人的群体观念。态度的形成与个体所属的群体有密切的关系，因此，当一个人对他所属的群体具有认同感或忠诚心的时候，要他采取与群体规范不一致的态度是不容易的。例如东方人普遍都十分重视家庭的存在，其态度也就明显地带有家庭伦理的色彩，一般不会轻易做出违背家庭的事。如果一个人对自己所属的群体缺乏认同感或忠诚心，他的态度则会因外界的影响而改变。

三、态度形成与改变的方法

态度的改变可能是因为内在的因素引起的，如生理状况的变化可能引起态度的改变，但主要的还是受外在因素的影响。因此，想有效地改变他人的态度，可以采用以下方法。

(一)利用传播和沟通的方式灌输新的知识

态度的形成有赖于知识，而往往接触的新知识有可能改变已经形成的态度。提供新知识时，有下列几种方法。

1．知识的来源

沟通是一种人际行为事件，因此听众对于提供新知识的沟通人(如演讲人)越信服，其态度上改变的可能性越大。

2．媒体宣传效果

媒体宣传效果不仅受宣传者本身条件影响，同时也受宣传者所使用的媒体的影响。许多研究结论指出，口头传播消息比印刷物传播容易改变对方的意见；如果想影响投票者的态度，面对面的街头演说竞选比通过大众媒介的宣传方式来得有效。

3．片面说明和双面说明

传播者提出对自己观点有利的论点和同时提出不利的论点，来证明前者强于后者，这两种方法哪种对态度的改变较为有效。据哈弗兰(Hovland)等实验研究表明，对于那些传播者具有不同意见者，双面方式较有效；而对那些与传播者具有相同意见者，只强调其赞同的一面则有效。此外他们又发现受到良好的教育者，受片面方式的影响较小，而受全面方式的影响较大。

4．情绪

传播者传播知识时，有时想利用信息接收者的恐惧情绪促使其态度改变。例如，告诉对方如果以错误方式刷牙就会产生严重后果。吉尼斯(I.L.Janis)进行实验研究，发现恐惧感越强烈，则态度改变的可能性越大。因此，若宣传者要求人们立即改变态度，则高压会成为一种动机力量，激励人们迅速改变态度；若宣传者要求连续延迟一段时间后人们才改变态度，使情绪因素的作用下降，其他因素上升，这时过强的恐惧情绪反而不利于态度转变。

5．结论明确与否

传播者传达知识时，可有两种形式：一是只提供引起结论的有关资料，让接受者自己下结论。二是在传播过程中表明结论，哪一种形式对于态度的改变有效果。据哈佛大学的曼得尔(Mandell)实验研究，发现在传播过程中，以结论的方式较易改变对方的态度。不过严格来说，传播的知识内容的难易、传播者的特征和信息，以及接收者的能力(接收者是否自己下结论)也都有影响。

6．沟通者的企图

当听众发觉沟通者企图改变自己的态度时，往往产生警戒心而逃避，因此效果将会减低。沟通者与听众交流要尽可能避免说教，当信息接收者感觉不到沟通者有意要说服自己时，容易接受意见而改变态度。

7．反复提示

有关沟通的许多研究指出，反复的效果并不在于人们较容易相信多次反复的消息，而是反复的结果消息会扩散到较广泛的范围。而人们再度听到来自不同地方的同样消息时，便容易相信。

(二)个人与团体关系的改变

个人无法离开团体而独居，因此所属团体的性质，对个体的态度影响很大。许多研究的成果指出，个人态度的改变，常常因为他加入一个新的团体。而个人与其所属团体的关系又是决定态度改变的主要关键。

综上所述，正确认识态度的形成与转变理论对人的工作、生活都具有重要意义，如何结合自身的实际，更深入地理解态度问题，这既是一个理论问题，更是一个有待探讨的实践问题。

第三节 态度的转变理论

一、费斯汀格的认知失调理论

认知失调理论是美国心理学家利昂·费斯汀格(Leon Festinger，1919—1989)在 1957 年的《认知失调论》一书中提出的。认知失调论的基本要义为：当个体面对新情境，必须表示自身的态度时，个体在心理上将出现新认知(新的理解)与旧认知(旧的信念)相互冲突的状况，为了消除此种因为不一致而带来紧张的不适感，个体在心理上倾向于采用两种方式进行自我调适。其一为对于新认知予以否认；其二为寻求更多新认知的信息，提升新认知的可信度，借以彻底取代旧认知，从而获得心理平衡。该理论在性质上为解释个体内在动机的主要理论，故而被广泛用以解释个体态度改变的重要依据。认知失调理论是动力心理学的一种新的观点。

(一)认知不协调的基本假设

费斯汀格认为，人们为了自己内心平静与和谐，常于认识中去寻求一致性，但是不协调作为认知关系中的一种，必然导致心理上的不和谐。而心理上的不和谐对于个人构造自己内心世界是有影响和效力的，所以常常推动人们去重新建构自己的认知，去根除一切搅扰。

在上述思想指导下，费斯汀格提出了有关认知不协调的两大基本假设。①是作为心理上的不适，不协调的存在将推动人们去努力减少不协调，并达到协调一致的目的。②是当不协调出现时，除设法减少它以外，人们还可以能动地避开那些很可能使这种不协调增加的情境因素和信息因素。可见，这里不协调状态已具有了动力学的意义，正是由于认知上的不协调才引起人类的行为。他将人类行为的动因从需求水平转移到认知水平上，突出了人类理性的力量。

(二)认知不协调的条件

费斯汀格认为，认知不协调的基本单位是认知，它是个体对环境、他人及自身行为的看法、信念、知识和态度。它可以分为两类。第一类是有关行为的，如"我今天去郊游"；第二类是有关环境的，如"天下雪"。而认知结构是由诸多基本的认知元素构成，认知结构的状态也就自然取决于这些基本的认知元素相互间的关系。费斯汀格将认知元素间的关系划分为三种。①不相干。此时两种认知元素间没有联系，如"我每天早上七点钟吃早饭"与"我对足球不感兴趣"。②协调。此时两种元素的含义一致，彼此不矛盾，如"我是一个品德高尚的人"与"我做了一件帮助他人的事情"。③不协调。"如果考虑到这两个认知元素单独存在的情况，那么一个认知元素将由其反面而产生出它的正面。如"我是一个品德高尚的人"与"我做了一件损人利己的事"，这两者就是不协调的。在费斯汀格看来，认知不协调理论研究只是认知元素间的后两类关系，并且把注意力重点放在不协调关系上。

(三)认知不协调的解决途径

在解决认知不协调的问题上，费斯汀格提出了三种途径。①改变行为，使对行为的认知符合态度的认知。如"知道吸烟有危害"而"每天还在吸烟"的人，把烟戒掉。这样，两个认知元素便协调起来。②改变态度，使其符合行为。如认为"自己比别人都聪明"，而期末考试时"两门功课不及格"的人，改变对自己原先的评价，认知到自己不过是个中等或者中等偏下的学生，这样使认知达到协调。③引进新的认知元素，改变不协调的状况。如为了缓解吸烟问题上出现的认知不协调和心理紧张，可以寻找有关吸烟不会致癌，甚至反而对身体有些益处的事例知识。这三种解决途径是从"知""行"角度入手，来达到消除认知不协调的目的。但也应看到，由于不协调在主观上被体验为心理的不舒适，这种心理的不舒适，不同的个体其体验各不相同，因此对个体选择减少失调的具体途径，认知不协调理论不能做出明确判断。

【案例6-7】 狐狸与葡萄的故事

葡萄架上，挂着一串串葡萄，紫的像玛瑙，绿的像翡翠，姹紫嫣红，然是好看。狐狸在架下，望着葡萄不停地流口水。可葡萄架太高了，狐狸够不着。怎么办？对，跳起来！狐狸后退几步，憋足了劲，猛然跳起来。可惜，还是够不着！如此几次以后，狐狸累得半死，还是吃不到葡萄。于是叹了口气，安慰自己说："那葡萄是生的，又酸又涩，肯定不好吃，否则全被别人吃光了，只有傻瓜才吃呢。于是，狐狸饿着肚皮，高高兴兴地走了。"

斯坦福大学的心理学家费斯汀格，从心理学的角度，来解释人们的这种现象，他提出了"认知不协调"理论，这里的认知指心理过程，如思想、知识、态度。费斯汀格指出，当你同时持有两种或多种，在心理上不一致的认知时，你就会感到不协调。它给你产生不适合压力的大小，取决于这种不协调对你的重要性。我们说的忠孝不能两全，就是认知不协调而产生的痛苦。由于你无法改变你的行为(你已经完成了，或形势压力大)，于是你只好改变态度，来获取平衡。就像那只狐狸一样，吃不到葡萄的行为是不可改变的，于是只好改变态度，说葡萄是酸的。

(资料来源：QQ阅读，http://book.qq.com/)

二、海德的平衡理论

心理学家海德(F.Heider，1896—1988)提出了改变态度的平衡理论，又被称为 P-O-X 理论，P 与 O 各代表一个人，X 是第三者或态度对象。平衡理论假定 P-O-X 之间的平衡状态是稳定的，排斥外界的影响，不平衡状态是不稳定的，并会使个人产生心理上的紧张。只有当他们之间的关系发生改变，恢复平衡状态时这种紧张感才能消除。综合言之，海德的平衡理论考虑的是一个人会在自己的认知架构内，组合彼此间对人和对物的态度。换言之，海德所感兴趣的一致性是人对他们与其他人之间的关系，以及与环境之间关系的看法。

海德的平衡理论，原则上与费斯汀格的认知失调理论是相同的，但海德强调一个人对某一认知对象的态度，常常受他人对该对象态度的影响，即海德十分重视人际关系对态度的影响力。例如，P 为学生，X 为爵士音乐，O 为 P 所尊敬的师长。如果 P 喜欢爵士音乐，听到 O 赞美爵士音乐，P-O-X 模式中三者的关系皆为正号，P 的认知体系呈现平衡状态。如果 P 喜欢爵士音乐，又听到 O 批判爵士音乐，P-O-X 模式中，三者的关系二正一负，这时 P 的认知体系呈现不平衡状态，不平衡状态会导致认知体系发生变化。

平衡理论的用处在于使人们可以用"最小努力原则"来预计不平衡所产生的效应，使个体尽可能少地改变情感关系以恢复平衡结构。在一定情境中，它能以简练的语言来描述认知的平衡概念，使它成为解释态度改变的重要理论。

海德认为，人类普遍地有一种平衡、和谐的需要。一旦人们在认识上有了不平衡和不和谐性，就会在心理上产生紧张和焦虑，从而促使他们的认知结构向平衡及和谐的方向转化。显然，人们喜欢完美的平衡关系，而不喜欢不平衡的关系。平衡理论涉及一个认知对象与两个态度对象之间的三角形关系。

例如，用符号 P 来表示认知的主体，用符号 O 与 X 表示两个态度对象。O 与 X 称为处于一个单元中的两个对象。认知主体 P 对构成一体的两对象 O 与 X 的评价是带有情绪性的，喜恶、赞成与反对。通常，认知主体对单元中两对象的态度是趋向一致的，如喜欢某人，则对某人的工作也很赞赏；不喜欢某人，则认为他的朋友也不是好东西。

为此，当认知主体对一个单元内两对象看法一致时，其认知体系呈现平衡状态；当对两对象有相反看法时，就产生不平衡状态。例如，喜欢某人，但对他的工作表现不能赞同。不平衡的结果会引起内心的不愉快和紧张。消除不平衡状态的办法将是，赞同他的工作表现，或不再喜欢此人，这就产生了态度转变的问题。现将上述的 P-O-X 的关系列成图解形式，以符号"+"表示正的关系，以符号"−"表示负的关系，那么，共有 8 种模式，其中 4 种是平衡的结构，4 种是不平衡的结构，如图 6-1 所示。

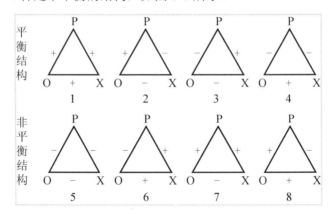

图 6-1　海德的 P-O-X 模型

判断三角关系是平衡的，还是不平衡的，其根据是平衡的结构必须三角形三边符号相乘为正；不平衡的结构必须三角形三边符号相乘为负。现举例说明这种三角关系。今有认知主体 P(女青年)，态度对象为 O(男青年，为 P 的男朋友)、X(男青年 O 自愿当清洁工)。对此，可能存在以下三种情况。

(1) P 对 O 与 X 皆持赞成态度，这是一种平衡状态。

(2) P 对 O 与 X 皆持不赞成态度，这也是一种平衡状态。

(3) P 对 O 持赞成态度，对 X 持不赞成态度，这就造成了不平衡状态。

在第三种情况下，P 要达到平衡需要的解决办法如下。

① P 改变对 O 的看法，认为 O 很老实，肯干。

② P 改变对 X 的看法，认为 X(清洁工)也是工作的需要。

③ P 劝说 O，不要去做 X(清洁工)。

由上可见，不平衡状态会导致认知结构中的各种变化，所以，态度可以凭借这种不平衡的关系而形成和改变。

三、纽科姆的 A-B-X 模式

纽科姆(Theodore Mead Newcomb，1903—1984)提出的 A-B-X 模式，又称纽科姆的对称模式，是一种关于认知过程中人际互动与认知系统的变化及态度变化之间的相互关系的假说。由美国社会心理学家 T.M.纽科姆于 1953 年提出的。它由 3 种要素、4 种关系构成。3 种要素是：认知者 A，对方 B，认知对象 X。4 种关系是：A-B 感情关系，A-X 认知关系，B-A 感情反馈(B 对 A-B 感情关系的认知)，B-X 认知反馈(B 对 A-X 认知关系的认知)。4 种关系构成认知主体 A 的认知系统；当把反馈包括在认知系统中时，A 和 B 的地位是互换的，A 是认知主体，又是认知对方；B 亦然。于是，B 作为认知主体出现时，也形成一个认知系统。A 的认知系统和 B 的认知系统组成一个复合系统，呈集合状态，是一种群体式认知系统，如图 6-2 所示。

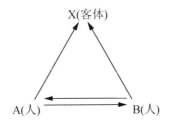

图 6-2　纽科姆的 A-B-X 模式

在这个模型中，A、B、X 三者都是相对独立又相互联系的，便组成了一个包含 4 个方面的系统。第一，A 对 X 的倾向，包括 A 把 X 作为一个对象接近或回避的态度以及对 X 的认知态度。第二，A 对 B 的倾向，也是完全一样的情况(为了避免用词的混淆，纽科姆把对人倾向说成是正面或反面的吸引，把对 X 的倾向说成是喜欢和不喜欢的态度)。第三，B 对 X 的倾向。第四，B 对 A 的倾向。

图 6-2 中 A、B 代表相关的两个人，X 则表示沟通的客体(沟通的内容：人、事、物或观念)。从图中可以看出：A 与 B 和 X 之间构成了三角形的三个角。如果 A 与 B 和 X 之间的倾向越强，即双方都希望能够全面了解 X，并且有关 X 的信息对于 A 和 B 都是公开的、流通的，那么 A 和 B 与 X 的关系像 A-B-X 模型一样形成一个稳固的等腰三角形。图中 A 与 B 之间的吸引力越小，A 与 B 之间的距离就越大，但是他们为了保证这个模型对称，必须维持 A-X 和 B-X 这两条边对等的关系，这种对等关系是建立联系所必需的。但是如果 A 和 B 对 X 产生了不同的认识，A 会不顾 B-X，或者 B 会不顾 A-X，那么 A-X 和 B-X 之间的影响就会不同，A-B-X 模型就会失去了对称和平衡，则 A-B 间的失衡关系更加速了 A 和 B 关于 X 的不一致观点。

【案例6-8】 纽科姆实验

1961 年，纽科姆在密歇根大学做过另一个实验，研究小组成员之间的相互吸引问题。实验对象是 17 名大学生。纽科姆为他们免费提供住宿 4 个月，交换条件是要求他们定期接受谈话和测验。在被试者进入宿舍前先测定他们关于政治、经济、审美、社会福利等方面的态度和价值观以及他们的人格特征。然后将那些态度、价值观和人格特征相似和不相似的学生混合安排在几个房间里一起生活 4 个月，4 个月后定期测定他们对上述问题的看法和态度，让他们相互评定室内人，喜欢谁不喜欢谁。实验结果表明，在相处的初期，空间距离的邻近性决定人们之间的吸引，到了后期相互吸引发生了变化，彼此间的态度和价值观越相似的人，相互间的吸引力越强。这项研究在 2 年内成功地重复了多次，从而支持了海德关于伙伴的赞成和伙伴之间的吸引这两者之间的关系理论。

(资料来源：百度文库，http://baike.baidu.com/)

从认知均衡这种思考方式看，纽科姆的模型与海德的平衡理论十分接近。但是，海德的模型是关于认知主体自身的认知平衡，纽科姆的模型则是把认知平衡扩大到人际互动过程和群体关系。纽科姆对人认知理论的基本观点是，人们相互之间的感情、态度、信念有一定的联系和相互作用，因此人们的认知系统有趋向于某种一致性的倾向。他引用 1956 年关于美国总统 H.S.杜鲁门解除 D.麦克阿瑟的职务后不久的调查资料，证明对杜鲁门怀好感的学生的亲戚也对杜鲁门有好感；而在反杜鲁门的学生的亲戚中，绝大部分是反杜鲁门派。他认为，认知不平衡是由这种趋于一致性的倾向在人们心理上形成的压力所造成的。他把这种压力叫作"趋对称压力"，在这种压力下产生的认知不平衡，沿着趋对称压力的方向变化，人际关系中的认知变化并不取决于任何认知主体自身的心理力，而是人际互动中的合力。

纽科姆 A-B-X 模式意义主要有以下几个方面。

(1) 解释了人际关系。彼此间态度是否相似或接近也影响着友谊的可能与否。1961 年，纽科姆在密歇根大学把学生的集体宿舍进行了人为安排，他们先以测验和问卷把学生分为对人对事态度相似和相异的，然后把态度相似的学生安排在同一房间住读，再把态度相异的也安排在同一房间住读，然后就不再干扰他们的生活和学习。过了段时间再对这些学生进行调查，发现态度相似的同屋人一般都成了朋友，而那些态度相异的则未能成为朋友。可见，人们都强烈地倾向喜欢那些和自己相似的人，而且社会一般也认为这是对的。这也许是因为共同的态度与价值观，不仅容易获得对方的支持与共鸣，同时也容易预测对方的情感与反应倾向，因此在交互作用过程中，彼此容易适应而建立起积极的人际关系，正所谓"物以类聚，人以群分"，A-B-X 模式不仅向我们说明了这样一种现象，还解释了我们应该如何去建立和谐的人际关系。当 A 向 B 讲述 X 时，A 与 B 好，对 X 的看法相同，均衡；A 与 B 不好，对 X 的看法不同，均衡；A 与 B 好，对 X 的看法不同，不均衡；A 与 B 不好，对 X 的看法相同，不均衡。当 A 与 B 处于不均衡状态时，X 为 A 与 B 所关注，并对于一方有意义时，强烈倾向 X 的一方会促使另一方改变态度，双方趋于一致，由此而言，人际传播过程是双方关系逐步协调的过程，伴随而来的是和谐现实的人际关系的建立。

(2) 道出平衡的意义。前面我们说到，人类在自己的认识中都有一种寻求一致或追求和谐的倾向，纽科姆的模式意味着，任何一个特定系统都有力量平衡的特征，系统中任何部分的任何改变都会导致倾向平衡或对称的张力，因为不平衡或缺乏对称会造成心理上的不舒服并产生内在的压力以恢复平衡。施皮格尔博士分析说，认知不和谐是个人的一种心理机制，当他发现他的行为不是必然地符合其思想或心理信念时，他必须找出某种办法，使这两者之间产生联系，或是使它们归于和谐。如果你花了大把银子在电脑上，你必须捍卫购买它的正确性。因而，我们需要这种平衡对称来支撑我们的选择，强化现存的观点。对称的好处是从一个人(A)可以估量出另一个人(B)的行为。同时对称也能确认一个人对 X 的倾向。这是我们所持态度需要社会和心理支持的一种说法。当我们与自己尊敬的 B 对 X 的评价一致时，我们会对自己的倾向更具信心。接下来，我们会与自己尊敬的人交流对我们认为很重要的对象、事件、人物、思想(X)的评价，试图达到某种共识或是共同的倾向，或用纽科姆的术语说，是对称。

(3) 和能生物，同则不继。生活在社会中的人由于生活经历、生活环境、教育程度等各不相同，在看待问题时必然存在认知上的差异。在看待同一件事情上，由于所掌握情况的多少也会造成意见的分歧。但这种分歧是可以随着情况的明朗化而逐渐消失的。例如，在改革之初，有人看到改革所带来的进步，有的人就只看到改革中的弊端以及一些现有利益的丧失，这样就产生了很大的分歧。但是，随着有关改革的各方面的信息的增多，人们在全方位审视改革时，就会承认改革利大于弊，从而达到认识统一。这种统一比不了解情况单纯听一面之词而形成的一致稳定得多。所以，最初一定差异的存在不一定必然导致整合力下降，要视情况而定。

第四节　态度在现代管理中的应用

一个人的态度会对他的行为具有指导性的、动力性的影响。在管理中如何利用好态度这一因素，提高管理效率是一个很有探讨价值的问题。态度有好坏之分和强弱之分。因此在管理中要尽量保持员工好的态度，以充分发挥各类人员的积极性，尽力改变员工坏的态度，使他们从消极转变为积极，从被动转变为主动，努力搞好自己的本职工作。使员工好的态度由弱到强，坏的态度由强变弱，为做到这一点，做好以下几方面的工作是重要的。

(1) 态度的形成和改变需要一个过程。因此在管理时不能企望员工的好工作态度会立即形成，坏的工作态度会片刻消失。态度的形成是一个社会化的过程，不是天生的、遗传而得来的，因此态度的改变和消失也需经历一个社会化的过程。个体在自己的价值体系里注入新的东西或态度的对象(即客体)增加了有利于个体(主体的)新的内容，个体重新评价态度对象(客体)对自己的作用及价值，从而确定新的行为倾向，形成新的行为态度，这个过程是需要一定时间的。鉴于此，我们在管理中，对员工的态度需客观些。在使员工的态度发生改变的问题上要有耐心，不能有一蹴而就的思想。

【案例6-9】　改变态度

1871 年的春天，英国蒙特瑞综合医科学校的学生威廉斯勒对人生中的许多问题很困惑，他不明白应该怎么处理远大的理想和具体的身边小事，一个人应该有怎么样的做事态度才能成功。他渴望成功，但对身边的小事又觉得没有什么意义。他甚至以为现在的学校生活枯燥乏味，没什么值得去用心的。因而他的成绩也每况愈下。他找他的老师探讨这些使他感到困惑的人生问题。他的老师推荐他阅读哲学家卡莱里写的一本哲学启蒙读物。老师说，他的书或许能帮助你解决问题。

威廉斯勒是一个意志很坚定的青年，他一向不崇拜大人物，更不相信所谓的名人名言，对许多问题一向有自己独到的见解。但既然是老师推荐，他想或许真的有用。他拿过书漫不经心地浏览起来。

突然间，书中的一句话让他眼前一亮："最重要的，就是不要去看远方模糊的，而要做身边最具体的事情。"他恍然大悟：是啊，不论多么远大的理想，都需要一步步实现啊；不论多么浩大的工程，都需要一砖一瓦垒起来啊。

他明白了，他的困惑解决了，他终于找到了人生的答案。他知道，那些远大的理想，应该让它们高悬在未来的天空里，最紧要的，是把自己身边的每一件具体事做好。

也就是从那一天开始，1871年春天的一个下午，年轻的威廉斯勒开始埋头读书，因为他知道这是他目前最紧要的事情，他要把自己的成绩搞上去。半个学期以后，威廉斯勒就一跃而成为整个学校最优秀的学生。

两年以后，威廉斯勒以全校最优异的成绩毕业。毕业后，他来到一家医院做医生，认真对待每一个患者，对每一次出诊都一丝不苟。就就业业的态度和精益求精的精神，使他很快成了当地的名医。

几年以后，他创办了约翰·霍普金斯学院。他把自己的人生态度贯彻到每一个细节里。许多专家学者慕他之名来到他的学院工作，使他的学院很快成为英国乃至世界最知名的医学院。

威廉斯勒总是告诉他身边的人：最重要的是把你身边的事情做好，这就足够了。他靠着这句话，精心地做着自己的事情，不仅成为他那个时期最著名的医学家之一，还成为牛津大学医学院的教授，被英国国王授予爵士爵位。

(资料来源：吴运友. 成功人生的123个锦囊[M]. 北京：金城出版社，2006)

(2) 由于态度包括认知、情感和意向三个有机而相对独立的成分。一般来说要形成和改变主体的态度，先要形成和改变主体对客体的认知，在此基础上形成或改变情感，从而改变或形成意向，最终形成和改变主体的态度。也可以同时使主体对客体形成和改变认知、情感和意向，从而更快更有效地形成和改变态度，也可先从情感和意向之中的任何一方入手，从而形成和改变态度。这要根据具体的实际情况而灵活地确定，不要固守教条，要使形式和方法多样化，从管理上讲，要改变一个人的态度，首先要研究形成态度的历史，有的放矢，改变其认识与情感，最终导致态度的改变，不能认为道理清楚了，态度就会改变。

(3) 员工对工作的态度必然会影响其工作的效率。但是不能认为工作态度和工作效率是直接的函数关系。它们之间的关系较为复杂，甚至并不存在某种一定的关系。对一般员工来说，生产效率并非最主要的目标，而只是他们借以达到其他目标的手段(其他目标可能是维持生活、尊重、自我实现等)。因此，即使一个人对生产持消极态度，但为了自己心中目标的达到，还必须以高生产率为手段。如对自己不喜爱的工作，为了不让别人看不起，也会加紧工作，提高工作效率。了解这一点，就能使我们的管理人员不要以己度人，根据自己的态度去推测员工的愿望和目标。在研究影响员工工作效率态度的同时，还要研究其他影响因素，以便及时发现问题，找出解决问题的方法。

(4) 要善于把管理目标转化成为员工积极的态度对象，也即要把管理目标和员工的切身利益联系起来，使他们在评价管理目标时能形成好的印象，从而使之成为自己的主观需要，进而形成积极的态度。从管理角度说，企业员工是否对企业共同的目标具有良好的态度应作为衡量管理的好坏的重要指标，也是衡量思想教育工作效果的尺度。

(5) 对于一些有碍于管理的人、物、制度、观念，要使员工形成积极的态度，从而促使这些阻碍因素得到改进。为了做到这一点，必须做好宣传和教育工作，把这些不良因素的弊端及其危害性讲清、讲透，使得每位员工听后都会意识到这些因素和自己的切身利益有关，不清除这些不良因素就会破坏自己的利益，要改变这些因素所造成的消极的态度，要寻找和形成积极的态度来代替它。这里需要注意的问题就是宣传和教育的手段和方法要能让员工接受，否则就会形成事倍功半的效果。

(6) 由于态度一旦形成具有一定的持久性、稳定性，比较难改变，因此在管理中应密切注意员工的需要和想法，研究他们可能会出现的态度，对积极的态度，要热心地扶植，使其尽早形成，对有碍于工作的消极态度要坚决地、有效地进行阻止，使其消灭于萌芽之中。对任何可能出现的有碍于工作的消极态度，都要有超前意识，防患于未然，不使其形成定势。

总之，态度和管理是密切相关的，如何利用态度理论更好地进行管理活动，是一个值得理论和实践工作者进行探讨的问题。

复习思考题

一、问答题

(1) 简述态度的形成及影响因素。

(2) 简述影响态度改变的因素。

(3) 简述态度对工作效率的影响。

(4) 简述费斯汀格的认知失调理论。

(5) 简述海德的平衡理论。

(6) 简述纽科姆的 A-B-X 模型。

二、分析题

你会接受命令去伤害一个无辜的人吗？

耶鲁大学教授斯坦利·米尔格拉姆征集志愿者做了一个实验，将志愿者分为教师和学生角色，真正的被试者是扮演教师角色的志愿者。其过程如下。

让假的被试者即学生坐在一张桌子前，双臂被绑起来，电极接到手腕上。他说，他希望电击不要太重，因为他有心脏病。然后，教师被带入邻近的房间，他可以在这里对学生说话，也可听到学生的声音，但看不到他。桌子上有一个闪亮的金属盒子，里面安装着电击发生器，上面陈列着 30 多个开关，每个开关上标着电压数(15~450 伏)，另有"轻度电击""中度电击"等，在 435 伏上标着"危险：严重电击"，还有两个开关，上面简单地标着"×××"。

教师这个角色，研究者说，是宣读一些成对的词(如蓝色、天；狗、猫)给学生听，然后考查他们的记忆力。先念一组词中的第一个词，然后念四个可能的答案，让他选择其中正确的一个。学生只要按动面前的按钮，教师桌上的灯泡就会亮起来。每当学生选择错误的答案，教师就按动开关，给他一次电击，从最低的水平开始。每当学生再犯一次错误，教师就给他一个更高级别的电击。刚开始，进展得非常顺利。学生给出正确答案，也给出错误答案，教师在每个错误答案之后给学生轻微的电击，然后继续进行下去。但随着学生所犯错误的增多，电击程度也越来越高——当然，这些仪器都是摆设，实际上根本没有电流从中流进——情况越来越糟糕了。到75伏时，学生发出了可听见的呻吟声；到120伏时，他喊出声来，说电击已使他很痛苦了；到150伏时他喊道："放我走吧，我不想试了……"每当教师想动摇时，站在旁边的研究者说："继续下去。"当电压到达180伏时，学生喊叫起来："我实在受不了了！"到270伏时，学生嚎叫起来。教师再次犹豫不决，研究者说：要求你进行下去，这是绝对必需的。"超过330伏时，隔壁只有沉静——与选择错误答案的解释一样——研究者说:你别无选择，必须进行下去。

令人万分惊讶的是，63%的教师当真继续进行下去，而且一直进行到底。然而他们并不是施虐狂，想从正在发生的痛苦中体会到快感(标准性格测试显示，在完全的服从受试者与那些中途即拒绝进行下去的人之间没有差别)；相反的是，他们中的许多人在遵照研究者的命令进行下去时，自身却体验着切肤的痛苦。

这个服从实验可说是揭示了许多正常人盲目服从权威的心理机制，例如二战中的德国军队频繁地按指令折磨和杀害数百万手无寸铁的平民。

(资料来源：王耀廷，王月瑞. 改变生活的68个心理学经典故事[M]. 长沙：湖南人民出版社，2009)

(1) 案例中揭示了关于态度的哪些理论？
(2) 结合案例谈谈态度的形成与转变。

第七章　团体行为与管理

【学习目标】

了解团体的含义及意义，理解并掌握具有普遍意义的团体动力、团体决策过程，学会处理团体中的人际关系，进行良好的团体沟通。

【关键概念】

团体(groups)　团体行为(group behavior)　团体动力(group dynamics)　团体决策(group decision making)　团体沟通(group communication)

第一节　团体概述

21世纪初，"团体"成为管理心理学研究的热点。团体工作方式日益成为组织管理的重要内容，同时也是组织不断提高工作效率的一种主要方式。随着团体作用的不断凸显，团体工作正被越来越多的组织所采用。

一、团体的含义

团体是指由两个人或多人组成的群体，其成员相互作用、相互影响，为实现特定的共同目标而承担责任。团体成员之间具有共同的目标，他们彼此间相互依赖，为实现共同目标而紧密合作。团体的含义可以从以下几个方面来理解。

首先，团体人数的要求，即要组成团体必须有两个或两个以上的个体，单独的个体是无法构成团体的。需要注意的是，团体虽然有最少人数的限制，但是没有最多人数的限制。另外，团体人数也是进行团体心理和行为研究的重要变量，它会对团体的心理与行为产生很大的影响。

其次，团体成员之间是相互作用、相互依赖的。换句话说，成员之间必须以某种方式相互联系，相互沟通，否则就很难成为团体，当然，人们仅聚在一起而不相互联系的情况也是存在的，这种情况中的这些人是一群人，而不能称为团体。

最后，团体要努力实现共同的目标，并且承担一定的责任。共同目标是团体存在和发展的基础，如果团体没有共同的目标，那么就构不成团体。同时，团体成员之间能够相互意识到这个目标，在目标的实现过程中，他们扮演一定的工作角色，完成一定的工作任务，承担一定的工作责任，从而使团体的行为不断地朝着共同的目标迈进。

二、团体的类型

(一)正式团体和非正式团体

根据构成团体的原则、方式和团体结构不同，可以分为正式团体和非正式团体。

正式团体是指具有像政党和利益集团这样明确目的和组织结构的团体。正式团体是由管理者创立起来的，它负有完成特定任务以达成组织目标的职责。最普遍的正式团体是命令团体，它是由一个管理者和直接对其负责的下属构成。另一种正式类型的团体是委员会。委员会通常存在较长的时间，负责经常发生的问题，并做出有关的决策。

非正式团体是指从事经常和直接的交往活动的较小的团体。非正式团体中有自己的核心人物和领袖，有大家共同遵循的观念、价值标准、行为准则和道德规范等。非正式团体或者非正式群体产生于人们之间的相互交往和互相联系。

(二)现实团体和假设团体

按照团体是名义上存在还是实际上存在，可以分为现实团体和假设团体。

现实团体又称实际团体，是同假设团体相对应而言的。现实团体是指人们因共同的目的结合在一起或在空间和时间上存在着实际的关系或联系，或借助一定的沟通手段，进行着有规律的直接或间接交往的群体。如家庭、学校、机关、工厂、部队等。现实团体在性质上、交往水平上、团体特征和人数多少上都有显著的差异。

假设团体又叫"统计团体"，是为了进行某种研究而划分出来的团体。假设团体可以根据事物不同的特征来划分，如年龄团体、性别团体、职业团体、民族团体、文化团体等。这种团体的成员之间并没有实际联系，甚至彼此从未见面，互不相识，只是为了研究问题的需要，把具有某种类似特征的人聚集在一起。这种统计团体有利于我们调查研究，了解实际团体的行为特征和情况。

(三)固定性团体和临时性团体

根据团体的任务和团体存在的时间长短可分为固定性团体和临时性团体。

固定性团体是长期存在的一种较为稳定的组织形态，如生产班组、工段或车间、学校班级等，其组织形态、团体结构相对稳定，一般多指正式团体。

临时性团体是指为完成某一临时任务而形成的团体，任务一旦完成，活动宣告结束，团体自行解散。临时性团体可能是正式的团体，如正式组织的临时参观团、技术攻关小组、技术鉴定组、临时突击队等；也可能是非正式的团体，如自愿结合组成的旅游团或排队购物的顾客自动组织编号，推选代表监督协商所形成的团体等。临时性团体在企业管理中的作用也是不可忽视的。

(四)其他团体分类

根据团体对成员的定向、导向与榜样作用的状况，可分为参照(标准)团体与非参照(标准)团体，根据规模大小可分为由管理心理学专门研究的、成员宜接触的小型团体与由社会心理学专门研究的、成员间接联系的大型团体；根据职业与角色不同可分为工人、农民、战士、学生、教师团体等。

三、团体的结构

团体的结构是指团体成员的组成成分及这些成分的有机组合。团体成员的结构可根据不同维度进行划分，如年龄结构、能力结构、知识结构、专业结构、性格结构以及观点、信念的结构等。团体结构对于群体成员的工作效率有很大影响。团体成员搭配不当，会使团体涣散，经常发生冲突，降低工作效率。

团体结构根据其成员在团体组成成分的接近性程度可分为同质结构和异质结构。

同质结构指团体成员在能力、性格、年龄、知识等方面都比较接近。研究表明，在以下三种条件下，同质团体结构可以达到最高的生产率：第一，当工作比较单纯，而又不需要许多种类的资源来完成工作时；第二，当完成某一件工作需要大量合作时；第三，如果一个团体在工作时需要连锁反应，那么团体的同质性对群体完成任务较有帮助。

异质结构指团体成员在上述各个方面有很大差别，以下三种情景中异质团体结构会有较高的生产率：第一，异质团体结构适合于完成复杂的工作；第二，当在较短时间就做出解决问题的方案有可能产生不利后果(过于仓促，考虑不周全，不成熟)时，异质团体会适时发挥作用；第三，凡需要有创造力的地方，由不同类型的成员组成的群体较为有利，不同的见解有助于提高这个群体的创造力。

四、团体的功能

团体不是个体的简单相加，而是有组织、有领导、有规则、有共同目标、相互影响、紧密联系的人群集合体。团体对组织、对个人心理与行为都有深刻的影响，它有利于协调和处理好团体内部的人际关系，调动每个员工的积极性和创造性，达到团体成员的心理平衡，有效地发挥组织的力量，提高企业的经济效率与效益。

(一)团体对组织的作用

团体能完成特定的工作任务，来实现组织的总目标，这是正式团体对组织来说最主要的功能。一个组织为了有效地实现共同的总目标，必须分工合作，划分若干主题或小目标，必须分级、分层地划分若干部门和单位，让其履行自己的职责，完成各自的任务与目标，从而达到完成组织任务、实现组织目标的基本职能。团体是产生新思想、新观念、新办法的手段，有利于促进复杂的决策；团体在各部门之间起联络作用，有利于形成"一条龙"流水作业；它也是有效解决问题、完成任务的途径和手段。

(二)团体对个人心理的影响

团体是组织与个人之间联系的桥梁。它能够融洽人际关系，满足团体成员的合理需要，形成相互激励、相互竞争的有利环境，调动人的积极性的作用。具体来说团体对个人影响有如下心理效应。

1. 团体能使成员个人产生强烈的归属感

团体能够使自己和其他成员保持友谊和紧密联系，心理协调，彼此都体会到大家同属某一团体。当团体取得成就和荣誉时，伴随有集体荣誉感和自豪感；当团体受到外界压力与威胁时，团体成员团结更紧密，就能产生一致对外的动力。这是一种巨大的感情的动力。

2. 团体能使成员个人产生认同感

团体内各个成员对一些重大的事件与原则问题，都保持共同的认识与评价，这就是团体的认同感，也称共识心理。团体的认同感往往会相互影响，尤其是个人情绪焦虑不安或对外界情况不明时，团体其他成员的认同感对其影响更大，这是认知的作用。

3．团体对个人能产生强大的支持力量

当个人的心理和行为符合团体规范，就会得到团体的支持、赞许与鼓励，从而进一步强化其行为。团体对个人能起到支持作用，必须有两个先决条件：一方面，该团体在社会上有一定影响、地位和威信，对团体成员有吸引力。另一方面，个人热爱自己的团体，希望得到团体的支持与鼓励。否则，就产生不了多大的支持力量，这是团体支持产生的意向力量。

4．团体引入竞争机制，能促进成员之间相互竞争与相互激励

团体是个体相互竞争、相互促进、相互激励的社会心理环境因素。团体的竞争机制本身不仅有强大的激励力量，而且团体成员之间的信息交往、意见沟通，能及时发现别人的优点和长处，认识自己的短处和不足，从而增强个人自信心，激发每个成员奋发向上的精神。

5．团体能融洽并协调人际关系

团体能进行各种信息的交流和沟通，因而能促进个人与个人之间的感情交流，促进团体成员之间相互联系、相互了解、融洽彼此的关系等。当团体内部出现某种隔阂或矛盾时，可以利用团体的力量，做好协调促进转化工作。

6．团体可以满足成员的其他心理需要

管理心理学家们认为团体还可以满足其成员的下列心理需求：团体可能使个体免于孤独、恐惧，从而获得心理上的安全感；在团体中，成员之间团结协作，可以取得个人难以取得的成就，受到他人的尊敬，从而满足成员的成就和自尊的需要；另外在团体中可以增强合力与凝聚感，共同面对威胁。

(三)团体对个人行为的影响

团体对个人心理的影响着重表现在行为上，也落实在人的行为上。具体有以下作用。

1．社会助长作用

社会助长作用即由于团体的其他成员在场，消除了单调情境，激发了个人的工作动机，从而提高了工作效率。尤其是对简单熟练的工作，或对具有外向型性格的人来说，会产生更强的社会助长作用。例如，与别人一起从事简单的机械性的工作或受别人赞许，就产生助长作用；而从事复杂的学习任务，解答数学难题，别人在场可能出现减值效应。社会助长作用的机制，主要是由于别人在场，能唤起竞争意识和被评价意识，使自己感到有竞争的压力，从而增强行为的动力。

【案例7-1】 特瑞普里特的实验

早在 1897 年，心理学家特瑞普里特(Triplett)就通过实验证实了社会助长现象的存在。特瑞普里特发现，个体在独自骑单车的情况下时速是每小时 24 英里，在旁边有人跑步伴随

的情况下时速是每小时 31 英里，而在与他人骑单车竞赛的情况下时速是每小时 32.5 英里。

当进行诸如骑车等简单的、熟练的任务时，人们的反应正确率较高，如果有他人在场，就会激发竞争意识，兴奋水平获得提高，人们会更加努力以获得好评。同时，多人在一起也减少了单调感和由于孤独造成的心理疲劳，这样行动效率自然就会增加。

(资料来源：金锄头文库，http://www.jinchutou.com/)

2．社会标准化倾向

人们在单独情境下个体差异很大，而在团体中有行为的常模和团体规范的制约及影响，个体行为差异明显变小，使大家对事物有大体一致的看法，对工作有一定标准。人们有意识地趋向同一标准或规范的心理行为倾向，称社会标准化倾向。例如，员工遵守厂纪厂规、学生遵守校纪校规及课堂常规的行为就是一种社会标准化的倾向。

3．社会顾虑倾向

社会顾虑倾向即指个人在大众面前由于心理不自在，其行为表现拘谨踌躇，反应效果下降。这种倾向在性格内向、行为拘谨的人身上表现得更为明显；在没有把握或难度较大的工作任务面前，也常有这种情形。

4．从众行为倾向

从众行为倾向是指个人在团体中，不知不觉地受到团体的"压力"，而在意见判断和行为上表现出与团体中大多数人相一致的现象。

社会从众行为有几种不同的表现形式：①表面从众，内心也赞同。②表面从众，内心拒绝。③表面不从众，内心却接受。④表面不从众，内心也拒绝。

从众行为有积极作用，也有消极作用。从众行为的积极作用，有利于改变个人错误观点与行为，有利于提高工作效率。从众行为的消极作用有以下几个方面：①容易使人出现人云亦云现象，易埋没人的创造性；②易出现表面一致、貌合神离的局面；③易产生小团体意识，随声附和，导致做出错误决策。

五、非正式团体

非正式团体是指不经官方规定，自然形成的一种无形组织。它的形成，可能是由于某种共同的利益、观点、社会背景，也可能由于有同样的爱好、共同的兴趣等。因此，它是感情、爱好、友谊或共同利害的产物。非正式团体对员工的心理倾向与行为有重要影响，它们与正式团体有时互相补充，有时互相矛盾。

非正式团体与正式团体一样，均为任何一个管理部门中的客观存在。它既可以成为阻碍达到管理目标的破坏力量，但也可能在达到管理目标的进程中发挥建设性的作用。在一定的场合，正确地加以运用，它可以成为管理部门实行有效管理的重要手段。可以从以下几个方面来理解非正式团体的存在。

(一)非正式团体是一种客观存在

管理部门的任何工作人员，除了在正式团体所规定的职责范围内体现着自己的正式身份以外，都还扮演着某种非正式角色。由于个性方面的不同特点(包括性格、爱好、世界观、知识结构、动机、心理特征、气质等)，以及在社会联系方面所处的不同位置(同事、同乡、亲戚、同行、同学等)，人们在非正式范围总是进行着活跃的接触、交流、联系，这些活动间接或者直接构成各种管理行为，这是一些非正式行为。所谓非正式团体，就是非正式行为的各种组合结构。正是非正式团体，把各个非正式角色推向各个不同的地位。因此，通常考察某工作人员在管理部门中的作用，确切些说，应该是指他在正式团体与非正式团体中的地位的总和。

(二)非正式团体是正式团体的补充

社会在进步，人生的内容也在丰富。即使在一个团体内活动，人们也不仅需要纵向的联系，而且也需要某些横向的、相对松散的关系来满足结群心理的需求。国外社会学家对劳动团体的研究表明，正式关系结构与非正式关系结构其实是密切联系、相辅相成的。正式结构的存在会引发非正式结群，延缓或加速它的发展过程，赋予此过程一定的方向和社会性质；而非正式结构在其发展过程中也可能渐而获得稳定的性质，积极影响正式结构，进而转化为正式结构。

(三)非正式团体的社会功能

非正式团体既是心理现象，也是社会现象，它与正式团体之间是存在密切的反馈关系的。今天，在改革和开放的社会环境中，非正式团体不断发挥着其对社会的积极效用，表现其将有的社会功能。

1. 民意功能

团体行为往往能产生个人单独行动时不能产生的效果和影响，历史上，一些反映劳动大众切身利益和被压迫阶级利益的民意，大多是通过非正式的结群形式表达的。一些正常、健康、有益的非正式团体，使健康的民意得以强化，形成了良好的社会舆论气氛，也进一步促成正式团体的产生。

2. 补偿功能

我国大多非正式团体是作为正式团体的补充形式而出现的。由于正式团体成员人数多有限制、讲求纪律、领导作风较强等特点，不能满足众多人的结群需求，也一定程度地影响了人们的结群心理。因此，人们只好三五人自我组合，自举首领，以相对松散的形式共同活动，从而弥补了正式团体数量上或质量上的不足。

3. 凝聚功能

存在于正式团体内的非正式团体的发展，对正式团体自身的凝聚力有着举足轻重的影响。我国实践证明：在一个企业团体内，由于领导对工人身体的关心、工作环境的改善、几个人的某种信念一致以及爱好、兴趣的共通等原因，常会出现若干非正式的团体，这些团体的正常、有益的活动，往往增强人们对企业团体的归属感。

4．协调功能

随着现代社会的发展，人们的社会心理也不断变化，任何团体中的个人，都不可能在单一的团体中使自己的各种合理动机得到满足和实现，因而时时产生动机冲突的现象。但一般生理性、心理性动机的满足，则多由非正式团体与正式团体来协调完成。这种协调功能的实现，有利于人们在德智体美劳五方面的全面发展，有利于人们的理想、行为、动机和生活情趣，在特定的社会条件下统一起来。

第二节　团 体 动 力

团体动力是由莱文(K. Lewin)在 20 世纪 30 年代最早提出的概念，主要目的在于说明团体成员在团体内的一切互动历程与行为现象，团体动力意味着团体本身就是一种动力和发展的过程。团体是具有社会互动的组织，并遵循共同的规范。因此，团体的发展是动态的过程，具有目标性。消解团体的冲突，促进团体凝聚力的提升，进而形成团体的动力，将有助于团体达成有效的目标。

团体动力是用来描述和探讨团体内部或团体之间的各种行为现象，这些包括团体的形成、结构、关系、成员互动、运作、沟通、目标达成、领导、决策、合作和冲突、绩效、权力等；团体情境是个体现象、团体现象与人类生存发展经验的关系。结合个体、团体、社会情境以及文化脉络的互动接触，产生团体运作的动力。

研究团体的动力就是研究影响团体活动的各种因素，诸如团体规范、团体凝聚力、团体冲突、团体士气等。

一、团体规范

(一)团体规范的含义

团体规范是指为了保证团体目标的实现，团体本身必须有制约其成员的思想、信念与行为的准则，这种每个成员都必须严格遵守的思想、信念与行为准则就是团体规范。团体规范是影响和约束团体及其成员行为的重要因素。在现实生活中，能起到规范人们行为的因素很多，如价值观念、道德标准、风俗习惯等。对于存在于一定组织中的团体，组织明文规定的制度、条例、纪律等，有明显的规范作用。

(二)团体规范的形成

团体规范作为一种标准化的观念，所涉及的对象是非常广泛的，内容也是多种多样的。它可以是国家的法律制度，民族的风俗、习惯、礼仪、传统文化，以及人们的知识、观念和信仰等，也可以是机关、工厂、学校里的规章制度、守则和纪律等。

团体规范是与团体的价值观念联系在一起的，是建立在价值观念基础上的。因为任何团体规范都是在拒绝或接受某种有社会意义的现象的条件下产生的，这种拒绝或接受，就包含着团体的价值观。

团体形成以后，为了保障其目标的实现和群体活动的一致性，就需要有一定的行为准则以统一成员的信念、价值和行为,这种约束成员的准则,就叫**团体规范**。团体规范是每个成员必须遵守的已经确立的思想、评价和行为的标准。这些标准为团体每个成员所公认,而且是每个成员必须遵守的。

【案例7-2】 暗室光点实验

美国心理学家谢里夫用"暗室光点"实验证明了群体规范的形成过程。实验在一个暗室内进行,先让每一个被试者单独坐在里面,在他面前的一段距离内出现一个光点,几分钟后就消失了。然后,让被试者判断刚才的光点移动了没有,向哪个方向移动,移动了多远,但实际上光点根本没有移动。由于人在暗室里的视错觉现象,所以都感到光点似乎移动了。这样的实验反复进行了多次,结果被试者都很快建立了自己的反应模式,即建立了个人的反应标准。有的认为光点向上移动,有的认为向下移动,还有的认为向左或向右移动等。谢里夫根据这些各不相同的反应标准,又多次让所有被试者同时在暗室里观看光点,其结果所有被试者的反应标准逐次趋于一致,最后形成了共同的反应标准,这就是团体规范的形成。这一实验说明,团体的规范取代了个人的反应标准或模式,而这种规范的形成显然是受了模仿、暗示等心理机能的影响。后来,谢里夫又把这些人分开单独实验,结果所有被试者都没有回到自己原来的反应模式上,仍然一致地保持着团体的反应标准。这说明已经形成的团体规范具有一种无形的压力,约束着人们的行为表现,甚至这种约束并没有被人们所意识到。因而,团体的规范一旦形成,就会成为团体成员的行为准则,自觉地或被迫地来遵守它。

(资料来源:百度文库,http://wenku.baidu.com/)

(三)团体规范的改变

20世纪60年代后期,美国管理学家皮尔尼克分析了团体规范与企业利益之间的关系,提出"规范分析法"作为改进团体工作效率的工具,这种方法包括三项内容:①明确规范内容。调查、了解团体已形成的规范内容,特别要了解起消极作用的规范是什么,并听取对这些规范进行改革的意见。②制定规范剖面图。将规范进行分类,如分为组织荣誉、业务成绩等10类,列出团体规范剖面图,并给每类定出理想的给分点。这种理想的给分点与实际评分的差距,称为规范差距。③进行改革。改革应从最上层的团体开始,逐级向下。确定优先改革的规范项目时,主要应考虑规范对企业效率影响的大小,不能把规范差距大的项目列为优先改革的项目。

美国一些企业实行规范改革后收到了较好的效果。

二、团体凝聚力

研究团体凝聚力不但是管理心理学理论研究的重要内容,而且对实际管理工作具有十分重要的指导意义。

(一)团体凝聚力的含义

团体凝聚力即指团体对每个成员的吸引力和向心力,以及团体成员之间相互依存、相互协调、相互团结的程度和力量。它可以通过团体成员对团体的向心力、忠诚、责任感、团体的荣誉感等以及团体成员众志成城、齐心协力抵御外来攻击或与外来团体进行竞争来表示；也可以用团体成员之间的关系融洽、团结合作等态度来说明。

研究表明，凝聚力高的团体有以下特征：成员间意见沟通快，信息交流频繁，互相了解较为深刻，民主气氛好，关系和谐；团体对每一个成员有较强的吸引力、向心力，成员愿意参加团体活动，无论是生产还是其他活动出席率都较高；团体成员愿意承担更多的推动团体工作的责任，时时关心团体，并注意维护团体的利益和荣誉；团体中每个成员都有较强的归属感、尊严感、自豪感。

团体的凝聚力具有重要的意义，它不仅是增强团体效能、实现团体目标的重要条件，而且是团体能否存在的必要条件。如果一个团体丧失了凝聚力，不再能吸引它的成员，那么它本身就失去了存在的意义。

(二)团体凝聚力的测量及其影响因素

团体凝聚力的测量，主要依照研究者对于团体凝聚力的定义，以及团体的特性等。具体的测量方式包括自填式量表、社会计量法、观察法三种，这三种方法可以单一使用，也可以混合使用。

1. 团体凝聚力的测量

下面介绍测量团体凝聚力的方法。

(1) 自填式量表。问卷是最常被使用的工具之一，通常是以自填的方式，来填写问卷。学者在不同的团体中，会使用不同的量表，来测量团体凝聚力的结果。主要依照不同的团体性质，选择不同测量量表，分为以社交凝聚力为主的量表及以任务凝聚力为主的量表。

(2) 社会计量法。此种方式是要求团体成员写出参与不同活动时，他最希望和谁一起参加，将名字写下，或者写出他好朋友的名字，计算出每个人选择的人数，以推测这个团体凝聚力的程度。

(3) 观察法。可以分为语言、非语言及行为两种，语言方面，包括在团体讨论中使用"我"或"我们"的次数、自我揭露、回馈、发问或沉默的频率。非语言及行为的范围较广，包括成员的出席率、彼此座位的距离、与其他人说话时眼神的接触、分享、情绪支持及信任等。

2. 团体凝聚力的影响要素

以下介绍的这些测量方法可用于实际测定，当然，团体凝聚力的高低主要还是受以下因素的影响。

(1) 成员的同质性。团体的同质性即指团体成员之间的共同点和相似性。例如，团体成员有共同的奋斗目标、理想、信念；相同的需要、动机、兴趣与爱好；相同的民族及文化背景；相似的个性倾向性及个性心理特征等都是团体的同质性。一般来说，同质性有相互吸引的作用，同质性越高，团体的凝聚力就越高。

(2) 规模的大小。团体存在的必要条件之一是团体成员间的相互交往和相互影响。团体规模小，彼此作用与交往的机会多，其凝聚力就强，但规模过小就会失去平衡，矛盾难以调解；相反，团体规模过大，容易出现意见分歧，信息交流不畅，就不可能有高度的凝聚力。因此，只有适当规模的团体才可以增强凝聚力。

(3) 外部影响。一个团体与外界相对隔离、孤立,这个团体的凝聚力就比较高。如若外部存在压力,则压力越大,凝聚力就越高。例如,一个国家民族矛盾尖锐,受到外来侵犯时,阶级矛盾便趋于缓和,会出现团结起来一致对外的局面;一个企业面临激烈竞争的威胁,为了在竞争中求得生存和发展,也需要团结一致,齐心协力,增强团体的凝聚力。

(4) 成员对团体的依赖性。个人参加某团体是因为他觉得该团体能满足其经济、政治、心理需求。因此,一个能满足其成员个人重大需求的群体,对成员才有巨大的吸引力,其凝聚力才会高。

(5) 团体的地位。某团体在诸团体中的地位、等级越高,其凝聚力就越强。如团体被人尊重,有较快的升迁机会,有更多的经济报酬,有更大的发展可能性等,团体凝聚力就大。

(6) 目标的达成。有效地达成目标会使其成员产生自豪感,增强凝聚力,而凝聚力反过来又会促进目标的达到。

(7) 信息的沟通。信息沟通渠道越畅通,凝聚力越高;相反,相互间越缺乏联系,则凝聚力越低。

(8) 领导者和领导方式。领导者是团体的核心,领导班子自身是否团结一致、齐心协力,是否坚强有力,会直接影响团体的凝聚力。民主型领导方式能使全体团体成员有充分表达自己意见的机会,团体成员有较强的参与意识,成员之间团结协作、互助友爱,因而有较高的凝聚力;而专制型和放任型领导方式则往往降低凝聚力。

【案例 7-3】 运输竞赛

"运输竞赛"是一项说明竞争与合作之间关系的经典研究。这项研究是道奇和克劳斯于 1960 年进行的。研究者要求两个被试者想象他们各自正在经营着一家运输公司(A 公司和 B 公司),并要求每人驾驶一辆货车尽快由一个地点到达另一个地点。两辆货车并非彼此竞争,它们有不同的起点和终点。但两辆货车的捷径是一条单行道,且两辆车是以相反方向行进的。两人走捷径的唯一方式是等一辆车通过后另一辆车再走,每个人在捷径的起点都有一扇控制门,可按下按钮使之关闭,以防止对方通过。此外,每辆货车还有一条备用路线,不会与另一辆车发生冲突,但路线要远得多。研究者告诉被试者,他们的目标是尽快到达终点,越快得分越高,但并没有提到要比另一被试者得分更多。两名被试者无疑都十分清楚,最佳方案是相互合作,轮流使用单行道,两个人都走捷径,但其中一人需稍候片刻,等另一人通过。而研究结果是:两名被试者不肯合作,都想抢先通过单行道。在单行道中间碰头后,彼此拒绝让步,最终一辆车退回,关闭控制门,走另一条路。双方都得不到高分。多次实验结果,只是偶尔出现合作行为,大部分行为是在竞争。说明合作与竞争如何影响群体凝聚力。研究者对某一班级的一半学生说,他将以合作为基础给学生打分,全班学生都是同一分数,关键在于大家在辩论时如何成功地击败其他班级。对另一半学生,研究者告诉他们将以竞争为基础打分,谁对所辩论的问题贡献大,谁的得分就高。研究结果表明,合作解决问题的群体要比竞争解决问题的群体协调,合作群体成员比竞争群体成员更能采纳别人的意见,更能友好相处。而竞争群体成员彼此很少沟通,观点重复,容易产生误解,成员间互相侵犯,心情压抑。研究说明,在一般情况下,竞争影响群体内人际关系的协调,破坏群体凝聚力。

(资料来源:钢铁百科,http://baike.steelhome.cn/)

三、团体冲突

(一)团体冲突的含义及其功能

目前对冲突功能的理解有三种观点。①传统观念认为所有冲突都是有害的，把冲突和暴力、破坏、无理取闹等同起来。②人类关系理论认为，冲突是群体心理中客观存在、不可避免的、非常正常的一部分。③交互作用理论认为，冲突是新事物产生的基础。冲突并不总是坏事，不能一概反对和避免冲突。冲突中有破坏性的，它阻碍群体目标的达成，起消极作用；也有建设性的，它有助于群体目标的达成，起积极作用。

(二)团体冲突的过程

冲突过程可以分为 4 个阶段，即潜在对立阶段、认知与个人介入阶段、行为阶段和结果阶段。潜在对立阶段是产生冲突条件的酝酿时期。这些冲突条件包括不良的沟通、不良的组织结构和不良的个人因素。认知与个人介入阶段指随着各种潜在冲突条件的具备，以及由此而不断产生的恶化，使人形成明显的知觉，并伴有不良的情感体验。行为阶段是指冲突已不可能在第二阶段低水平的较量中得到解决，双方的冲突便开始升级，展开全面公开论战。此时，双方的"脸皮"都撕破了，能用的手段都用上了，冲突达到了白热化。结果阶段是指采取一系列措施处理外显冲突后所产生的结果。各类冲突不外有 4 种结果：①成功—失败结果，即一方成功，一方失败；②折中—和解结果，即双方斗了半天和解了，都未受损，也都没有满足自己的要求；③失败—失败结果，即两败俱伤；④成功—成功结果，即双方都胜利了，都获得了利益，这是最好的结果，多属建设性冲突。

(三)团体冲突的分类

根据冲突的对象，可将其分为个人心理冲突、团体中人际冲突和团体际冲突。

1．个人心理冲突

个人心理冲突是指个人在面临互不相容、互相排斥的目标时，便会体验到的内心冲突。20 世纪 30 年代，心理学家按照接近和回避这两种倾向的不同结合，把个人内心冲突分为以下 4 种基本类型。

(1) 接近-接近型冲突。当两种或两种以上目标同时吸引着人们，而必须选择其中一种目标时，通常出现接近—接近型冲突。《孟子》中有句话："鱼与熊掌不可得兼"。鱼好吃，熊掌也好吃，两种食物对人都有吸引力，而现在只许选择其中一种，由此引起的冲突就是接近-接近型冲突。高中毕业生选择高考志愿、顾客选择不同的商品时出现的冲突也属于这种类型。

(2) 回避-回避型冲突。当两种或两种以上的目标都是人们力图回避的事物，而他们又只能回避其中的一种目标时，就产生回避-回避型冲突。例如，某人得了虫牙，疼痛难忍，但他迟迟不肯就医，因为他知道让牙科大夫治疗虫牙是一件痛苦的事情。由此引起的冲突就属于回避-回避型冲突。

(3) 接近-回避型冲突。这种冲突是在同一物体或目标对人们既有吸引力，又有排斥力的情况下产生的。在这种情况下，人们在接近目标的同时，又故意回避它，从而引起内心的冲突。例如，学生愿意选修一些新的、难度较大的课程，但又担心考试时失败。在这种情况下引起的冲突就是接近-回避型冲突。

(4) 多重接近-回避型冲突。在实际生活中，人们的接近—回避型冲突，常常以一种更复杂的形式出现。人们面对着两个或两个以上目标，而每个目标又分别具有吸引和排斥作用，人们不能简单地选择一个目标，而回避(拒绝)另一目标，必须进行多重的选择，由此引起的冲突叫多重接近-回避型冲突。例如，当一个人看到某经济特区招聘员工时，他想到去特区工作的许多好处，如工资收入多、住房条件好等，但又担心去一个新城市生活不习惯，子女教育问题难以解决等。由于对各种利弊、得失的考虑，产生了多重接近-回避型冲突。

2. 团体中人际冲突

冲突不仅会在人的内心中产生，而且团体中人与人之间也经常会发生冲突，这种冲突属于团体内人际冲突。团体中人与人之间的冲突是形形色色的，冲突的内容也各不相同，产生的原因也是多种多样的。有的是工作上的分歧造成的，有的是个人恩怨引起的，有的有助于组织的发展，有的具有破坏性，有的是正常的、合乎规律的，有的是不正常的、人为因素造成的。人与人之间在工作过程中所发生的冲突，往往是由于以下原因造成的。

(1) 信息基因的冲突。这是由于人们信息沟通的渠道不同，彼此之间又互不交流而造成的冲突。

(2) 认识基因的冲突。由于人们的知识、经验、态度、观点等的不同，对于同一事物会有不同的认识，基于认识不同所造成的冲突就是认识基因的冲突，这种冲突在企业中相当普遍。

(3) 价值观基因的冲突。价值观是指人对是非、善恶、好坏的一般概念。由于个人的价值观不同，也会造成冲突。有些管理者认为提高产量是企业的首要任务，有些管理者则认为提高质量才是首要任务，这都是由于价值观的分歧而造成的冲突。

(4) 本位基因的冲突。企业中的个人都在某一单位工作，如果不同部门的两个人都只考虑本部门的利益，则往往容易引起本位基因的冲突。

3. 团体际冲突

两个或多个团体之间的冲突是团体际冲突。如工矿企业的各个部门由于任务不清、职责不明所引起的互相埋怨、互相牵制的冲突；企业和企业之间、企业内部各部门之间的冲突等都属于团体际冲突。

【案例7-4】 郊外露营训练

美国心理学家谢里夫研究了在团体与团体竞争条件下发生冲突的情况。他设计了一项自然条件下的实验，邀请 22 名互不相识的男孩分成两队到郊外露营，两队的营地相距很远，互不来往，经过一周后两队队员各自成为一个团结一致的群体。在实验的第二阶段，安排两队开展竞赛，如拔河、球赛等。在竞赛过程中，因要互争胜负，两队产生对立情绪。在实验的第三阶段，又设计了两队必须合作的情境，例如，郊游的卡车坏了，需要两队齐心协力推动。这样，经过若干次合作，两队消除了隔阂，形成了一个新的较大的群体。此后，谢里夫又对成年人进行类似的实验，得到了相同的结果。

通过上述研究，谢里夫得出了如下结论：

(1) 竞争对每一团体内部的影响：①团体内部团结增强，其成员对团体更加忠诚，内部分歧趋于减少。②团体由一个非正式的、以游戏为主的团体转变为以工作和完成任务为主的团体。对于团体成员个人心理需要的关心逐渐减弱，而对完成任务的关心逐渐增强。③领导的方式逐渐从民主型转为专制型，而且团体成员逐渐心甘情愿忍受专制型的领导。④每一团体都逐渐成为组织严密、纪律严明的团体。⑤团体要求其成员更加效忠和服从，形成"坚强的阵线"。

(2) 竞争对团体与团体之间关系的影响：①每一团体都把另一团体视为对立的一方，而不是中立的一方。②每一团体都会产生偏见，只看到本团体的优点，而看不到自己的弱点。对于另一团体则只看到它的缺点，而看不到它的优点。③对另一团体的敌意逐渐增加，与对方的交往和沟通减少，结果使偏见难以纠正。④假如强迫他们交往，例如，强制他们听取各队代表就某一问题发表意见时，两队队员都只注意倾听、支持自己队员的发言，对于对方的发言，除挑剔毛病外，根本不注意倾听。

(资料来源：精品，http://bm.gduf.edu.cn/)

(四)解决团体冲突的原则

解决团体冲突应坚持以下原则：①发展建设性冲突，消除破坏性冲突。建设性冲突，是组织发展的动力，不要消灭它，而是要发展它，最好的办法是引入竞争机制。对破坏性冲突，要旗帜鲜明地加以反对，要把冲突解决在潜伏阶段或认知与个人介入阶段。②加强信息沟通，提倡交换意见，提倡友谊、谅解、信任、支持，以便减少隔阂、缩短心理距离。③分清是非，公正地解决冲突，切莫是非不分，偏袒一方。

(五)解决团体冲突的方法

解决团体冲突可以采取以下方法。

第一，协商妥协。这是解决冲突最常用的方法。当两个部门发生冲突时，双方派出代表进行协商，各自提出自己的困难，阐述自己可以做出的让步，最后本着顾全大局、互谅互让的原则使冲突得以解决。

第二，第三者调解。当多次协商达不成协议时，就需要请第三者出面调解。调解者必须有权威，或者是冲突双方的上级，或者是有地位、有影响的专家等。

第三，权威裁决。当调解无效时，只好请有正式权力的上级主管部门或由有关的权力机关做出裁决。如我国近年来设立的经济法庭就是这种机关。权威裁决的实质是强制解决，因此它往往不能消除引起冲突的原因。

第四，拖延下去，不了了之。这是解决冲突的一种微妙而又常常颇为有效的办法。有的冲突一时无法解决，拖着，随着时间的流逝、环境的变化，它会自行消解。

第五，不予理睬。这是拖延的变种。不做决定，不表态，相对于决定拒绝所引起的冲突要小些，对于双方的伤害也轻些。所以，这也是一种应对冲突的有效办法。但是，应该看到，这是一种消极的办法，有时还会使冲突加剧。

第六，和平共处。冲突的双方采取克制态度，互相停止攻击和敌对行动，承认对方的存在，和平共处。这尽管不能解决冲突，但可避免冲突激化。

第七，托马斯的两维模式。托马斯认为解决冲突必须适当地确定解决问题的次序，以此来协调"武断"坐标和"合作"坐标，求得建设性地解决冲突的方式。冲突处理的结果，可以是一方胜利一方失败，或者是双方都有所得亦有所失，但最好的是"胜对胜"的处理结果。这种方法须精心筹划，促使双方协作，共同解决问题，找到一种双方都满意的答案，大家都是胜利者。

【案例7-5】 处理团体冲突的故事

在团体中常碰到的问题是本位主义难以克服，团体气氛中如果充满着相互批评、指责，将会使每天的上班像进入战场、进入炼狱般的煎熬。

在一次训练活动中，有位主管分享他们公司如何处理团体冲突的故事。他说："以往在我们主管会中，最常听到的话是互相批评、互相攻击，场面热闹。像因为生产部未按时交货，所以业绩没有完成；因质量设计不良，产生顾客抱怨与退货；因业务下单交期太短，中间插单、改造……造成生产不顺。很多的'因为你的……不对，所以造成我的……不能做事'，或者是'都是因为你没有配合，我的……所以无法完成'；每次会议都因相互间没有配合好的事，与这段时间出现的缺失、问题关联起来而争辩不休。"

"经过几次的会议，有一天，刚回国接任的总经理终于忍不住了，在会议上当场用力拍桌子，'啪'，把正在争辩中的主管们吓了一大跳。总经理说：'从现在开始大家改变报告内容，不用再报告别人有什么错误或缺失而责备别人，在会议中只能报告两个内容，一是在本周内哪些部门、哪些人对你有什么贡献；二是检查你自己还有哪些未做好或不足之处，接下来你要如何改进。'"

这位主管欣喜地说下去："之后的第一次会议，大家都很不习惯，以往只注意别人有什么缺点不能与我配合，不曾注意别人对我会有什么贡献。而总经理要求在会议上要报告别人对我有哪些贡献，在全场一阵鸦雀无声之后，好不容易有人才挤出来说，'谢谢你陈经理，那一天在会议室，你为我倒茶！'总经理也接受。"

"几次以后，会议的气氛转变了，公司内在的气氛也奇怪地随之改变了。每位主管在会议中报告，注意到别人对他的帮助愈来愈多，表示感谢之外也对自己的不足做检讨，带来了感谢感恩的气氛，也带动了自我检讨、负责的工作态度，团体合作的凝聚力也增强了。"

这位主管得意地说："这是因为在会议上，对别人表示感谢是肯定别人对我实质的帮助，对自己的检讨是对自己不足的激励。但是过了两个月又有进一步的发展，在会议中大家突然发现：如果只有你感谢别人，而没有别人感谢你，那代表什么意思？因此，促使每个人在注意别人对我有什么贡献之余，也主动去找机会协助别人，找为别人服务贡献的机会，团体凝聚就在这个过程中形成了。"

在这个故事中，只是一个报告方式的转变，却带来整个团队效能与团体气氛的巨大转变。

(资料来源：http://bbs.vsharing.com/)

四、团体士气

(一)团体士气的含义

"士气"原用于军队，表示作战时的集体精神，现在也应用于企业中，表示团体的工作精神。士气不仅代表个人需求满足的状态，而且包含以下含义：确认此满足得之于团体，因而愿意为实现团体目标而努力。

在一个企业中，要注意了解员工的士气，了解员工对工作、组织、上级、同事、工作环境的态度，可为人事管理提供重要资料，也是企业进行有效管理的有力手段。企业希望员工既有高昂的士气，又要有高的生产效率。

(二)高士气团体的特征

一个团体的优秀与否首要要看这个团体的士气如何。一个高士气团体有如下特征。

第一，团体的团结来自团体内的凝聚力，而非由外部情境决定。

第二，团体中的成员之间没有分裂为相互对立的小团体的倾向，没有离心倾向。

第三，团体本身具有解决内部矛盾、处理内部冲突和适应外部环境变化的能力。

第四，成员之间彼此理解，对团体具有强烈的认同感，成员对团体有较强的归属感。

第五，团体成员都明确地理解和掌握团体目标。

第六，团体成员对团体的目标及领导者抱信任和支持的态度。

第七，团体成员承认团体的存在价值，并且有维护团体继续存在与发展的愿望。

(三)影响团体士气高低的原因

1．对团队目标的认同

孙子曾说过"上下同欲者胜"。团队管理的首要任务是要有明确的奋斗目标，这个目标要和个人的目标结合起来，即实现企业目标的同时，个人的目标也能实现。如果团队成员接受、赞成、拥护团队的目标，认识到团队目标反映了自己的要求和愿望，具有较高的价值，个人就愿意为达到团队目标而努力，那么团体士气就会高涨。

2．利益分配的合理性

人们奋斗所争取的一切，都同他们的利益有关，这是马克思的至理名言。人们为团队工作，总要获得利益，或物质的，或精神的。利益的分配，代表着一个人的贡献和成就。必须公平合理，同工同酬，论功行赏，这样才可以调动员工的积极性，提高团队士气；反之，就会引起员工的不满，挫伤员工的积极性，降低团队的士气。

3．团队成员对工作产生满足感

所谓工作满足，就是员工对本职工作非常热爱、感兴趣；而且工作有利于员工能力及特长的发挥，使员工英雄有用武之地。此外，民主的管理方式，可以为员工提供参与管理的机会、融洽的人际关系等，这些都将使员工产生工作满足感。

4．优秀的领导者及领导集团

俗话说得好，"火车跑得快，全靠车头带"。研究表明，领导者和领导集团作风民主，广开言路，乐于接纳意见，办事公道，遇事能同大家商量，善于体谅和关怀下级，则团队士气高涨；反之，遇事独断专行，压抑员工积极性和创造性的领导者和领导集团可能降低团队的士气。

5．团队内部团结和谐

拿破仑曾说过，一支军队的实力3/4靠的是士气。管理者必须想方设法营造一个诚信、和谐的氛围，只有这样大家才能心往一处想，劲往一处使，朝着共同的目标扬帆远航、矢志不移地努力。比如，大家彼此认同并共同愉快遵守各项规章制度，特别是尊重与信任远远胜于一切物质条件。这些都会促使团队的团结和谐，从而提高团队士气。

> **【案例7-6】 和谐的故事**
>
> 从前，有一个脾气很坏的男孩，他的爸爸给了他一袋钉子，告诉他：每次发脾气或者跟人吵架的时候，就在院子的篱笆上钉一根。第一天，男孩钉了37根钉子。后面的几天他学会了控制自己的脾气，每天钉的钉子也逐渐减少了。他发现，控制自己的脾气，实际上比钉钉子要容易得多。终于有一天，他一根钉子都没有钉，他高兴地把这件事告诉了爸爸。爸爸说："从今以后，如果你一天都没有发脾气，就可以在这天拔掉一根钉子。" 日子一天一天过去，最后，钉子全被拔光了。爸爸带他来到篱笆边上，对他说："儿子，你做得很好，可是看看篱笆上的钉子洞，这些洞永远也不可能恢复了。就像你和一个人吵架，说了些难听的话，你就在他心里留下了一个伤口，像这个钉子洞一样。"
>
> （资料来源：http://i.mtime.com/）

6．良好的信息沟通

有效的信息沟通能够消除各种人际冲突，建立人与人之间的良性和谐的人际关系，使员工在情感上相互依靠，在价值观念上高度统一，在工作衔接上清晰明朗，达到信息畅通无阻，改变员工之间的信息阻隔现象，激励士气，减轻压力和忧虑，增强团队之间的向心力和凝聚力，防患于未然，为团队建设打下良好的人际基础。

第三节　团 体 决 策

一、团体决策的含义和类别

团体决策又称集体决策，指由包括两个以上的人完成的决策。区分是否团体决策的关键在于，决策的诊断活动、设计活动、选择活动是由一个人完成还是由两个以上的人完成。在决策的过程中，只要某一活动阶段是由两个以上的人合作完成的，就可以认为是团体决策。这意味着，团体决策不一定贯穿决策的全过程，只要在决策的某一阶段是由合作参与，就可视为团体决策。

团体决策可分为4种类型：权威决策、投票决策、共识决策、无异议决策。

二、团体决策的优势和劣势

(一)团体决策的优势

尽管人们并不一致认为团体决策是最佳的决策方式，但团体决策之所以广泛流行，正是在于团体决策具有以下几个明显的优点。

1．团体决策有利于集中不同领域专家的智慧，应付日益复杂的决策问题

通过这些专家的广泛参与，专家们可以对决策问题提出建设性意见，有利于在得以决策方案贯彻实施之前，发现其中存在的问题，提高决策的针对性。

2．团体决策能够利用更多的知识优势，借助于更多的信息，形成更多的可行性方案

由于决策团体的成员来自不同的部门，从事不同的工作，熟悉不同的知识，掌握不同的信息，容易形成互补性，进而挖掘出更多的令人满意的行动方案。

3．团体决策有利于充分利用其成员不同的教育程度、经验和背景

具有不同背景、经验的不同成员在选择收集的信息、要解决问题的类型和解决问题的思路上往往都有很大差异，他们的广泛参与有利于提高决策时考虑问题的全面性，提高决策的科学性。

4．团体决策容易得到普遍的认同，有助于决策的顺利实施

由于决策团体的成员具有广泛的代表性，所形成的决策是在综合各成员意见的基础上形成的对问题趋于一致的看法，因而有利于与决策实施有关的部门或人员的理解和接受，在实施中也容易得到各部门的相互支持与配合，从而在很大程度上有利于提高决策实施的质量。

5．团体决策有利于使人们勇于承担风险

据有关学者研究表明，在团体决策的情况下，许多人都比个人决策时更敢于承担更大的风险。

(二)团体决策的劣势

团体决策虽然具有上述明显的优点，但也有一些特殊的问题，如果不加以妥善处理，就会影响决策的质量。团体决策容易出现的问题主要表现在三个方面。

1．速度、效率可能低下

团体决策鼓励各个领域的专家、员工的积极参与，力争以民主的方式拟定出最满意的行动方案。在这个过程中，如果处理不当，就可能陷入盲目讨论的误区，既浪费了时间，又降低了速度和决策效率。

2．有可能为个人或子团体所左右

团体决策之所以具有科学性，原因之一是团体决策成员在决策中处于同等的地位，可以充分地发表个人见解。但在实际决策中，这种状态并不容易达到，很可能出现以个人或子团体为主发表意见、进行决策的情况。

3．很可能更关心个人目标

在实践中，不同部门的管理者可能会从不同角度对不同问题进行定义，管理者个人更

对与其部门相关的问题非常敏感。因此，如果处理不当，很可能发生决策目标偏离组织目标而偏向个人目标的情况。

三、团体决策的方法

团体决策问题从方法上讲也历经了一个漫长的发展过程，在这一发展过程中先后有 4 种团体决策方法被人们采用。这些方法不仅被广泛地运用于心理学研究，而且在实际生活中也产生了巨大的影响。

(一)头脑风暴法

早期对团体问题解决能力的探讨大多数是以头脑风暴(brain storming)的方式进行的。这种方法是由一个名叫奥斯本(Osborn)的广告经理设计而成的，可以产生新奇思想，且富有创造性的问题解决技巧。这种方法常常给团体一个特定的题目，如为某个商品设计广告词，要求团体成员在较短时间内想出尽量多的解决方案。

奥斯本还对头脑风暴技巧提出了一些原则性的要求，这些原则包括：禁止在提意见阶段批评他人，反对意见必须放在最后提出；鼓励自由想象，想法越多越好，不要限制他人的想象；鼓励多量化，想法越多的人越可能最终获胜；寻求整合与改进，一方面增加或改正自己与他人的意见，另一方面还要把自己与他人的观点结合在一起，提出更好的决策选择。

但是心理学家泰勒(Taylor，1958)等人通过对一个 5 人团体利用头脑风暴技巧解决问题情况的研究，发现与成员单独解决问题相比，利用头脑风暴法的效果并不像人们想象得那样好，如表 7-1 所示。

表 7-1 头脑风暴法与个体单独决策创造力比较

组 别	不同意见的平均数	独特意见的平均数
5 人团体	37.5	10.8
5 人单独工作	68.1	19.8

(资料来源：http://www.liyu.com/news/558059_4.html)

从表 7-1 可以看出，团体决策不论是提出意见的数量还是质量都比不上成员单独决策。那么，能不能据此就否认头脑风暴技巧的作用呢？答案是否定的。后来的心理学家指出，在解决复杂问题，比如需要多学科知识的时候，利用团体的头脑风暴要远远好于成员单独决策。因为团体决策至少给成员提供了互相检验彼此工作的机会，并且成员各自所具有的专业知识对解决复杂问题是必不可少的。

(二)德尔菲法

头脑风暴法有助于人们解决问题。但是在处理许多决策问题的时候，由于团体成员在各方面的参差不齐，所以在解决一些问题的时候效果并不好。为了克服这一点，有一种叫作德尔菲法(Delphi method)的专家决策技术被广泛地用于决策领域。德尔菲法又叫专家评估法，它是一种背对背的决策技术，由专家提供反馈，它包括以下几个步骤：要求团体成员对某个问题提出尽可能多的解决方案；专家对团体成员的意见加以整理，并将整理的结果反馈给成员；团体成员在得到反馈之后重新就刚才的问题提出新的解决方案；专家再整理并提供反馈，直到团体就此问题达成一致。

与一般的团体决策法相比，德尔菲法不需要团体在一起讨论，因而可以避免由于面对面争论而引发的人际冲突，但这种方法比较费时。

(三)具名群体技术法

在团体决策过程中，个体会自觉或不自觉地感受到来自他人的压力，团体思维现象的出现就与此有关。为了克服这些问题，心理学家德尔贝克(Delbecq，1975)提出了他的具名群体技术(nominal group technique)。这种方法主要用在当团体成员对所要解决的问题不太了解，并且在讨论中难以达成一致时。具名群体技术包括 4 个步骤：出主意，由成员单独提方案，越多越好；记录方案，把每个人提出的所有方案都列出，不能选择；对方案加以分类，团体讨论并区分记录下的每个方案；对方案加以表决，每个人从 12～20 个备选方案中选出自己认为最好的 5 个，并选择累计得分最高的方案。

(四)阶梯技术法

上述三种方法对团体决策的效果有一定的作用，但是也存在着一些团体本身就具有的缺陷。这种缺陷有两个方面：①在团体中人们的讨论是否充分。②在团体中可能会出现社会懒怠。为了解决这些问题，罗格伯格(S. G. Rogeberg，1992)提出了一种名为阶梯技术(step ladder technique)的团体决策技术。在使用这种方法时，团体的成员是一个一个加入的。如一个由 5 人组成的团体在利用阶梯技术决策时，先是由两个成员讨论，等他们达成一致后，第三个成员加入。加入之后先由前两个人讲已经达成的意见及观点，然后三个人一起讨论，直到达成共识。第四、第五个成员也以同样的方式依次加入，最终整个团体获得一致性的方案。罗格伯格在对德尔菲法、具名群体技术和阶梯技术做了对比之后指出，阶梯技术不仅在实际方案选择，而且在心理感受上均优于另外两种方法。该方法比较费时，所以主要用于大的、重要的决策问题。

第四节　团体中的人际关系

一、人际关系概述

人际关系是指在人际交往中建立和发展起来的人与人之间的关系。任何一种人际关系都包括三个互相联系、互相促进的成分，即认知成分(指相互认识、相互了解)、情感成分(指积极或消极情绪、爱或恨、满意或不满意)和行为成分(指交往行为)。心理学告诉我们，人际关系就是指人与人之间心理上的关系，即人与人之间心理上的距离。

美国心理学家霍妮(Karen Horney，1885—1952)认为，人际关系的形成往往与对他人的基本态度有关，主要有以下 3 种类型：①受控型，是一种在受他人控制的前提下形成的人际关系。②实用型，是一种因为某种利益驱动而形成的人际关系。③回避型，是一种以回避的观念和形式而形成的人际关系。

美国心理学家舒兹(W.C.Schutz)认为，所有个体在人际交往中，都有建立人际关系的需要，可分为3种类型：①包容的需要。理解和包容他人是人类修养和教育的体现，满足这一需要可以使人产生顶峰体验，并且形成良好的人际氛围。②控制的需要。驾驭和控制别人是部分人为了体现个人价值的平台，他们常常寻找那些依赖性强的人建立关系。③情感的需要。害怕孤独，需要爱是人类的本能，因此人们往往为了避免孤独而与人建立关系，并不完全受理智的支配。

二、人际关系的作用

人际关系对组织的发展具有重要的作用。

1．人际关系充当信息交流的渠道

良好的组织内部的人际关系可以促进领导和员工，以及员工与员工之间的沟通。对于上级来说，可以了解员工的需求。对于员工来说，可以尽量地表达出自己的思想和感情，主动发表自己的观点，激发自己的创造性的思维。同时，良好的人际关系可以促进员工之间的交流，为组织和个人的交易活动提供一种信用机制。

2．人际关系成为社会资源的一个网络

良好的组织内部与组织外部成员之间的人际关系，可以扩大企业同社会的联系面，掌握更多的社会资源，以在必要的时候为企业的发展提供必要的支持和帮助。

3．良好的企业内部人际关系有助于企业目标的实现

良好的人际关系的建立，有利于一种企业文化的形成，培养共同的价值观、创造积极向上的企业文化是协调好组织内部各利益群体关系，发挥组织协同效应和增加企业凝聚力最有效的途径。在这样一种企业环境中，更有利于激发员工的积极性和创造性，有助于企业目标的实现。

三、人际关系的影响因素

究竟是什么原因在影响人与人之间的协调、和睦、轻松的关系呢？心理学家从心理学的角度进行研究，大致分为以下几种。

1．认知因素

社会认知是一个人对他人的基本心理状态、行为动机和意向做出推测和判断的过程。这一过程，认知者除了依据自己的经验和有关线索的分析而进行外，还要依靠个人思维水平来加工、推理、分类和归纳信息。因此有的人就容易因出现以下问题而影响人际关系：①对他人行为分析极端依赖自己的主观经验。②因主观因素错误理解他人的表情、行为。③第一印象作用。④偏见。

2．情绪因素

人际吸引是情绪因素——喜爱与否的具体表现；接近性——人与人之间的距离(空间和心理)越接近，越容易成为知己，特别是交往早期；相似性——年龄、性别、习惯、社会背

景、态度相似的人容易产生亲密感；互补性——交往双方的需要若是互补关系就会产生吸引力；能力、特长、仪表——这些特点若比较突出容易使人喜欢。

3．个性因素

个性是一个人的整个心理面貌，以及具有一定的倾向性的各种心理特征的总和。人际关系问题往往与以下个性因素有着密切的关系：①不尊重他人。②只关心自己的利益，忽视他人。③不择手段，为自己的利益损害他人。④过分惧怕而取悦他人。⑤丧失自尊，过分依赖他人。⑥看不得他人优秀，好嫉妒。⑦自卑、缺乏自信。⑧敌对、猜疑、偏激；孤立、不善交往。⑨戒备、报复心强。⑩好高骛远。

四、和谐人际关系技巧

美国著名的心理学家卡耐基(Dale Carnegie，1888—1955)认为，未来社会成功源于30%的才能加 70%的人际协调能力。有资料显示，美国卡耐基教育基金会在对成功人士进行研究时发现："一个人的成功，15%要靠专业知识，85%要靠人际关系与处世技巧。"

人际交往大体上可分为语言交往和非语言交往。这两种交往都可以各自发挥传情达意的功能。语言交往通常以达意的功能为主，即主要传递消息性和评价性信息，行为主体通常是自觉的；而非语言交往一般以传情的功能为主，即主要传递情感性信息，行为主体更多的是不自觉的。企业员工掌握了这两种基本的交往技巧，并把这两种技巧结合起来，就会更有效地交流思想，表达情感，密切人际关系。

(一)语言交往技巧

人与人之间的交往主要是凭借着人类特有的最重要、最便捷的工具——语言进行沟通的。语言交往是人际交往的主渠道。在日常工作、学习、生活中进行的语言交往主要是借助口头语言进行的。口头语言交往包括听和说两个方面。善于聆听，乐于交谈，就能使员工在良好的心理气氛中顺利交往，并获得心理的满足。

1．听的技巧

掌握了听的技巧，善于聆听他人讲话的人，往往能顺利地与他人交往。因为聆听表达了对对方的尊重。聆听他人讲话时要专心，要用心去听，而不是只用耳朵去听。要暂时忘却自己的想法、期待和成见，与讲话者一起去回顾经历、体验、感悟，不能心猿意马、表情呆滞；要通过目光接触、点头、赞许声等给予积极反馈，增强对方表达的自信心，使他津津乐道。聆听时要耐心，即使对方说的话很啰唆，或者不合自己口味甚至对自己有所冒犯，都应耐心地听下去，不要表现出任何不耐烦和不高兴的神情。聆听时还要虚心，当对方讲的情况和道理不如自己掌握得清楚、理解得深刻时，也不要轻易打断他，更不能好为人师，动辄训人。"智者千虑，必有一失；愚者千虑，必有一得。"要善于在聆听中发现对方思想中的闪光点。

2．说的技巧

说是在表达自己思想和感情。说是要给人听的，要使别人对自己说的感兴趣、听得明白，就应当掌握下面几种说的技巧。①选择好话题，话题要有积极意义，要适合对方的知识范围、经验和对方当时的心境。②语言要简练、通俗、生动，话不在多，要说得得体，合时宜。③善用敬语，对领导，要谦恭有礼，员工之间则要多用亲切友好的词语，推心置腹。④适当赞扬别人。适时适度、发自内心地赞扬别人，可以造成融洽的交往气氛，强化人际吸引力。但赞扬要真诚适度，不要胡乱赞美、恭维别人，让人感到虚伪。

(二)非语言交往技巧

非语言交往是指交往双方通过服饰、目光、表情、身体的动作姿态、声调等非语言行为和人际空间距离等进行沟通的技巧。在人际交往中，虽然非语言行为通常只是语言行为的辅助和强化手段，但它有时可以代替语言传情达意，还可以微妙地传递语言难以表达的"弦外之音"，产生"此时无声胜有声"的效果。所以，对非语言行为的作用不可低估。要提高员工的交往能力，应当引导他们在人际交往中注意一些必要的非语言交往技巧。

1. 目光技巧

常言道："眼睛是心灵的窗户。"目光接触，是人们相互之间最能传神的非语言交往。目光的诚挚来自心地的纯真，在交往中通过目光的交流可以促进双方的沟通。目光的方向，眼球的转动，眨眼的频率，闭眼时间的久暂，都表示特定的意思，流露特定的情感。正视表示尊重，斜视表示轻蔑，双目炯炯会使听者精神振奋。柔和、热诚的目光会流露出对别人的热情、赞许、鼓励和喜爱；呆滞的目光表现出对对方讲的话不感兴趣或不信服；虚晃的目光则表示自己内心的焦虑和束手无策；目光东移西转，会让人感到是心不在焉。交往中，适当的目光接触可以表达彼此的关注。因此，在人际交往中，眼神的作用万万不能忽视，平时应该经常培养自己用眼睛"说话"的能力。

2. 体势技巧

体势包括体态和身体的动作、手势。在人际交往中，人的举手投足，回眸顾盼，都能传达特定的态度和含义。①身体略微倾向于对方，表示热情和感兴趣；微微欠身，表示谦恭有礼；身体后仰，显得轻视和傲慢；身体侧转或背向对方，表示厌恶反感、不屑一顾。②不同的手势也具有各种含义。如摆手表示制止或否定；双手外推表示拒绝；双手外摊表示无可奈何；双臂外展表示阻拦；搔头皮或脖颈表示困惑；搓手和拽衣领表示紧张；拍脑袋表示自责或醒悟；竖起大拇指表示夸奖，伸出小指表示轻蔑。③有些手的动作容易造成失礼。比如，手指指向对方面部，单手重放茶杯，当着客人的面挖鼻孔、擤鼻涕等。④同样的体势，不同角色的人使用，其含义和给人的感觉是不一样的。比如，战友之间别后重逢，拉拉手、拍拍肩，表示一种亲热的感情；领导、长辈对下级、晚辈拉拉手、拍拍肩，通常表示赞许和鼓励；如果下级、晚辈随便与领导、长辈拉手拍肩，则被人认为是不尊重。

3. 声调技巧

俗话说：锣鼓听声，听话听音。同一句话用不同的声调、在不同的场合说出来，可以表达不同的甚至是相反的意思和情感。比如，员工在圆满完成了任务以后，经理对他说"你真行"，这是一种赞许；如果这个员工没有完成任务，经理对他讲"你真行"，这时的意思就大相径庭了，它是一种责备或嘲讽。所以，在人际交往中，恰当地运用声调，也是保证交往顺利进行的重要条件。在一般情况下，柔和的声调表示坦率与友情；高且尖并略有颤抖的声调表示恐怖或不满、愤怒而导致的激动；缓慢、低沉的声调表示对对方的同情；不管说什么话，阴阳怪气就意味着冷嘲热讽；用鼻音和哼声则往往显示傲慢、冷漠、鄙视和不服，自然会引起对方的不快和反感。员工在人际交往中要细心体会声调的微妙，学会正确运用声调，以加强语言表达的效果。

4. 距离技巧

人都有一种保护自己个人空间的需要。个人空间如同一个无形的"气泡"，为自己割据了一定的"领土"。有这个"气泡"的保护，就会感到安全。一旦这个"气泡"被人触犯，就会感到不舒服或不安甚至恼怒。这种"气泡"现象是人际交往中常见的心理现象。个人空间距离的大小与交往的对象、内容、场合和情境有关。一般来说，人们之间的关系越密切，他们的人际空间距离就越小。心理学根据不同的交往对象和情境，划分了 4 种交往距离。

(1) 亲密距离。最小间隔，一般在 0.45 米以内。这个距离属于家庭成员、亲密朋友等关系最密切的人。在亲密距离内交往的人，相互或挽臂执手，或促膝谈心，不拘小节，无话不谈，亲密无间。亲密距离具有排他性，没有达到那种亲密程度的人插足这个区域，会引起对方的反感。

(2) 个人距离。距离在 1 米左右。这个区域有较大的开放性，朋友或熟人可以自由地进入这个空间。

(3) 社交距离。距离在 1～4 米，保持这一距离的人们，已超出了亲密或熟人的人际关系，体现出一种社交性的或礼节性的关系，一般出现在工作环境或社交聚会上，谈话的内容也较为正式和公开。

(4) 公众距离。交往距离在 4 米以上，在这个空间内，人们之间的双向交往大大减少，更多的是一种单向交往，如演讲、报告等。员工在交往中了解这些交往距离是很有用的，比如领导与员工谈心，如果平时关系好，谈话的内容不是批评性的，员工当时的心情也不错，就选在亲密距离进行，效果最好；如果两人平时关系一般，或者谈话的目的是批评教育，或者当时员工的心情较差，则选在个人距离效果会好些。

第五节　团　体　沟　通

沟通是人与人之间、人与群体之间思想与感情的传递和反馈的过程，以求思想达成一致和感情的通畅。沟通包括语言沟通和非语言沟通，语言沟通包括口头和书面语言沟通，非语言沟通包括声音语气(如音乐)、肢体动作(如手势、舞蹈、武术、体育运动等)。最有效的沟通是语言沟通和非语言沟通的结合。这里主要研究人与人之间的意见沟通。

【案例 7-7】　信息传递须准确

据说，美军 1910 年的一次部队的命令传递是这样的。

营长对值班军官：明晚大约 8 点钟，哈雷彗星将可能在这个地区看到，这种彗星每隔 76 年才能看见一次。命令所有士兵穿野战服在操场上集合，我将向他们解释这一罕见的现象。如果下雨的话，就在礼堂集合，我为他们放一部有关彗星的影片。

值班军官对连长：根据营长的命令，明晚 8 点哈雷彗星将在操场上空出现。如果下雨的话，就让士兵穿着野战服列队前往礼堂，这一罕见的现象将在那里出现。

连长对排长：根据营长的命令，明晚 8 点，非凡的哈雷彗星将身穿野战服在礼堂中出现。如果操场上下雨，营长将下达另一个命令，这种命令每隔 76 年才会出现一次。

排长对班长：明晚 8 点，营长将带着哈雷彗星在礼堂中出现，这是每隔 76 年才有的事。如果下雨的话，营长将命令彗星穿上野战服到操场上去。

班长对士兵：在明晚 8 点下雨的时候，著名的 76 岁哈雷将军将在营长的陪同下身着野战服，开着他那彗星牌汽车，经过操场前往礼堂。

(资料来源：http://bbs.tiexue.net/，铁血网)

一、团体沟通模式

沟通模式是人与人在社会生活中的沟通方式。沟通模式包括发出者、信息、渠道、接收者、反馈 5 个主要因素。

信息发出者是信息沟通的主体，他不仅有目的地传播信息，还对传出的信息进行编码，即把信息加工组织成便于传递的形式。

信息是指沟通的内容，表达沟通主体的观念、需要、愿望、消息等。

渠道即信息传递的途径，信息必须载入渠道才能存在和传递，声、光、电、动物、人以及报纸、书刊、电影、电视等，都是信息传递的媒介。

信息接收者即接收信息的人。信息接收者接收信息以后，必须经过译码才能理解信息的内容。

反馈是指信息接收以后，信息接收者要及时地将收到的信息反馈给信息发出者，确认了解的信息是否与对方一致，如果有偏差，要及时矫正和补充。

信息沟通在企业管理中起着重要作用。它是影响企业内部群体成员行为的一个重要因素，是企业建立和维持良好的人际关系，提高员工士气，促进企业发展的有效途径之一。

二、团体沟通网络

沟通网络是指一群人建立和保持联系，以便相互沟通的一种形式。几乎每个人在组织中都会参与网络，成为其中的一员。沟通网络有助于管理者获得信息，也有助于管理者和员工搞好人际关系。网络的核心是一些有实权的人物，这些人物可能是名正言顺的领导者，也可能是一些位低而作用大的影子人物。沟通网络有正式和非正式两种。现实中团体的沟通不是单一渠道和单一形式的沟通，而是把各种沟通方式组合起来，形成了沟通网络。

(一)正式沟通网络

在正式团体中，人与人之间的信息交流结构称为正式沟通网络。美国心理学家莱维特(H.J.Leavitt)把组织中常见的沟通网络归纳为以下 5 种(参见图 7-1)。

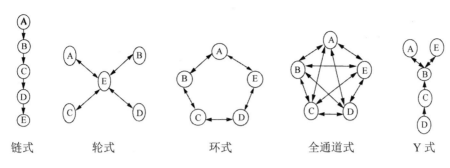

链式　　　　轮式　　　　　环式　　　　全通道式　　　　Y 式

图 7-1　5 种沟通网络

(资料来源：http:www.doc88.com/p-91291328639.html)

1. 链式沟通网络

链式沟通网络是一个平行网络，其中居于两端的人只能与内侧的一个成员联系，居中的人则可分别与两人沟通信息。在一个组织系统中，它相当于一个纵向沟通网络，代表一个 5 级层次，逐级传递，信息可自上而下或自下而上进行传递。在这个网络中，信息经层层传递、筛选，容易失真，各个信息传递者所接收的信息差异很大，平均满意程度有较大差距。此外，这种网络还可表示组织中主管人员和下级部属之间、中间管理者的组织系统，属控制型结构。

链式沟通的信息传递是逐级进行的，信息可由上而下传递，也可由下而上传递。这种信息沟通具有传递速度快的特点。但是，它没有横向联系，成员的满意程度低，只适合组织庞大、需分层授权管理的企业。

2. 轮式沟通网络

轮式沟通网络属于控制型网络，其中只有一个成员是各种信息的汇集点与传递中心。在组织中，大体相当于一个主管领导直接管理几个部门的权威控制系统。此网络集中化程度高，解决问题的速度快。主管人员的预测程度很高，而沟通的渠道很少，组织成员的满意程度低，士气低落。轮式网络是加强组织控制、争时间、抢速度的一个有效方法。如果组织接受紧急攻关任务，要求进行严密控制，则可采取这种网络。

轮式系统表示主管人员居中，分别与若干下级发生联系的沟通。这种沟通传递迅速，易控制。在这种企业中，速度与控制往往比士气、创造性更被重视，居中心地位的主管因情报多，有较大的权力，因而比较自信和有自主性，心理上也会比较满足。但是，由于缺乏联系，各下级成员之间互不了解，信息闭塞，成员满意程度低，有利于保密，不利于协作。

3. 环式沟通网络

环式沟通网络可以看成链式形态的一个封闭式控制结构，表示 5 个人之间依次联络和沟通。其中，每个人都可同时与两侧的人沟通信息。在这个网络中，组织的集中化程度和领导人的预测程度都较低；畅通渠道不多，组织中成员具有比较一致的满意度，组织士气高昂。如果在组织中需要创造出一种高昂的士气来实现组织目标，环式沟通是一种行之有效的措施。

环式沟通是表示各成员之间依次联系沟通。这种沟通网络具有群体士气高、满意感强的特点，但信息传递速度慢，效率不高。在委员会之类的群体中可以采用此沟通形式。

4．全通道式沟通网络

全通道式沟通网络是一个开放式的网络系统，其中每个成员之间都有一定的联系，彼此了解。此网络中组织的集中化程度及主管人的预测程度均很低。由于沟通渠道很多，组织成员的平均满意程度高且差异小，所以士气高昂，合作气氛浓厚。这对于解决复杂问题，增强组织合作精神，提高士气均有很大作用。但是，由于这种网络沟通渠道太多，易造成混乱，且又费时，影响工作效率。

全通道式沟通表示组织内每个人都可以与其他成员直接地、自由地沟通，并无中心人物，所有的成员都处于平等地位，但由于缺乏中心人物，没有权威性，信息传递速度也慢。委员会开会时即属于这种沟通网络。

5．Y式沟通网络

Y式沟通网络是一个纵向沟通网络，其中只有一个成员位于沟通内的中心，成为沟通的媒介。在组织中，这一网络大体相当于组织领导、秘书班子再到下级主管人员或一般成员之间的纵向关系。这种网络集中化程度高，解决问题速度快，组织中领导人员预测程度较高。除中心人员外，组织成员的平均满意程度较低。此网络中主管人员的工作任务十分繁重，需要有人选择信息，提供决策依据，节省时间，而又要对组织实行有效的控制。此网络易导致信息曲解或失真，影响组织中成员的士气，阻碍了组织工作效率的提高。

Y式表示逐级传递，最上层有多个主管。这种沟通网络传递信息速度较快，但成员满意程度不高，尤其是多头领导，要求不一，不利于下级正常开展工作。

上述沟通网络的研究虽然是在实验条件下进行的，而且主要是小型团体的沟通类型，但在企业管理实践中具有不可否认的启发意义。沟通网络代表一个组织的结构系统。事实上，一个组织要达到有效管理的目的，应采取哪一种网络，须视不同的情况而定：如要速度快、易于控制，则轮式较好；如果组织庞大，需要分层授权管理，则链式较有效。

(二)非正式沟通网络

团体中的信息传播，不仅是通过正式渠道进行，还通过非正式渠道传播。美国心理学家戴维斯曾在一家皮革制品公司专门对67名管理人员进行调查研究，发现非正式沟通途径有4种传播方式。

- 单线式：通过一连串的人，把信息传递到最终接收者。
- 流言式：一个人主动地把信息传递给其他许多人。
- 偶然式：按偶然的机会传播小道消息。
- 集束式：把小道消息有选择地告诉自己的朋友或有关人。

戴维斯的研究表明，小道消息有5个特点：第一，新闻越新鲜，人们议论越多；第二，对人们工作越有影响，人们议论越多；第三，越为人们熟悉的，人们议论越多；第四，人与人在生活上有关系者，最可能牵涉到同一谣传中去；第五，人与人在工作中常有接触者，最可能牵涉到同一谣传中去。

一般来说，在一个企业里小道消息盛行是不正常的，会破坏企业的凝聚力，不利于企业的管理。研究表明，小道消息盛行常常是大道消息不畅的结果。因此，完善和疏通正式沟通渠道是防止小道消息传播的有效措施。另外，由于小道消息常常是组织成员忧虑心理和抵触情绪的反映，所以管理者应该通过谣传间接地了解员工的心理状态，研究造成这种状态的原因并采取措施予以解决。

三、团体沟通有效性及障碍

(一)团体沟通有效性

团体的有效沟通须具备两个必要条件：首先，信息发送者清晰地表达信息的内涵，以便信息接收者能确切理解。其次，信息发送者重视信息接收者的反应并根据其反应及时修正信息的传递，免除不必要的误解。两者缺一不可。有效沟通能否成立关键在于信息的有效性，信息的有效程度决定了沟通的有效程度，信息的有效程度又主要取决于信息的透明程度和信息的反馈程度。

此外，合理的信息应与团体目标相互一致。或者说，与团体目标冲突的信息会令团体内个体左右为难。同时，在冲突目标下的个体的不同行为会发生矛盾，甚至可能相互破坏。

(二)团体沟通障碍

阻碍团体沟通的因素是十分复杂的，可大致归纳为以下 4 个方面：物理方面的沟通障碍、管理方面的沟通障碍、心理方面的沟通障碍和语言方面的沟通障碍。

其中，物理沟通障碍是指在人们沟通的环境中存在的障碍。一个典型的物理沟通障碍是突然出现的干扰噪音盖过了说话的声音。当物理干扰出现时，人们通常会意识到，并会采取措施予以补偿。物理沟通障碍要转换为积极的因素，可以通过生态控制，发送者使环境发生改变从而影响接收者的感受和行为。比如说，整洁的环境、开放式的办公环境等都会影响来访者的知觉。典型的物理沟通障碍包括沟通渠道障碍和距离障碍。其他的障碍很好理解，就不详细叙述了。

(三)团体沟通障碍的消除

在团体里，要消除团体沟通的障碍必须坚持以下原则。

(1) 明确沟通的目标：沟通，作为一种有意识的自觉行为，必须在沟通之前，规定明确的目标。

(2) 具备科学的思维：思维是沟通的基础。只有正确的思维，才会产生有效的沟通，否则就不可能有成功的沟通。

(3) 管制信息流：要对所沟通的信息进行科学处理，提高信息的质量。同时要对信息进行必要的过滤，去掉无关紧要的信息。

(4) 选择恰当的沟通渠道与方式方法：要根据沟通目标、沟通内容和沟通对象等方面的需要，正确地选择沟通渠道、媒介及相应的沟通方式与方法，从而保证在传递过程中提高沟通效率和质量。

(5) 讲究语言艺术：讲究语言艺术，提高沟通语言的简练性、准确性、针对性和趣味性，以提高沟通的有效性。

(6) 了解沟通对象，增强沟通针对性。沟通对象的需要、心理、知识、个性等因素对沟通效果影响也是很大的。

(7) 及时地运用反馈：反馈可以排除噪声和信息失真，增强沟通的有效性。

复习思考题

一、问答题

(1) 简述团体的含义、特征。

(2) 简述非正式团体的重要性。

(3) 简述团体凝聚力的测量。

(4) 简述团体中的冲突问题的解决。

(5) 简述团体决策的优势和劣势。

(6) 简述团体中的人际关系处理。

(7) 简述团体沟通中的障碍及消除。

二、分析题

红旗轻工设计院二室主任任命的风波

红旗轻工设计院是我国一所历史较长的大型设计单位，拥有 800 多名工程技术人员。该院二室共有 15 位成员，室主任张池是位经验丰富的高级工程师，他手下还有 3 名高工和 11 名较年轻的工程师与助理工程师。张池知识渊博，为人正派，深受室内同事的爱戴，在室里享有极高的威信。在他的带领下，室里同事团结协作，各方面的工作一直都较好，多次受到院部的表扬和嘉奖。

不久前，老张被市里调到开发区一家正在建设中的大型企业，负责引进技术和设备。至此，二室主任一职暂告空缺，亟待填补。室内的同事们都纷纷猜测，相信新任室主任准从室内选拔。有的人提出，是否可以在室内公开选聘？多数人认为，室内有这样的人选，大家都相互了解，是否可以通过选举产生？究竟哪一个人担任此职呢？当然是三位资深的高工之一了。

室内舆论普遍认为高工王题的希望最大。王工 45 岁，是三人中最年轻的，符合"年轻化"的要求，他是美国麻省理工学院的博士毕业生，业务能力很强，而且很富有创新精神，回国 5 年多来，设计工作一直很出色，以他为首所搞的设计项目中有三项已获得部里颁发的优秀奖，有一项已获得市里的特等奖。他尊重室里的同事，并能主动与大家协作，成功地组织过多个公关项目，室里同志认为他是最理想的人选。但个别同志也担心，他直言不讳，对院里领导的一些作风提过不少意见，可能"得罪"过院里的某些领导。

室里的另一位高工李祖德的竞争力也不容忽视。李工今年 49 岁，虽业务平平，但和院长私交颇深，他们是同乡，同时调来本院，平时交往密切，这一优势是王工无可比拟的。室里同志认为第三位高工刘仰机会最小。他已 54 岁了，来院工作已近 30 年，业务能力尚可，但没有什么创造性。此人四平八稳，从不与人争吵，是位有名的"老好人"。不过，他对各级领导都恭顺谦卑，只要领导叫他干的，他总是一声不响去干，因此，他与院里领导

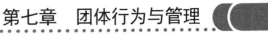

的关系都较好，在领导的眼里，他是"听话"的人。

好几天不见院里有什么动静。在这期间，李工和刘工表现得特别卖劲，对室里的人也特别和气，并经常设法打听别人对室主任人选的猜测和议论。而王工则无任何异常表现，他一如既往地工作着。有人跟王工开玩笑说："老王，您升官后一定要请大家吃一顿啊！"王工谦逊地说："工作是大家干的，我有何德何能配当室主任？当然，如果大家和领导要我干，我也会尽力的。"

一周后，院里下达了正式的任命，任命刘工为二室的主任。这实在大出室里同志们的意料，在室内引起了很大的震动。刘工当然喜形于色。他认为这不仅是自己运气好，而且是他一贯"听话""敬上"的努力所致。王、李两位虽也面露微笑，但总觉得不太自然，而其余的人则多表示："不可理解，不可思议！"

过了没几天，院长把刘工召去，布置给二室一项为内地某省设计一家中型造纸厂的任务。这厂地处穷乡僻壤，设备又全是国产的，显然属于一项没"油水"的苦差。老刘思索良久，才去找老李，说："老李，院里下达这个任务很重要，我看你就接了吧，反正你手头的任务马上就完了。"老李说："对不起，这活我可干不了。我手头的这个项目虽快结尾了，但还有不少问题，一时还难以解决，你还是让老王去干吧。"

于是，老刘又硬着头皮去找王工："老王，院里下达了一项支援内地建中型造纸厂的任务，这任务紧迫，独立性又强，我看只有你才能担任此任了！"老王不假思索地说："刘主任，您知道，我手头的一项任务也是十分紧迫的，而且只干到一半啊，我怎么能离开呢？您叫老李去吧。"老刘面有难色地说："老李说他尚有许多扫尾的工作要解决。"王工也不客气地说："那么，老刘，那就只好劳您老兄自己了，您身为室主任，理当身为表率，您目前手头又没有任务，只有您自己去担此重任了。"老刘语塞，不声不响地走了。几天后，老刘召开室里全体同志会议，宣布院长的一项新指示："我从院长那里知道，给我室一个新的项目，设备要从美国引进，项目开始和进行过程都要到美国去，院长和我商量，决定由李工担任，并给李工专门配备一位外语学院毕业的英文翻译。"这时室内不禁一片哗然，几个青年业务尖子按捺不住了，纷纷质问："你们为什么不让王工去？王工业务能力最强，英语没说的，他对美国又熟悉，如让他担此任务，出国不用翻译，又节省了国家外汇……"老王本人也感到不可理解，转身拂袖而去，把门"砰"一声带上。接连三天，王工和几位较年轻的业务尖子均告病未来上班。

待到王工和几个年轻的业务尖子来上班时，刘主任搬来了院长，院长对他们不但不问生病后身体情况，劈头就大声批评："你们也真不像话，都一起生病了，是真生病还是假生病，都一律扣一个月的奖金。"不等院长说完，王工第一个站起来说："院长，不用扣奖金，工资我都不要了，此处不留人，自有留人处。这是我的辞职报告。"紧接着，几个业务尖子也一起纷纷递交了辞职报告。随后他们便离开，到了一家乡镇企业。他们在那里均得到了重用，心情非常愉快，一个月的收入比原来高出三倍多，搞出的几项设计连红旗轻工设计院都望尘莫及！

(资料来源：窦胜功，张兰霞，卢纪华. 组织行为学[M]. 北京：清华大学出版社，2009)

(1) 试用本章所学知识分析红旗轻工设计院二室主任任命的风波，如果你是二室的设计人员，你希望谁担任主任工作？

(2) 结合本案例谈谈如何处理团体中的人际关系。

(3) 谈谈团体行为的重要性。

第八章　领导行为与管理

【学习目标】

了解领导的含义和构成要素，以及领导的功能；理解并掌握领导影响力的构成和提升领导影响力的途径；了解领导的经典理论和新的发展前沿。

【关键概念】

领导(leadership)　领导者(leader)　领导功能(leading function)　领导影响力(influence of leadership)　领导理论(leadership theory)

一个组织的成功与失败会受到许多因素的影响，其中领导者与领导行为起着决定性的作用。领导在一个组织运行系统中处于中枢与核心的地位，领导行为是否科学、有效，直接影响着组织系统的运行和目标的实现。

第一节　领　导　概　述

一、领导的含义

领导的产生同人类社会的发展存在着紧密联系，当人类结为群体改造世界的时候，便有了领导的身影。在现代社会中，大到国家、政府，小到企业、学校，凡是由两人以上组成的群体要开展有目的的活动，都离不开领导。对于一个组织来讲，领导对群体的稳定和绩效的提高起着重要作用。可以讲，领导者的领导能力与水平对组织的兴衰成败至关重要。

(一)领导的定义

在汉语的语义中，领导通常有两种含义：一是指在组织中处于主导和领袖地位的个人或群体，即领导者，其行为对组织产生着重要的影响。二是指一种管理行为或管理过程的一个功能，其中涉及领导者、被领导者和组织环境三者之间的互动关系。管理心理学中领导含义指的是第二层含义。

什么是领导呢？德国社会学家马克斯·韦伯(Max Weber)认为，有效的领导有一种能力，其具有的某种精神力量和个人特征，能够对许多人施加个人影响。美国管理学家肯尼思·布兰查德(Blanchard)则认为，领导是一项程序，使人在选择目标及达成目标上接受他的指挥、引导和影响。美国耶鲁大学教授哈罗德·孔茨(Harold Koontz)把领导定义为影响力，认为领导的本质就是影响追随者，使之心甘情愿、满怀热情地为实现群体目标而努力的艺术和过程。美国管理学教授斯蒂芬·P.罗宾斯(Stephen P.Robbins)的领导概念是，领导是一种影响一个群体实现目标的能力。尽管这么多的领导定义看上去令人眼花缭乱，但在本质上我们认为，领导这一社会现象通常包括以下几点不争的事实。

第一，领导的产生必须有领导者、被领导者及领导行为三者合一的特定环境，三者缺一不可，领导的过程也就是领导者、被领导者(追随者)及特定环境相互作用的动态过程。

第二，领导是影响力行使的过程。在领导的过程中，领导者通过影响力的行使，影响和改变了其他群体成员的心理活动和行为方向。

第三，领导的目的是实现组织目标。这种目标是根据组织使命和其所处的内外环境确定的，是领导者和被领导者合作共事的基础。衡量领导行为成功与否的标准也是通过目标实现的程度来体现的。

因此，我们将领导定义为：领导是领导者或领导群体在特定情境下，通过影响力的运用，使被领导的个人或群体去努力实现群体或组织目标的过程。

(二)领导与管理

人们倾向于将管理与领导以及管理者与领导者这两对术语交互使用。而实际上，管理含义的外延要比领导大。管理通常有计划、组织领导、控制等职能，领导仅是众多管理职能之一。管理是有效利用组织资源实现组织目标的活动过程和能力，领导是影响一群人去积极主动地完成愿景和目标的活动和能力。管理者也不同于领导者，管理者的影响力和权威往往来自组织中，正式的管理职位和正式的组织授权。而领导者的影响力和权威既可能来自正式的组织授权和管理职位，更多的是非正式的来源，如个人的专长、知识、技能、人格魅力等。并非所有的管理者都是领导者，而领导者也未必都是管理者。

> **【案例8-1】 管理者正确地做事，领导者做正确的事情**
>
> 管理者关心正确地做事情，通过处理日常事务，维持控制以最有效率的方式实现既定目标。但不幸的是，有时管理者虽然有效率地处理事情，但由于环境已经发生改变，这些事情不再是正确的。另外，领导者更关心如何有效处理问题：做正确的事情以完成管理组织交给的使命，这意味着有必要做出调整以适应环境的发展。
>
> 通用电气公司前CEO杰克·韦尔奇(Jack Welch)就是这样的一个典型，即在高效的管理组织犯错时，领导者是如何推动组织进行变革的。1981年，当韦尔奇出任CEO时，通用电气年收益272亿美元的一半来源于已经僵化且发展缓慢的业务。韦尔奇认为继续发展那些不可能成为行业领先者的业务是对公司资本的浪费，所以他剥离出162亿美元的边缘业务，并且将530亿美元用于兼并发展公司。韦尔奇提出来的简化口号是公司必须成为"公司所处的每一行业的第一或者第二，否则，将进行调整、关闭或者出售"。
>
> (资料来源: [美]理查德·哈格斯. 领导学——在经验中提升领导力[M]. 北京: 清华大学出版社, 2004)

二、领导的要素

(一)领导者

领导者是在组织中处于主导和领袖地位的个人或群体，是领导活动的主体。领导者可以通过组织授予的正式职位权力或者依靠基于自身的技能、人格魅力等形成的非正式影响力来影响他人的心理和行为。领导者在激励组织成员、鼓舞组织士气、实现组织目标等方面起着决定性作用。

(二)被领导者

有领导者必然要有被领导者,即与之相对应的追随者。领导者与被领导者之间实质上是一种相互依存、相互影响、相互支持、相互制约的关系。真正决定一个组织命运的力量来源于占大多数的被领导者。因此,领导行为的有效性依赖于领导者本身的能力与水平,更依靠被领导者的广泛支持与自身素质。罗宾斯认为作为追随者必须具备一定的素质才能成为一个合格的追随者。这些素质主要包括:①能够管理好自己,能够自我思考和独立工作。②能够对组织目标做出承诺。③能够掌握对组织有价值的技能并为达到最佳效果而付出努力。④具有诚实、敢于承担责任的勇气,值得信赖的道德标准和良好品质。

> **【案例8-2】 追随者(被领导者)的类型**
>
> 罗伯特·凯利(Robert Kelly,1992)认为,与其把追随者看成领导者的对立面,不如把他们视为领导者在组织工作中的合作者。凯利用两个维度来描述不同类型的追随者。在其中一个维度中,一端是独立、批判性思维,另一端是依赖、非批判性思维。根据凯利的说法,最优秀的追随者善于独立思考,提出创造性建议甚至创造性的解决方案。在凯利提出的另一个维度中,根据人们在工作中的参与程度划分,一端是积极的追随者,另一端是消极的追随者。凯利认为,最优秀的追随者是那些主动做事的人,他们自觉自发地工作,而最差劲的追随者是消极的,甚至可能逃避责任,因而需要持续不断的监督。
>
> 凯利根据这两个维度将追随者划分为5种基本类型。
>
> (1) 疏离型追随者。这种人习惯于向他人指出组织中的所有消极方面。尽管疏离的追随者认为自己仅仅是不随大流,对组织所持的态度也属正常,但领导者往往认为这些人愤世嫉俗、消极、敌对。
>
> (2) 顺从型追随者。这种人在组织中总在说"是的"。他们在工作中总是表现得很积极,如果他们所接受的指令与社会行为标准、组织政策相违背,这种人也可能给组织带来危险。这种类型的追随者多半是因苛求、独裁的领导者,或者过于僵化的组织结构而造成的。
>
> (3) 实用型追随者。这种人很少对自己所属群体的目标有高度的认同感,但不去捣乱。因为他们不愿意引人注目,往往在组织中表现平平,阻塞了组织大动脉的顺畅。由于很难洞悉他们对问题的态度和意见,他们给人的印象总是相当模糊,既有积极的一面,也有消极的一面。
>
> (4) 消极型追随者。这种人不具备楷模型追随者表现出的任何一种特质。他们依赖领导者为自己设计好的一切。此外,他们对工作缺乏热情。消极的追随者缺乏对工作的积极主动性和责任感,因而需要对他们进行不断的指导。领导者可能把他们看成偷懒的、无能的甚至是愚笨的人。然而,有时人们成为消极的追随者,仅仅是因为领导者预期他的下属会以这种方式行事。
>
> (5) 楷模型追随者。领导者和同事对楷模型追随者的一贯印象是独立、积极主动并愿意向领导提出异议。即便是在面对官僚制度的绊脚石,或者持消极的、实用态度的同事时,他们仍将自己的才华用于对组织有益的事情上。楷模型追随者在追随者的两个评定维度上得分都很高,对于组织的成功很关键。因此,领导者应该挑选具有这类特质的人作为下属,

并且，可能更重要的是，创造条件来鼓励下属的这类行为表现。

(资料来源：[美]理查德·哈格斯. 领导学——在经验中提升领导力[M]. 北京：清华大学出版社，2004)

(三)环境

在现代社会，任何一个组织都是一个开放的技术系统，都处在特定的环境之中，而环境的变化常常对人们的行为产生很大的影响。领导行为发生的环境是一个受时间、空间限制而又具有成就导向的复杂的组织环境。领导者的领导行为在于适应外部环境的要求，并尽可能地改变组织内部的环境。实际上来讲，领导作为一种动态过程，是领导者、被领导者以及他们所处的环境三个因素所决定的复合函数。这三个因素存在着内在联系，共同地影响和制约着领导功能的有效发挥。领导的有效性既取决于领导者的人格素质、领导艺术，还取决于被领导者的素质与接受领导的程度，同时还取决于领导与环境条件相互制约、相互适应的状况。因此，有效的领导行为必须要处理好这三个要素之间的有机关系。

三、领导的功能

领导行为的影响和作用表现为领导的功能。领导主要包括 4 个方面的基本功能。

(一)导向功能

领导的导向功能就是由领导者通过施加影响力，引导组织下属努力工作以实现组织的目标。导向功能是通过一些具体的行为措施来实现的。其中包括制定组织的发展战略，决定组织的发展目标，建立和执行组织规范，选择行动方案，对下属进行考评与奖惩等。

(二)组织功能

领导的组织功能就是建立组织管理机构，科学地组织作业活动，达成组织目标。领导的组织功能的有效发挥和实现依赖于合理的组织机构配置，对组织机构的要求是：清晰的职位层次，流畅的信息沟通，有效的合作系统，强有力的指挥中心，合理的授权，高效的执行机构等。

(三)激励功能

对组织成员进行有效激励是领导的主要功能，通过运用各种手段，最大限度地调动组织成员的积极性，以保证组织目标的顺利实现。领导的激励功能主要体现在两个方面：一是提高被领导者执行目标的自觉性。领导者要善于将组织目标和成员个人需要结合起来，进而提高组织成员接受和执行组织目标的自觉程度。二是激发被领导者实现组织目标的热情。领导者必须要真正理解、帮助以及最大限度地满足组织成员在物质和精神方面的合理需要，只有这样，员工才能迸发出极大的热情，追随领导者实现组织目标。

(四)凝聚功能

领导者是组织的核心和灵魂，领导的主要功能之一就是凝聚人心。领导者的知识经验、领导能力、人格魅力、领导方式等都是领导者凝聚功能发挥的重要因素。有效发挥领导的凝聚功能，就要求领导者在制定组织目标和任务时，必须考虑下属的切身利益和实际需求，发扬民主，鼓励下属参与。正确处理好组织的人际关系，化解人际矛盾和冲突，倡导组织协作，努力形成合力。

第二节　领导的影响力

一、领导影响力的含义

所谓领导影响力，就是指领导者在领导活动过程中，有效影响和改变被领导者心理与行为的能力，即领导者的意愿与行为在被领导者身上产生的心理效应。

任何领导活动，都是在领导者与被领导者的相互作用中进行的。在领导者与被领导者的关系中，领导者起着主导作用。如果领导者不能有效影响和改变被领导者的心理和行为，就很难实现领导效能，组织目标也难以达到。所以，领导的影响力是领导者实现领导功能的基础，是直接决定领导效率和效能的核心因素。如果一个组织中的领导者对下属员工没有影响能力的话，就很难去动员、说服以及激励员工完成组织任务，进而实现组织目标，领导的功能也就无法实现。因此，西方学者认为，领导的实质是一种影响力。

二、领导影响力的构成

国内学者根据影响力产生的基础、性质以及发挥作用的方式将领导影响力分为权力性影响力和非权力性影响力。

(一)权力性影响力

权力性影响力是由于某人在组织中处于特定地位、担任特定职务、具有特定职权而产生的影响力。

1．权力性影响力的特点

(1) 法定性。权力性影响力是由国家的法律或者组织的制度明确赋予某人的影响力。

(2) 强制性。权力性影响力是以外推力的形式发生作用，对他人的影响带有明显的强迫性和不可抗拒性，否则就要受到惩罚。

(3) 时限性。权力性影响力持续的时间与领导者居于领导职位时间相同。

(4) 特定性。权力性影响力与组织中某一特定领导职位有关，与领导者本人无关。

(5) 有限性。权力性影响力能够产生影响和改变他人心理和行为的程度是有一定限度的，被领导者的心理和行为更多表现为被动的服从。

2．权力性影响力的内容

(1) 法定性影响力。法定性影响力是指领导者具有指挥下属并使之服从的权力，员工有义务服从这种权力。法定性影响力取决于个人在组织中的职位，这种职位是组织正式或官方明确规定的权威地位。拥有法定性影响力的个人凭借与其职位相当的权威来施加影响，并且只有在其担任该职位时适当的职责范围内行使才拥有这样的权威。拥有法定性影响力并不意味着有效地领导，成功的领导者不能仅仅依靠法定性权力。

(2) 强制性影响力。强制性影响力是指通过负面处罚或剥夺积极事项来影响他人的能力。换句话说，这种影响力就是利用人们对惩罚或者失去他们所重视的事物的恐惧来控制他人。人们为了惧怕和避免惩罚而服从。强制性影响力虽然在很多时候因为威慑力而有效，但绝对不等于领导能力。美国前总统艾森豪威尔曾说过："你不能用击打他人脑袋的方式来领导，那是攻击，不是领导。"

(3) 奖赏性影响力。奖赏性影响力是指某人控制着对方所希望得到的资源而能够对其施加影响的能力。包括给予加薪、津贴的权力，晋升职务的权力，分配资源的权力，予以表扬的权力等。为了得到这些奖赏，人们遵从领导者的意愿。通过运用奖赏方式来获得影响他人的能力，是领导者、被领导者和情境三者共同作用的函数，领导者所给予奖赏的类型和频率要具体考虑到被领导者的需求以及不同的情境。

(二)非权力性影响力

非权力性影响力，也称自然性影响力，是与权力性影响力相对应的。

1. 非权力性影响力的特点

(1) 自然性。非权力性影响力既没有法律、制度的规定，也不是来自上下级的授予，而是由于领导者自身原因而成的。

(2) 基础广泛性。形成非权力性影响力的因素很多，如品质、才能、知识、作风、相貌、举止等都有可能成为一种影响力。

(3) 影响深刻性。非权力性影响力影响和改变的不仅是人的外在行为，更重要的是人的内在心理的改变，是发自内心对领导者的服从和追随，并且改变程度更深刻。

(4) 时间持久性。非权力性影响力所发挥的影响作用，不会因为领导者领导地位的变化而减弱，甚至在领导者离开了该组织依然会产生相当大的影响力。

(5) 服从主动性。非权力性影响力对被领导者的影响不带有任何强制性的色彩，被领导者产生服从的心理和行为都是主动的、自觉的、由衷的。

2. 非权力性影响力的内容

非权力性影响力的产生和作用是基于领导者自身的品质、知识、情感和现实行为等方面的因素，这种影响力可以分为专家性影响力和参照性影响力两类。

(1) 专家性影响力。专家性影响力是指领导者拥有某种专长或知识，人们因为信任、能够学习或能够从这种专长中获得收益而遵从的影响能力。有些人在组织中没有很高的正式职权，但是其他成员要依赖于他的知识、技能、经验和判断力，从而就能够影响他人。因此，作为领导者必须增长知识、提高技能、积累经验、增强判断力，努力使自身的专家性权力大于其他成员，才能更加有效地影响和改变他人的心理与行为。苏格拉底曾指出："无论在什么情况下，人们总是最愿意服从那些他们认为是最棒的人。"

(2) 参照性影响力。参照性影响力是指由于领导者与被领导者之间的关系强度而产生的潜在影响能力。甚至有人认为组织中的权力就是由关系产生出来的能力。具有参照性影响力的领导者拥有吸引别人的个性特点，人们因为喜欢、尊重、赞同以及期望像领导者一样的愿望而服从。当组织的领导者受到组织成员广泛欢迎和尊重，他就拥有很强的参照性权力，他的建议和要求会得到组织成员的正面回应和广泛支持。很多人在接受领导和指挥时不是因为对工作和任务的熟悉和喜欢，而是因为对领导者的信任和了解。具有诚实、正直、自信、自律、坚毅、刚强、宽容、专注等优秀品质的领导者的参照性权力无疑会很大。

(三)权力性影响力与非权力性影响力在领导过程中的地位与作用

通过上面的分析可以看到，权力性影响力与非权力性影响力之间在本质上有着根本的区别，因而决定了它们在实现领导功能的过程中所处的地位和所发挥的作用也是不同的。

权力性影响力是领导者在组织中开展领导活动，发挥领导功能的前提和基础。权力性影响力是领导者进行组织、协调、沟通、指挥活动，带领组织成员实现组织目标的重要基础。如果没有权力性影响力作为基础，那么就无法使组织成员统一目标，统一意志，统一行动，组织目标也就无法实现。

非权力性影响力直接关系到领导效能的高低。一般来说，领导者的权力性影响力是一个常数，影响力的大小和作用范围都是特定的。而非权力性影响力则是一个变量，高效领导者和低效领导者之间的差距也就在于非权力性影响力的强弱上面。并且非权力性影响力对于权力性影响力具有增强或减弱的作用。如果一个领导者的非权力性影响力很强，那么他的权力性影响力也会有所提升；如果他的非权力性影响力很弱，那么他的权力性影响力也会降低。因此，一个成功的领导者更重视非权力性影响力的提升和运用。

三、提升领导影响力的途径

(一)正确使用权力性影响力

权力性影响力是领导者在组织中开展领导活动，发挥领导功能的前提和基础。领导者主要在下面三点把握好，才能正确行使权力性影响力。

(1) 领导者要谨慎地运用权力性影响力。权力性影响力多数是以指示、命令、强制、威胁、惩罚等消极方式出现，要求领导者一定要态度谨慎，按章行事。如果过分强调强制性、惩罚性的手段，只能使组织成员产生短期的、表象上的服从，不会收到良好的效果。

(2) 领导者要公正严明，以身作则。领导者在客观上拥有行使权力性影响力的合法地位，但不能炫耀权力、滥用权力，更不能以权谋私，做到公正严明，赏不避仇，罚不避亲。只有这样才能使权力性影响力发挥最好的作用，不会导致组织成员的抵制和反抗，不会降低领导者的威信。

(3) 领导者要善于合理授权。敢于授权并善于授权，既是一个领导者成熟的表现，又是他取得成就的基础和条件。领导者要将自己的法定权、强制权以及奖赏权合理地授予下属，不必事必躬亲，使自身拥有更多的时间和精力去发挥关键的领导功能。同时，也能够激发下属的积极性和工作热情。

(二)努力提升非权力性影响力

在领导的影响力中，非权力性影响力起着举足轻重的作用。因此，提升领导的非权力性影响力主要从这 4 个方面入手。

(1) 领导者要不断加强自身的品格修养。领导者的品格修养主要是指领导者的品行、人格和作风，体现在领导者的领导行为之中。具有高尚品格的领导者容易使组织成员产生敬佩感，从而产生巨大的号召力、说服力和动员力，进而促成组织目标的实现。正如孔子所言："其身正，不令而行；身不正，虽令不行。"

(2) 领导者要努力学习专业知识、管理知识和科学知识。领导者的专家性影响力的大小与其掌握的专业知识、科学知识、管理知识等成正比。具有精深的专业知识、丰富的管理知识以及渊博的科学知识的领导者会使组织成员产生高度的信赖感，并赋予领导者一种威信，进而自觉地服从和执行领导者的命令和指挥。"知识就是力量"也包含了这层含义。

(3) 领导者要持续增强自身的领导能力。领导者的能力强弱是其影响力产生变数的主要因素，包括技术能力、人际能力和概念能力。有能力的领导者会引导组织走向成功，能使组织成员产生敬佩感，进而形成"理智信从"，即基于充分的理由和证据，确信领导者有足够的能力，从而心甘情愿地服从领导者的心理倾向和行为导向。

(4) 领导者要真正关心下属，融洽相互关系。情感是人对客观事物好恶倾向的内心反映，领导者与下属建立起良好的情感关系，便能够使下属对领导者产生亲切感，容易形成认同并产生吸引力，领导者的影响力就会增强，组织成员就会愿意接受领导。孟子所言，"天时不如地利，地利不如人和"，正是情感因素所造就的和谐氛围对于领导活动重要作用的不二箴言。

> **【案例 8-3】 "请叫我元庆"**
>
> 1999—2000 年，杨元庆开始在联想集团公司实施亲情文化，以加强部门与公司员工之间的信任与沟通。当时电脑公司带"总"的级别有两百多人。杨元庆干脆让公司采用"无总"的称呼，"请叫我元庆"顿时成为他最著名的语录之一。
>
> (资料来源：陈国海. 组织行为学[M]. 北京：清华大学出版社，2018)

第三节　领导经典理论

通过长期的管理实践，人们开始重视领导理论的研究，但是对于领导理论的形成似乎没有一个普遍的共识。伯恩斯(J.M.Burns)说："领导是世界上观察得最多却理解得最少的现象之一。"20 世纪之前有关领导的著述大部分都是建立在观察、评论和道德说教基础上的。20 世纪初期，人们开始越来越多地使用科学的方法和技术来衡量人的行为，改变了人们审视领导问题的方式。从 20 世纪以来关于领导研究的成果来看，领导理论的变迁大致经过了领导特质理论、领导行为理论、领导权变理论等几个发展阶段。

一、领导特质理论

特质指的是个体在不同时间与不同情境中保持相对一致的行为方式的心理倾向，是人格构成的基本因素。领导特质理论着重研究领导的人格特质，以便发现、培养和使用合格的领导者。领导特质理论侧重于通过比较领导者与被领导者、高层领导者与基层领导者、成功领导者与失败领导者之间的人格特质差异，进而确定具有什么样特质的人适合做什么方面的领导者，在此基础上确定进行什么样的训练能够培养出胜任领导工作的人才。根据研究者对领导特质的来源所做的不同解释，特质理论可以区分为传统特质理论和现代特质理论。

(一)传统特质理论

传统特质理论认为，领导才能是天生的，领导者的素质是与生俱来的。20 世纪初期有很多领导理论研究者坚持认为，领导者和追随者在人格特征上是有差异的。他们试图探究人的人格、智力、能力甚至身高、相貌是否会帮助一位领导者影响一个群体，他们在研究和回答这些问题过程中形成了最早的领导特质理论——伟人论。

早期研究领导理论的代表人物吉塞利(E.Ghisell)提出了有效领导者应具备 8 种个性品质：①语言才能；②首创精神；③督导能力；④较高的自我评价；⑤与员工关系密切；⑥决断能力；⑦兼备男性或女性的优势；⑧高度成熟等。美国心理学家吉普认为天才的领导者应具备以下 7 个条件：①善言；②外表英俊潇洒；③智力过人；④具有自信心；⑤心理健康；⑥有支配他人的欲望；⑦外向而敏感。斯托格蒂尔(R.Stogdill)认为，个人的先天特性、品质，对于区分领导者与非领导者、有效领导与无效领导具有一定意义。他进一步概括出一个领导者所拥有的一些特质。这一结论对其他领导理论具有一定的影响。

(二)现代特质理论

现代特质理论认为，领导是个动态过程，领导者的人格特征和品质是在实践中形成的，是可以通过训练和培养加以造就的。不同的社会文化条件下，不同的组织，对于一个合格领导者的个性特征要求也是不同的。美国普林斯顿大学教授鲍莫尔(William J.Baumol)认为一个企业家应具备 10 项条件：①合作精神；②决策才能；③组织能力；④精于授权；⑤善于应变；⑥勇于负责；⑦敢于求新；⑧敢担风险；⑨尊重他人；⑩品德高尚。

【案例8-4】 日本企业重整之神高家猛

在日本企业界被称为企业重整之神的高家猛，其经手的企业个个都能从困境中起死回生，人们对他的评价是：洞察力非常敏锐，对于人的喜怒哀乐都能有自己的深刻感受。专家指出：进入知识经济时代的企业领导者，最重要的就是感知力，也就是对人、对事物的关爱和信赖的能力。有人总结高家猛具有 4 个领导特质：①注重人性导向。他从不制造敌人，而且能使敌人转化为朋友。②建立强势人脉。③善于激励。④精于判断和利用数字。仅从字面上看，令人推崇的重整之神似乎也没有什么秘密武器。但是，要真正能做到这几点却很不容易。

(资料来源：陈国海. 组织行为学[M]. 北京：清华大学出版社，2018)

二、领导行为理论

领导行为理论认为，领导者不是天生造就的，而是经由后天培养的，可以通过一些精心设计的培训项目将有效的领导模式复制到他人身上。领导行为理论是继梅奥的人际关系学派之后发展起来的，侧重研究领导者在领导过程中所采取的行为方式，以及不同的行为方式对下属的影响，以便找到最佳领导方式的理论。最具有代表性的领导行为理论有 4 种。

(一)领导风格理论

行为理论认为，领导者最重要的方面不在于领导者的个人特质，而是在各种不同环境中做些什么，有效的领导者以他们特殊的风格区别于那些不成功的领导者。美国艾奥瓦(也称爱荷华)大学教授、心理学家科特·勒温(Kurt Lewin)与其同事合作实验对领导行为进行研究，并提出了领导风格理论。

勒温的研究以权力定位作为基本变量把领导者在领导过程中表现出的行为划分为三种极端的风格。第一种风格为专制式领导。权力定位于领导者个人，领导者趋向于集中权力，习惯于做出所有决策，认为权力来源于他们所处的职位。领导者只从工作和技术层面来考虑管理问题。他们认为人的本性天生懒惰、不可信赖，必须加以监督和控制方能提高工作效率。第二种风格为放任式领导。权力定位于成员个体，领导者只是充当着组织成员中消极一员，他们认为权力来源于被领导者的信赖。领导者仅仅从福利方面考虑管理问题，并没有进行大胆的管理。第三种风格为民主式领导。权力定位于群体，认为权力来源于他所领导的群体。领导者从人际关系方面考虑管理问题，追求的是基于群体讨论和决定的行动。被领导者受到激励后会自我领导，并富有创造力。勒温最后得出这样的结论：民主式领导风格的工作效率最高，不但能够完成工作任务，实现组织目标，而且群体关系融洽，工作积极主动。虽然这三种领导类型在理论上可以明确地界定，但该研究却无法判断哪一种类型的领导是最有效的，或在什么环境下应该采取哪种领导方式。实际上，在现实工作中三种极端的领导风格并不常见，大多数领导者的领导风格往往是介于某两种风格之间的混合体。

(二)领导行为的"四分图模式"

最初的领导行为研究很大程度上是美国俄亥俄州立大学和密歇根大学研究完成的。俄亥俄州立大学的多个研究集体开发出一系列问卷来分析工作环境下不同的领导行为。在分析来自上千名下属的问卷后，对所有不同题目回答的统计模式表明，可以用行为的两个独立维度来描述领导者，即关怀维度和结构维度。所谓关怀维度是指领导者对下属的友善、关心与支持程度。高关怀维度的领导者会采用多种不同行为来表现他的关心和支持。如尊重下属的想法和感情，倾听下属的意见和问题，代表下属利益讲话，关心下属的个人情况，对下属工作进行表扬等。所谓结构维度，是指领导者对达成工作目标和完成任务的强调程度。高结构维度的领导者会做出多种不同的与工作目标和任务相关的行为，如指明工作方向，要求下属服从，确定绩效标准，调整绩效水平以及指定完成任务的最终期限等。

俄亥俄州立大学的研究者们根据这两个维度将领导行为分为 4 种类型：①低结构—高关怀型；②低结构—低关怀型；③高结构—低关怀型；④高结构—高关怀型。大量研究表明，高结构—高关怀型的领导行为常常比其他三种类型领导行为更能使下属产生高绩效和高满意度，如图 8-1 所示。

在俄亥俄州立大学进行研究的同时，美国密歇根大学采用了不同的方法进行了类似的研究。但密歇根大学的研究者没有试图去描述领导者在工作环境下表现的多种行为，而是设法找出对有效的团队绩效有贡献的领导行为。他们直接将高效率和低效率领导行为进行比较，确定了两类领导行为与团队绩效密切相关：①以员工为中心的领导行为；②以工作为中心的领导行为。以员工为中心的领导者更为重视人际关系，总会考虑下属的需要，承认员工间的个体差异。以工作为中心的领导者更强调澄清工作角色，如何获取和分配资源，群体任务完成情况，将群体成员看作实现目标的工具和手段。

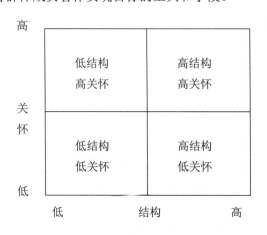

图 8-1　领导行为四分图

(资料来源：苏东水. 管理心理学[M]. 上海：复旦大学出版社，2014)

(三)管理方格理论

　　管理方格理论是研究企业领导方式及其有效性的理论，是美国得克萨斯大学的行为学家罗伯特·布莱克(Robert R.Blake)和简·穆顿(Janes.S.Mouton)在 1964 年出版的《管理方格》一书中提出的。他们继承并拓展了领导行为四分图理论，在"关心人"和"关心生产"两个维度上说明领导者的行为。管理方格图以九等分的横坐标表示领导者对生产或结果的关心程度，用纵坐标表示领导者对人员的关心程度，领导者在两个维度行为水平的交叉点，表现出领导者的领导行为类型。

　　布莱克和穆顿列举了 5 种典型的领导行为类型：①1.1 型：贫乏型领导。这是一种极端的领导类型，领导者对员工和生产几乎都不关心，放任自流，忽视组织目标、工作任务和员工的需求，只用最小的努力来完成工作。这种领导行为类型的绩效非常低。②9.1 型：任务型领导。这种领导者高度关心工作及其效率，注重目标、任务与方法，使人的因素影响降到最低程度。领导者并不关心员工的心理、情感和士气等心理需求，这种领导行为类型的领导绩效较低。③1.9 型：乡村俱乐部型领导。这种领导特别关心员工的感受和心理需求，乐于沟通交流，领导者与员工之间气氛友好、关系融洽，但往往忽视组织目标、工作效率以及任务完成情况，这种领导行为类型的领导绩效也很低。④9.9 型：团队型领导。这种领导者既高度关心员工的成长，又高度关心生产任务的完成。领导者致力于建立一个关系融洽、密切配合、士气高涨的工作团队。同时，对工作进行严密的计划、组织和实施，顺利达成组织目标。这种领导类型绩效通常是最高的。⑤5.5 型：中间型领导。这种类型的领导者在工作任务与员工关系之间保持适度的中间水平，领导对人的关心度与对生产的关心度能大致保持平衡，领导者只追求正常的工作效率和正常的员工士气。这种领导类型的绩效表现一般。

布莱克和穆顿根据自己的研究得出结论：团队型领导(9.9 型)是最有效的，在实际的管理情景中，也是最为理想化的模式。但是关于这一理论的实证依据不多。事实上，何种领导行为更为有效的问题还要取决于下属特征、任务特点和管理情景的要求，如图 8-2 所示。

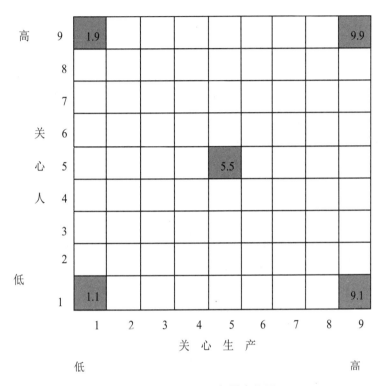

图 8-2　领导方格图

(资料来源：陈国权. 组织行为学[M]. 北京：清华大学出版社，2014)

(四)领导系统模式

美国密歇根大学社会研究中心的教授利克特(Rensis Likert)在 25 年里，通过一系列问卷调查，对不同的领导行为类型和管理类型进行了系统研究，提出了与俄亥俄州立大学理论类似的两个维度：生产导向和员工导向。生产导向的领导者关心的是目标、任务、工作、技术，把员工视为实现目标、完成任务的手段。员工导向的领导者关心的是领导与下属之间的关系、相互之间的信任程度以及员工发展等问题。利克特进一步研究结论是：提升群体的生产效率和员工满意度最为重要的是员工导向的领导行为；而生产导向的领导行为与低群体生产效率和低员工满意度相关。因此，利克特将员工导向的领导行为做进一步研究，并在 1961 年提出了领导系统模式理论，他将领导方式归结为 4 种系统模式，并对此做了全面的阐释。

1. 专权独裁式

领导者对下属缺乏信心和信任，上下级的沟通只是采取自上而下的方式。在进行决策和处理问题时很少会听取下属的意见和看法。领导者集中了几乎所有权力，所有决策都由领导者做出，并用命令和强制的方式让下属执行，激励主要采用惩罚的方法，上下级之间完全是一种命令与服从的关系。

2．温和独裁式

领导者对下属有一定的信任，上下级之间有一定的双向沟通，有时也会听取下属的意见和建议，同时也会赋予下属一定的决策权，但领导者掌握最终决策权。领导者仍然掌握着组织的绝大多数权力，但采取奖励和惩罚并用的激励方法，上下级之间很少有合作的团队精神。

3．协商式

领导者对下属有相当程度但不完全的信心和信任。上下级之间有了更多的双向沟通，在决策中下属能够更多地发表意见并被采纳。领导者掌握着重要问题的决策权，下属也能够在次要问题上拥有决策权。领导者主要采用奖赏的方式进行激励，有一定程度合作的团队精神。

4．民主参与式

领导者对下属在一切事务上都有着充分的信心和信任，上下级之间、同事之间有着广泛的沟通交流。领导者分权并鼓励下级参与管理，并在下属充分参与决策、广泛听取他们意见的前提下，由最高领导者做出最终决策。组织中充满着强烈的合作团队精神。

三、领导权变理论

领导作为一个行为过程，涉及领导者、被领导者和环境三者之间的相互作用。对于这三者中任何一个因素的忽视，都会对领导研究的真实性与准确性产生巨大的影响。领导理论从特质理论、行为理论到权变理论的演进，无疑反映出领导的成熟和科学的完善。

领导权变理论所关注的是领导者与被领导者的行为与环境的相互影响，特别是各种领导方式如何适应各种不同的环境条件。权变理论研究的重点是分离出影响领导有效性的情境因素。这方面影响较大的、具有代表性的研究有：菲德勒的领导权变模型、豪斯的路径—目标理论、弗鲁姆和耶顿的领导参与模型等。

(一)菲德勒的领导权变模型

领导权变理论研究中，影响最大的是由美国心理学家弗雷德·菲德勒(Fred E.Fiedler)提出的菲德勒权变领导模型。菲德勒认为，传统的领导行为理论只是对领导行为类型进行了研究，并力图确定某种适合一切情境下"最佳"的领导风格，这明显不符合领导工作实际。不同的情境变量会有着不同的领导风格需求，各种领导风格只有在与其相对应的情境下才最有效。菲德勒权变模型的基本前提是：领导效果是领导风格和领导情境配合作用的产物。如果领导风格与领导情境相容，那么领导就是有效的；如果领导风格不能满足情境的需要，那么领导将失去有效性。

菲德勒认为领导风格主要有两类：任务导向型和关系导向型。那么一个人属于哪种领导风格呢？经过研究，菲德勒开发出一个"最不愿与之共事者"(least preferred coworker，LPC)的问卷，用来评估和判断一个人的领导风格。所谓的 LPC 问卷，就是要求被测试者针对现在或曾经的同事利用 16 对极端相反、程度不一并带有分值的形容词去描述此人，然后将这 16 项分值相加，得出的总分，就是被测试者的 LPC 得分。LPC 总分高于 72 分，属于关系导向型领导风格；LPC 总分低于 64 分，属于任务导向型领导风格；介于 64～72 分之间的人的领导风格则难以确定，如图 8-3 所示。

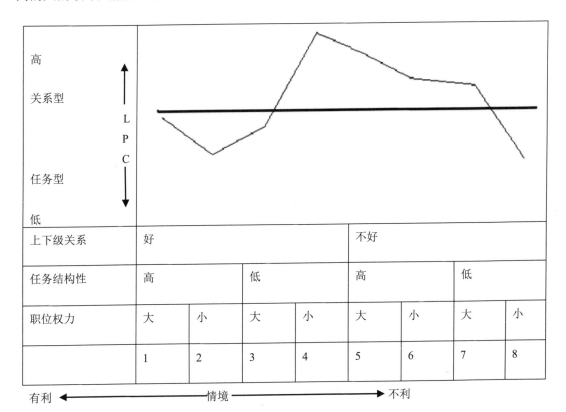

图 8-3　菲德勒的权变领导模型

用 LPC 问卷评估和判断个体的领导风格后，需要再对领导情境进行评估，只有领导风格与领导情境相容才会获得最佳的领导效果。菲德勒认为，领导的有效性与三个情境变量有关：①领导者与被领导者间的关系；②工作任务结构；③职位权力。

(1) 领导者与被领导者间的关系。这种关系主要包括：领导者对下属吸引力的大小，对下属信任和尊重程度；下属对领导者喜爱、信任、忠诚以及愿意追随的程度。凡是下属对领导者喜爱、信任、忠诚以及愿意追随的程度越高，领导者的权力和影响力就越大。

(2) 工作任务结构，就是指分配下属承担的工作的明确化和结构化程度。任务明确、程序化程度高，工作的质量就比较容易控制，每个组织成员的工作职责也容易描述清楚。

(3) 职位权力，是指领导者在组织中所处的职位所拥有的权力以及领导者能够从组织中获得支持的程度。一个具有明确且相当高职位权力的领导者更容易得到他人的追随。

菲德勒研究发现，三个情境因素对于领导者来讲重要性并不相同，上下级关系最重要，任务结构次之，职位权力相对来说并不十分重要。

通过 LPC 问卷确定了个体的领导风格，评估了领导情境之后，菲德勒指出，只有当二者相互匹配和相容才会达到最佳的领导效果。菲德勒研究了 1200 个工作群体，在 8 类情境下分别对比了关系导向型和任务导向型两种领导风格，得出的结论是：在情境非常有利(情境 1、2、3)或非常不利(情境 7、8)的情况下，任务导向型领导风格比关系型领导风格更加有效，而在中等情境(情境 4、5、6)下，关系导向型领导则更有效。

(资料来源：苏勇，何智美. 现代组织行为学. 北京：清华大学出版社，2007)

【案例8-5】 罗宾斯领导风格的改变

阿兰·罗宾斯故意把自己的工厂修建在俄亥俄州阿克伦市一个多沙的市郊。他认为自己是一个很开通的老板，总是愿意给人，甚至包括那些曾经犯过严重错误的人，以证明自己的机会。

罗宾斯刚开始经营这家公司的时候，他希望能同时当员工的老板和朋友。有时，他为轮班的每位员工提供冰镇啤酒，还给经济拮据的员工提供私人贷款。他强调团队合作，并花费大量的时间让员工在车间里交流思想。他反对对员工进行毒品检测，一方面因为他不想花这笔钱，另一方面担心员工认为他不信任他们。再说，他也不会相信，员工们会在明知要从事危险工作时却酗酒或者吸毒以后出现在工作场所。可惜他错了。在罗宾斯所处的环境中，人际关系导向型的领导风格不起作用。因为那些技能水平低的员工多数来自收入水平低且毒品泛滥的地区，他们还不习惯于罗宾斯给予他们的自由空间。他们经常不打招呼就旷工或者迟到，酗酒或者吸毒以后上班，甚至在车间里打架斗殴。当一位员工手里拿着铁管，在工厂里四处游荡、寻衅滋事时，罗宾斯认为转折点到了。现在，罗宾斯已经放弃了要与员工们交朋友的想法。"光是为了保证他们每天都来上班我就够忙活了。"他说。

罗宾斯在塑料加工公司的领导方式是不成功的，因为他在不利的环境中使用了以人际关系为导向的领导方法。因为生活环境原因，他所雇用的许多员工天生就是不能被充分信赖的，因而他们之间的上下级关系是恶化的。尽管罗宾斯具有较高的权威，但是很多员工的职业道德很差，也不懂得尊重权威。在这些员工们看来，罗宾斯因为没有制定规则、指南和准则而削弱了自己的权威。刚开始的时候，员工们甚至因为罗宾斯的随和而以为他们可以为所欲为。现在，罗宾斯已经开始采用更侧重任务导向型的领导方式，包括制定了一系列的规则和政策，对每个新员工进行毒品检测等。

(资料来源：[美]加里·尤克尔. 组织行为学[M]. 北京：中国人民大学出版社，2004.)

(二)豪斯的路径—目标理论

加拿大多伦多大学教授豪斯(Robert House)在弗鲁姆的期望理论和俄亥俄州立大学的领导行为四分图理论基础上，于 1971 年提出了路径—目标理论。该理论的核心观点是：领导者的作用就是通过选择适当的领导方式帮助和激励下属达成个体目标和组织目标，并在实现组织目标的过程中满足下属的需求和成长发展的机会。为此，领导者的工作任务是：①识别每位下属的个人目标；②建立合适的报酬体系，使个人目标的实现与工作绩效的提高联系在一起；③通过帮助、支持、指导以及奖励等方式排除下属通往高绩效道路中所遇到的各种困难和障碍，使之达到满意的绩效水平。领导者在这些方面发挥的作用越大，越能提高下属对目标价值的认识，越能激发下属的积极性。

根据特殊环境的客观需要，豪斯还提供了可供选择的 4 种领导方式。

(1) 指令型领导。这种领导方式下的领导者首要的是让下属明白领导期望他们做什么、如何去做、什么时候应当完成、他们的工作与他人所做的工作的关系。这一领导方式也会包括确定时间安排、建立规范，并提供下属将坚持的既定程序与规则。这种领导类型与俄亥俄州立大学研究的结构维度相近。

(2) 支持型领导。这种领导方式下的领导者对下属很友善，持开放、易于接近的态度以及平等对待下属；领导者会真正关心下属的现状、福利和需求。这种领导类型类似于俄亥俄州立大学研究的关怀维度。

(3) 参与型领导。这种领导方式下的领导者倾向于与下属共同解决工作问题，乐于与下属进行磋商，鼓励下属推荐问题解决方案，在决策前充分考虑下属的意见和建议。

(4) 成就导向型领导。这种领导方式下的领导者被视为既严格要求，又与下属建立支持性互动关系。领导者通常为下属设立具有挑战性的目标，不断寻求多种途径来提高各阶段的工作绩效；领导者会通过表现出持续不断的高度信心来支持下属，激励他们发挥最大限度的潜能，达到他们预期的目标和实现自己最佳的工作绩效水平，在未来工作中承担更大的责任。

豪斯认为，实际上不会有一个在任何情境下都能够激发下属的工作动机和满足感的领导方式。领导方式的选择还要根据特殊情境下权变因素的客观需要。豪斯认为关于情境主要有两个方面的权变因素。

(1) 下属的个性特点。当下属认为自己能力很强的情况下，他更喜欢接受参与型或成就导向型领导方式；否则，更倾向于接受指令型或者支持型领导方式。当下属属于内控型时，他会较喜欢参与型领导方式；否则会接受指令型领导方式。当下属自以为经验丰富时，他将谋求成就导向型或者参与型领导方式；否则，他会接受指令型或者支持型领导方式。

(2) 工作环境的特点。主要包括工作任务结构、正式的权威制度、主要工作群体成熟度。工作任务结构是指工作任务明确化、结构化程度。正式的权威制度是指组织内已经建立起来的控制体系。主要工作群体成熟度是指工作群体是否已经掌握了与大家在一起协同工作的技巧与能力。这些因素会影响或者缓和领导者行为对下属的态度、行为的影响效果。例如，工作任务结构化程度越高，越应采用支持型领导方式；反之，则应采用指令型领导方式。

(三)弗鲁姆和耶顿的领导参与模型

1973 年，美国管理学家维克多·弗鲁姆(Victor H.Vroom)和菲利普·耶顿(Phillip Yetton)在《领导与决策》一书中提出领导参与模型这一权变领导理论。该模型将领导行为与下属参与决策联系在一起，认为有效的领导者应根据不同的情况让下属不同程度地参与决策。领导方式主要取决于下属参与决策的程度。由于认识任务结构的要求随常规活动和非常规活动而变化，研究者认为领导者的行为必须加以调整，以适应这些任务结构。

弗鲁姆和耶顿的领导参与模型是规范化的，它提供了不同情境下应遵循的一系列原则，以确定参与决策的类型和程度。这一复杂的决策树模型包含了 5 种可供选择的领导风格和 7 项权变因素，这些权变因素可以通过"是"或"否"选项进行判定。他们提出了 7 个诊断性问题，以帮助确定在不同情境下应该如何有针对性地选择从参与到独裁专制的不同领导方式。这 7 个诊断性问题中有 3 个是决策质量原则(是否有更好的方案，是否已经掌握了充分的信息，是否有章可循)，另外 4 个是决策可接受性原则(是否需要下属接受，如果领导者独自决定下属是否能够接受，下属目标与组织目标是否一致，下属之间是否会有矛盾)。针对这些问题，领导者只要能够回答是或否，就可以确定其参与的恰当程度，从而能够迅速地选择下属可以接受的领导方式和方法。

总体上来讲，弗鲁姆和耶顿的领导参与模型可以帮助领导者诊断他们要解决的问题类型，还可以指导他们选择应当采用的下属参与的程度，而且经验研究也证明了这一模型的有效性。

第四节　领导理论的新发展

在经济、政治、技术等外部环境变化日趋频繁的今天，领导在应对环境变化和组织变革中的作用也愈加重要，需要对领导行为进行更加深入、更加全面的研究。从 20 世纪 70 年代起到现在，领导理论又发生了新的发展，出现了许多新型的领导理论。

一、魅力型领导理论

20 世纪 70 年代中期以来，领导研究中出现了一次重大改变，这就是魅力领导理论的建立和发展。魅力是一种领导者个人具备的带有鼓舞性的人际吸引力，包含个性、能力、经验和坎坷经历中形成的综合素质。

早在 20 世纪 20 年代末，德国社会学家马克斯·韦伯就提出了"魅力型领导"的概念。韦伯认为，社会中的权威可以分成三种类型：传统型权威、法定型权威和魅力型权威。韦伯认为魅力型权威获得是因为领导者具有超人的素质或者神授的权力，这将他们与普通的凡人区别开来，是其杰出素质的产物，而非来自长子继承权(传统型权威)或法律规定(法定型权威)。根据韦伯的观点，魅力型领导者往往出现在重大的社会危机时期，与传统型领导和法定型领导不同，魅力型领导的生命期很短，为使下属相信自己拥有超越常人的素质，领导者必须建立起成功的形象。任何失败都将使追随者质疑领导者拥有的超凡权力，进而侵蚀领导者的权威。马克斯·韦伯的思想在 20 世纪 40 年代末开始广泛传播于美国，并对领导理论研究产生深刻的影响，一些研究者试图探寻魅力型领导者的个性特点。

加拿大学者罗伯特·豪斯基于一系列的社会科学研究提出了自己的魅力型领导理论。豪斯认为魅力型的领导者具有三个方面的特点：①极高的自信；②极强的支配力；③对自己的信仰具有坚定的信念。这些领导者不仅经常对其追随者的工作提出期望，而且坚信他们能够成功地达到其期望。

美国学者沃伦·伯恩斯系统研究了 90 位美国最杰出和最成功的领导者，发现他们有 4 种共同的个性特点：①令人折服的远见和目标意识；②能够清晰地表述目标，使追随者明确理解；③对目标的追求表现出一致性和全身心的投入；④了解个人的实力并以此作为资本。

麦吉尔大学的康格尔和坎南格对魅力型领导进行了最全面的分析和研究，他们认为魅力型领导者具有以下特点：①他们有一个希望达到的目标；②为此目标能够全身心地投入；

③他们反对传统；④非常固执而自信；⑤他们都是作为激进变革的代言人出现，而不是维护传统和现状的卫道士。康格尔和坎南格在此基础上提出了产生魅力型领导行为的四阶段模型(图 8-4)。第一阶段，领导者不断地评价环境、适应性，形成理想的目标，建立愿景。第二阶段，领导者运用其修辞技能，采用合适的方法与下属沟通其观点，将理想的目标形成共同愿景。第三阶段，与下属构建信任关系，建立起对领导者和愿景实现可能性的信心。第四阶段，魅力型领导者努力成为下属的角色模范。

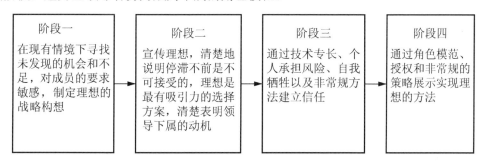

图 8-4　康格尔的四阶段魅力领导模型

(资料来源：彼得·诺思豪斯. 领导学：理论与实践[M]. 南京：江苏出版社，2012)

【案例 8-6】 张瑞敏的梦

　　海尔集团最初的技术是从德国利勃海尔引进的，后来人们问利勃海尔的老板，为什么中国海尔作为学生会后来居上呢？他非常简单地回答，因为中国海尔有个梦，而我们没有。梦就是梦想，就是远大的抱负。张瑞敏的这个梦就是敬业报国、振兴中华。有了这个理想，就有了远大的目标，就有了努力的激情，就有了不竭的动力，就有了顽强的意志。海尔的成功之处就在于张瑞敏能够给员工一个梦想。

(资料来源：陈国海. 组织行为学[M]. 北京：清华大学出版社，2018)

二、交易型领导与变革型领导理论

　　当组织改变了传统上的、只是被动地去应对巨大变革的挑战方式时，确认领导的魅力型特征就变得非常重要。当一个组织的领导者出现频繁更迭，其主要原因就是，他们在组织面对新的环境下不能实现领导所必需的成功变革。变革型领导理论将将成为 21 世纪的新兴组织发展和进步中重要的理论基础。

　　1978 年，政治社会学家詹姆斯·麦格雷戈·伯恩斯(James MacGregor Burns)出版了其经典著作《领导学》，在该书中，伯恩斯在对政治型领导人进行定性分类研究的基础上，提出领导过程应包含交易型和变革型两种领导行为，这一分类为领导理论的研究开辟了新思路。1985 年巴斯(Bass)正式提出了交易型领导行为理论和变革型领导行为理论。它比以往的理论采取更为实际的观点，并在实践中得到了广泛应用。

(一)交易型领导理论

　　交易型领导理论的基本假设是领导者与下属之间的关系是以一系列的交换和隐含的契

约为基础的。当下属完成特定任务后，便给予先前承诺的奖赏，整个过程就像领导者与下属之间进行的一项交易活动。20 世纪 80 年代以前创立的领导行为理论和权变理论都是以交易性质的领导行为为基础的。

概括地说，交易型领导的特征主要表现在三个方面：①交易型领导者通过明确角色和任务要求，指导和激励下属向着既定的目标活动。领导者向员工阐述绩效的标准，意味着领导者希望从员工那里得到什么，如满足了领导的要求，员工也将得到相应的回报。②交易型领导者依赖奖赏性、合法性及专家性的权力源。以组织管理的权威性和合法性为基础，完全依赖组织的奖惩来影响员工的绩效。③交易型领导强调工作标准、任务的分派以及任务导向目标，倾向于重视任务的完成和员工的遵从。

伯恩斯将交易型领导行为分为权变奖励领导行为和例外管理领导行为两种，并随着领导者活动水平以及员工与领导相互作用性质的不同而不同。所谓权变奖励领导行为是指领导和下属间的一种主动、积极的交换，领导认可员工完成了预期的任务，员工也得到了奖励。领导者把实现目标与获得报酬、澄清期望、交换承诺、提供资源、筹划相互满意的协议、进行资源谈判、能力上相互帮助以及为成功的绩效提供奖赏联系起来。例外管理领导行为则指领导借助于关注员工的失误、延期决策、差错发生前避免介入等，与下属进行交换，并按领导者介入时间的不同分为积极的和消极的两种类型。积极的例外管理领导者，一般在问题发生前，在员工开始工作时，就向员工说明具体的标准，并以此标准监督误差，持续监督员工的工作，以防止问题的发生。一旦发生问题，立即采取必要的纠正措施。同时也积极寻找有可能发生的问题或与预期目标偏离的问题。领导者监控追随者的绩效，如果有偏离原则的行为发生，则对其采取强制性措施，并强化规则以防止过失。消极的例外管理领导者，则往往在问题已经发生或没有达到规定的标准时，以批评和责备的方式介入。当问题变得严重的时候领导者进行干预，但等到失误引起了他的注意时才采取措施。一般情形下，领导者一直等到任务完成时才对问题进行确认，并以此提醒员工，也往往在错误发生后才说明自己的标准。

(二)变革型领导理论

变革型领导理论是西方研究的热点问题，近年来关于变革型领导理论的研究取得了较为丰富的研究成果。伯恩斯认为，变革型领导是领导与下属之间彼此互相提升成熟度和动机水平的过程。伯恩斯给变革型领导的定义为：通过让员工意识到所承担任务的重要意义，激发下属的高层次需要，建立互相信任的氛围，促使下属为了组织利益牺牲自己的利益，并达到超过原来期望的结果。

变革型领导理论是一种领导向员工灌输思想和道德价值观，并激励员工的过程。在这个过程中，领导除了引导下属完成各项工作外，常以领导者的个人魅力，通过对下属的激励、刺激下属的思想、对他们的关怀去变革员工的工作态度、信念和价值观，使他们为了组织的利益而超越自身利益，从而更加投入到工作中。变革型的领导方式可以使下属产生更大的归属感，满足下属高层次的需求，获得高的生产率和低的离职率。变革型领导理论探究的是领导者是如何影响下属与工作有关的——他们的自尊、价值、自信、对领导者的信任以及责任感所诱发的绩效动机等。这些理论从表达愿景和使命、创立与维护积极的下属与上级关系的角度重新审视领导者，描述了领导者是如何在顾及整个组织的目标的同时通过自己的行为增加对下属的指导来达到自己预定的目标的，主要说明引起下属改变其价值、目标、需要与志向等的领导者的行为，领导—下属关系影响着下属的绩效、满意度、动机等。

变革型领导理论的前提是领导者必须明确组织的发展前景和目标，下属必须接受领导的可信性。其主要特征为：①超越了交换的诱因，通过对员工的开发、智力激励，鼓励员工为群体的目标、任务以及发展前景超越自我的利益，实现预期的绩效目标。②集中关注较为长期的目标，强调以发展的眼光，鼓励员工发挥创新能力，并改变和调整整个组织系统，为实现预期目标创造良好的氛围。③引导员工不仅为了他人的发展，也为了自身的发展承担更多的责任。变革型领导行为拓宽了领导行为的研究范围。

【案例8-7】 变革型领导者的典范：纳尔逊·曼德拉

南非在过去的 200 年间由一个少数人群的白人政府统治。尽管黑人占全部人口的 75%，但白人拥有大部分财产，经营大多数企业，并且控制着几乎全国所有的资源。此外，黑人没有选举权，往往为很少的工资在可怕的条件下工作以谋生活。纳尔逊·曼德拉看到了人民的困苦，他花费了 50 年的时间致力于推翻白人少数派的统治。他在一开始组织了一个非暴力的组织——非洲国民议会，用停工、罢工和暴乱来抗议白人的统治。在早期的暴动中有几位白人被杀死，接下来在 1960 年，警察在沙佩维尔的行动中造成 250 余名黑人的死伤。因沙佩维尔事件带来的动荡局面，使 95% 的黑人劳动者罢工两周，整个国家宣布处于紧急状态。曼德拉接下来组织了劳动者怠工来进一步向南非政府施压，要求其改变。这一组织的目标在于政府和经济设施，并特别强调不要在投炸弹的运动中出现人员伤亡。1962 年，曼德拉被捕，其后的 27 年他一直被羁押在监狱中。在狱中，他继续大力促进民众对白人统治的不满情绪和多数人决定原则，他的事业最终得到了国际认同。1985 年他获得了以某种条件被释放的机会，但他拒绝了。在巨大的国际和国内压力下，南非总统 F.W.德·克拉克"批准"了非洲人国民大会(ANC)的存在，并无条件释放了曼德拉。但是，南非仍处于骚乱状态下，1992 年有 400 万名工人罢工，抗议白人的统治。由于这一压力的存在，曼德拉迫使德·克拉克签署了一份文件，列出了多党选举的要点。曼德拉赢得了 1994 年的全国大选，并成为该国首位真正意义上的民主选举的领导者。

（资料来源：http://www.google.co.in/profiles/chnttlp）

(三)基于价值观的领导理论

基于价值观的领导理论是由"目标—途径理论"的提出者罗伯特·豪斯在综合了 20 世纪 70 年代以后的领导理论后率先提出的，代表了新的领导理论进展。领导者唤起成员们共同的价值、理想、愿景或者信念，给予下属信心的行为是一个企业走向成功的不可缺少的要素。

罗伯特·豪斯将基于价值观的领导定义为：持有明确而崇高价值观的领导者向组织注入核心价值观，并以此作为种子因素孕育组织文化，在此文化中通过沟通信仰、传递愿望和从事所有组织实践，强化领导者提出的核心价值观，使下属认可并内化组织核心价值观，以形成持久工作的行为动机，激励下属做出岗位要求以外的努力。这种领导方式就是基于价值观的领导。

基于价值观的领导理论认为领导过程包含以下 4 个阶段。

1．领导者注入价值观

领导者的价值观是种子因素，组织变革的成功与否关键取决于领导者的价值观的优劣。如果领导者的价值观不具备某些优秀的品质，那么领导者根本不能发挥任何作用，相反会有成为旧组织文化俘虏的可能。

2．价值观共鸣激发下属的动机与情感

领导者价值观需要同下属的价值观存在一定的共性，否则就失去形成组织共同价值观和共同愿景的前提。

3．共同价值观的形成

组织共同价值观是领导者价值观的衍生因素。领导者价值灌输目的是在组织当中形成一套为所有人共同认可的行为模式和价值体系。在这个共同基础之上，产生能够让组织成员自愿接受并自觉奋斗的共同愿景。

4．对共同价值观的强化

对共同价值观强化的目的在于保持组织价值观的生命力，使它成为维护组织使命的一个重要组成部分，而不至于受到领导者变更的影响。

基于价值观的领导理论与以往的许多领导理论的很大不同之处还在于：它衡量激励效果的指标是以下属的归属感，他们眼中的高层管理者的有效性、工作积极性和满意程度为尺度的。以往的领导理论，在激励效果衡量方面要么是以任务或工作为导向的，要么是以员工的满意程度为导向的，而基于价值观的领导理论则更加综合。

(四)服务型领导理论

服务型领导理论是在实践中发展出来的一种领导理论和模式。服务型领导主张领导者通过提供服务而不是控制下属，帮助员工成长、发展，并为他人取得物质和精神上的成功提供机遇。为他人服务是服务型领导者的主要目的。

服务型领导完全颠覆了传统权力模式。要求领导者能够牺牲个人利益，"同意担当服务员的领导者愿意对大型组织的正常运转承担责任。对领导者负责的下属，领导者愿意接受作为一名服务者的职责。"

世界著名跨国企业壳牌石油公司就是按照服务型领导模式的基本概念进行领导行为改造的。壳牌石油公司鼓励组织内部推行服务型领导，并将服务型领导者定义为具有如下特征的人：①能够认识到个人不能回答所有的问题；②展示出谦虚和弱点；③促进个人以及他人和组织的改革；④具有构建组织和个人的能力。

服务型领导者除了要具有上述特征外，还要按照下述 4 种方式采取行动。

(1) 服务比个人利益更重要。服务型领导利用手中的权力和影响力帮助个人和组织成长，而不是谋求个人利益。他们认为，组织是为了给员工提供有意义的工作而存在，而员工的存在是为了组织而工作。服务型领导意味着做对别人有益的事情，尽管这不能给自己带来经济利益。

（2）在支持别人之前进行认真的倾听。服务型领导者应该清楚自己不能解决所有的问题，因此，他必须认真倾听他人的意见。通过认真的倾听，他们可以更好地认识其他人面对的问题，并能够采取符合他们需要的行动。

（3）通过值得信赖而提倡信任。服务型领导者通过履行诺言、对他人完全诚实、放弃控制以及关心他人利益来建立信任。他们分享所有的信息，不论是好是坏，并且为群体而不是个人利益做出决策。另外，相信他人所做出的决策也可以巩固信任。服务型领导者可以获得信任，因为他们放弃一切——权力、控制、奖励、信息和赞誉。信任促进了一切。

（4）培养他人并帮助他人成长。服务型领导者要帮助他人接受责任，并激发和达成自我实现的需求，即帮助他人成为有能力的人。这就需要服务型领导愿意并乐于分享他人的痛苦和难题。

复习思考题

一、问答题

（1）简述领导的含义及领导活动要素。
（2）简述领导的基本功能。
（3）简述领导影响力。
（4）简述提升领导影响力的途径。
（5）论述基于价值观的领导理论。

二、分析题

盖瑞的领导管理理念

1997 年盖瑞担任 WD-40 公司的首席执行官，那时，WD-40 公司并未陷于困境，而是连续 40 年有着稳定利润的行业巨头。WD-40 公司的经营理念和企业文化非常保守，预警机制运作良好。然而盖瑞认为，这并不完美。因为盖瑞明白，WD-40 公司尚未到达顶峰。

盖瑞打破常规，推陈出新，并大获成功。他们所做的变革之一是：建立绩效评估系统，将合作绩效提升至新的层次，而绩效是《更高层面的领导》一书涉及的重要方面。这使得 WD-40 公司一举成为华尔街的宠儿。

盖瑞担任首席执行官之后，建立了"与其挑剔我，不如帮我得 A"的绩效评估系统。此后盖瑞亲眼见证了公司的年销售额比往年增长了 3 倍多——从 1 亿美元涨至 2008 年的 3 亿美元。此前国内销售额仅占销售总额的 30%，而 2008 年国外销售额占销售总额的 47%，销售比例更加均衡。在这期间，公司总价值增加了将近一倍，从 3 亿美元上升至 6 亿美元。在 WD-40 公司，每位雇员所创造的销售额高达 110 万美元，效率极高。

值得一提的是，盖瑞及其同事不仅在财务上创造了奇迹，而且还为 WD-40 公司创造了良好的工作环境。2008 年 WD-40 公司雇员民意调查显示，94%的员工认为自己完全地投入到工作中，这一比率高得超乎想象。

盖瑞·瑞基在认识到"与其挑剔我，不如帮我得 A"这一经营理念之后，便将其作为 WD-40 公司的座右铭。为什么？原因在于，这一理念非常符合盖瑞·瑞基的领导理念，即他对领导与激发下属的认识。盖瑞非常重视这一理念,如果他发现某个经理没有能力帮助下属获得 A 时,他会解雇这个效率低下的经理,而不是效率低下的员工。

并非每个领导者都像盖瑞·瑞基这样。盖瑞是现实中"卓越的领导"在绩效合作领域的最佳典范。

(资料来源:刘建军. 领导学原理:科学与技术[M]. 上海:复旦大学出版社,2013)

(1) 盖瑞的领导管理理念核心是什么?

(2) 如果你是领导,你将如何对待下属?

第九章　组织行为与管理

【学习目标】

了解组织的含义、构成要素、类型以及组织理论的各种流派，掌握组织结构和组织设计的一些基本内容，理解组织变革与组织发展的阶段与措施。

【关键概念】

组织(organization)　组织理论(organization theory)　组织结构(organization structure)　组织设计(organization design)　组织变革(organizational change)　组织发展(organization development)

第一节　组织概述

组织是人类活动协调与合作的形式，目的在于克服人类个体体能和智能的限制，达到群体的共同目标。它深刻地体现了人类的社会属性。由于人们在组织中展现出不同的行为表现，所以针对组织中的人开展其行为及其背后的行为规律的研究，无论对于作为个体的人本身及对自己有更为全面深刻的认识，还是对组织正常有效地开展管理活动而言，都具有十分重要的意义和价值。

一、组织的含义

关于组织的概念可谓林林总总，莫衷一是。国外学者从不同的学科视角、文化背景给出了很多相近或相异的组织定义。在众多的组织定义中，我们更倾向于美国管理大师切斯特·巴纳德(Chester I.Barnard)所提出的组织概念：所谓组织就是指由为了实现某个目标而展开合作活动的，两个或更多的人员所构成的系统。从这个基本概念出发，我们可以概括出组织所包含的四层含义：①组织是由两人或两人以上的个体或群体集合而成；②组织是为了实现某种目标有意识地建立起来的；③组织是人们相互协作的表现，是通过分工和协调来实现目标的；④组织是一个开放系统，要随着组织环境的变化而有机发展。

二、组织的构成要素

(一)组织目标

目标是社会赋予组织的使命和职责。组织都是为了实现某个目标而建立起来的，目标决定组织行为的方式与组织发展的方向，是组织成员认为可以追求并达到的某种现实的状态。一个组织如果不能履行和实现自己的使命和目标的话，它也就失去了存在的理由和价值。

(二)组织成员

组织是由人构成的,没有人就没有组织,所以组织最本质的特征就是由个人集合而成的集合体。并且任何组织都是以人为核心的,组织是为人而存在和服务的,而不是人为组织而存在和服务的。

(三)组织结构

当人们为了实现某一目标而在一个组织共同工作时,他们需要建立某种正式的关系,扮演不同的工作角色:领导者与追随者、管理者与员工、决策者与执行者等,这些人必须以某种结构化的方式联系起来,以便有效地协同工作,这就形成了各种各样的组织结构形式。组织结构决定了组织内部人与人的关系和每个人的角色。

(四)组织技术

技术是指组织将投入转换为产出所使用的工具、方法、手段以及设备等。人们需要依赖技术来完成工作任务,实现组织目标。组织技术影响人们工作的内容、方式和效率,同时也深刻地改变着人们的工作关系。

(五)组织环境

组织环境是指存在于组织内部和外部并影响组织绩效和目标实现程度的各种力量和条件的总和。组织作为一个系统,都是在内部环境和外部环境中运作的。任何组织都要受到环境的影响,同时又反作用于环境,独立于环境之外的组织是不存在的。组织要清醒地认识内外部环境,抓住机遇,减少和避免威胁,这样才能够使组织良性运行和健康发展。

【案例9-1】 组织问题的重要性

前美中管理协会副主席哈罗德·科斯曾经这样说过:"人们向管理咨询工程师提出的问题中,有70%~80%是由于组织结构方面的缺陷而产生的。"斯佩里公司副总经理基尔摩也曾讲到:"根据我四十多年在政府部门和工业界的实际经验和观察,我深信,人们在精神和能力上的最大浪费是由于组织不良而造成的。"

(资料来源:[美]约瑟夫·尚普. 组织行为学[M]: 基本原则. 北京: 清华大学出版社,2004)

三、组织的分类

(一)根据组织目标和与受益者关系进行分类

1. 公益组织

公益组织一般是指那些以整个社会成员为服务对象,以提高和增进社会公共利益为组织目标和宗旨的一类组织。如政府组织、慈善组织、研究机构等。

2. 互益组织

互益组织是以本组织成员为服务对象,满足的是组织成员的利益,而不是社会中其他人群的利益为目标的组织。如工会、行业协会、职业协会、俱乐部等。

3. 私益组织

私益组织是在本质上仅为少数人利益服务的，以追求个人利益最大化为目的和宗旨的组织。例如各类私人的工商企业组织。

(二)根据组织成员的顺从程度进行分类

1. 强制型组织

强制型组织是指以惩罚、威胁等高压强制手段来控制成员的组织，如监护性精神病院、监狱、战俘营等。

2. 功利型组织

功利型组织是指以金钱、物质等经济性的、功利性的手段来控制其成员的组织，如各类工商企业。

3. 规范型组织

规范型组织是指以内在价值、精神激励等来吸引和控制成员的组织，如政党、学校、社会团体等。

(三)根据个人参与组织活动的程度进行分类

1. 疏离型组织

疏离型组织是指组织成员在心理上并不融入组织，个人也不会积极参与组织活动，而是在强制力量下成为其成员的组织。

2. 精打细算型组织

精打细算型组织是指组织成员参加组织活动的目的是获得个人利益，行为原则是以自身所获得报酬为前提而付出等量的工作努力的组织。

3. 道德涵养型组织

道德涵养型组织是指组织成员内心认同组织目标和价值，积极参与组织活动，自愿完成组织任务，个人与组织目标基本一致的组织。

(四)根据组织形成的方式进行分类

1. 正式组织

正式组织是经过精心设计的、为了达到某个目标而按一定规则和程序建立的、拥有严密的组织结构、具有明确的职责关系和协作关系的群体。

2. 非正式组织

非正式组织是基于成员共同的理想、爱好、兴趣，在长期的相互交往、相互影响基础上, 自发形成的, 能够满足成员心理需求和社会需求的组织。非正式组织缺乏一个严密的结构和规范的行为准则。非正式组织对正式组织往往具有正反两方面的功能和作用, 需要组织管理者正确对待非正式组织的地位和作用。

此外, 组织还可以根据规模大小、组织的产权性质、组织的社会功能等对组织进行分类, 在此不再赘述。

第二节 组 织 理 论

系统的组织理论是从 20 世纪初逐渐形成的, 历经百余年的发展与完善, 形成了许多典型的理论学派。按照组织理论形成与发展的历史进程, 整个组织理论的发展历史大体上可以划分为古典组织理论、行为科学组织理论和现代组织理论三个历史阶段。

一、古典组织理论

自工业革命以后, 社会生产力空前发展, 如何通过改进组织的管理制度和管理方法来进一步提高生产效率, 发挥技术革命的潜能, 成为社会生产的重要课题。特别是 19 世纪末20 世纪初的美国和欧洲, 资本主义企业取得了一定的发展, 对有效的组织管理要求日益强烈。在这一过程中, 形成了以泰勒的科学管理组织理论、法约尔的一般管理组织理论和韦伯的官僚组织理论为代表的古典组织理论。

(一)泰勒的科学管理组织理论

被誉为科学管理之父的美国人弗里德里克·泰勒(Frederick Winslow Taylor)是科学管理组织理论的奠基人和代表人物, 泰勒的科学管理组织理论主要包括以下几方面内容。

1. 强调组织的职能化、专业化

泰勒指出, 科学管理强调的是对组织成员按照工作的性质进行分工, 使工作专门化以提高组织内部的效率。他主张把组织中的计划职能和执行职能分开, 计划职能由专门的部门在科学研究的基础上制定, 工人则专门从事执行职能。计划职能与执行职能相分离, 使得组织中的管理也必然专门化。

2. 强调组织工作的计划性、标准化和程序化

泰勒认为应加强组织的计划性, 并设置专门的计划部门。他认为加强专业性计划工作的好处, 不仅可以形成组织的标准化、程序化的工作流程, 增进组织的稳定性和有效性, 而且可以改善组织中的行政领导处理例外事件的效率。

3. 实行组织控制的例外原则

所谓例外原则, 就是高级管理人员应该把例行的一般日常事务交给下级管理者去做, 自己只保留对例外事件的决定权、控制权, 以便集中精力去处理最主要的事情。

(二)法约尔的一般管理组织理论

法国管理学家亨利·法约尔(Henry Fayol)在近 30 年的组织管理工作实践中提出了适用于公私企业,也同样适用于行政、军事和宗教等各种组织的一般管理理论。法约尔的组织理论的主要观点体现在以下几个方面。

1. 组织与管理密切相关

法约尔把组织作为管理职能的一个要素加以研究,明确指出没有组织就无法发挥管理功能。法约尔在论述管理职能时引入了社会体(组织)的概念。他认为,管理的基础是组织,没有组织,管理职能就不会存在,而离开了管理,组织也无法形成并得到维护。

2. 提出组织管理的十四条一般原则

法约尔认为组织管理要遵循十四条一般原则,即劳动分工、权力与责任、纪律、统一指挥、统一领导、个人利益服从整体利益、人员的报酬、集中、等级制度、秩序、公平、人员的稳定、首创精神、人员的团结。

3. 概括出组织管理五项基本职能

法约尔认为组织管理有五项基本职能,即计划、组织、指挥、协调和控制,这五项基本职能构成了组织的一个系统而完整的管理过程。

4. 讨论了组织的构成因素

法约尔认为组织要素包括组织的外部形态因素和内部形态因素。法约尔指出组织的外部形态是由组织人员的数目决定的,当人员增多时,组织的管理层次也就必然会随之增加,从而就会逐渐变成金字塔的结构。组织内部形态因素决定了组织的效率,其中最为关键的在于组织成员的素质和创造力,尤其是管理人员的素质。

(三)韦伯的官僚制组织理论

德国著名的社会学家马克斯·韦伯(Max Weber)提出的官僚制组织理论奠定了现代组织理论的基础,他本人被很多人推崇为组织理论的先驱,被视为古典组织理论的创始人、组织理论之父。官僚制指的是一种权力依职能和职位进行分工和分层,以规则为管理主体的组织体系和管理方式。马克斯·韦伯认为官僚制组织具有以下几方面基本特征。

1. 专门化

在官僚制组织中,作业是根据工作类型和目的进行划分的,具有清楚的职责范围,它科学地划分了每一工作单元,删除了那些无用的重复工作,并考虑到职能交叉的必要。各个成员将接受组织分配的活动任务,并按分工原则专精于自己岗位职责的工作。

2. 等级制

官僚组织拥有一大批官员,其中对每个人的权威与责任都有明确的规定。这些官员的职位按等级制的原则依次排列,部属必须接受上级的命令与监督,上下级之间的职权关系严格按等级划定。

3．规则化

官僚制组织的运行，包括成员间的活动与关系都受规则限制，每位成员都了解自己所必须履行的岗位职责及组织运作的规范。因此，官僚制组织所采取的手段能最有效地实现既定的目标，领导人一时产生的错误想法或不适用的程序，都不大可能危害组织的发展。

4．非人格化

在官僚制组织中，官员不得滥用其职权，个人的情绪不得影响组织的理性决策；组织成员都按严格的法令和规章对待工作和业务交往，以确保组织目标的实施；官员在体制内的流动和升迁不再主要由他的上司的好恶决定，而是由制度所规定的程序化、客观性的量化标准来决定。韦伯预言，官僚结构将越来越没有人情味，但这种没有人情味被视为一种美德。

5．技术化

官僚制组织中的成员凭自己的专业所长、技术能力获得工作机会，享受工资报酬。组织按成员的技术资格授予其某个职位，并根据成员的工作成绩与资历条件决定其晋升与加薪与否，从而促进个人为工作尽心尽职，保证组织效率的提高。

6．公私分明化

官僚制的设计把官员与其管理的组织资产完全分开，官员和职员自己不实际占有管理物资和生产物资。实行"职务机关的财富(以及资本)与私人的财富完全分开，以及职务运作场所(办公室)与住所完全分开的原则"。

二、行为组织理论

行为组织理论又称新古典组织理论，在早期被称为人际关系学说，出现于20世纪20年代，以后发展为行为科学理论。五六十年代，发展为管理心理学和组织行为学。行为组织理论综合运用心理学、社会学、人类学等学科的理论与方法来研究工作环境中个体和群体的行为。因此，行为学派组织理论的研究内容主要包括对人际关系、人的本性和需要的研究以及对行为动机的研究等。

(一)人际关系理论

乔治·埃尔顿·梅奥(George Elton Mayo)是人际关系学理论和行为科学的创建者之一。他通过领导和参与著名的"霍桑实验"，将社会—心理的因素引入了工业组织管理领域，对组织中人的行为进行了实证性的研究。梅奥的人际关系理论主要体现在以下的理论当中。

1．"社会人"理论

古典组织理论将组织成员看成"经济人"，认为金钱刺激是唯一的工作动力。而梅奥通过"霍桑实验"后认为组织中的人是"社会人"，不仅有金钱等物质方面的需求，而且还有社会和心理等多方面的需求，如人际交往、安全、归属感、尊重与自尊等。因此，社会因素和心理因素的满足应该成为激励组织成员提高工作效率的根本途径。

2. "非正式组织"理论

梅奥指出，在正式的组织结构里还存在着"非正式组织"。他通过霍桑实验发现，只要组织中成员在一起活动，就会自发地形成一种相对稳定的非正式组织。非正式组织影响着组织的运行和组织成员的心理和行为。因此，组织管理者应该重视非正式组织的积极的和消极的作用，在正式组织与非正式组织之间保持适当的平衡，避免冲突发生。

3. 组织协作关系理论

梅奥认为，在科学管理理论的作用下，人们片面追求效率，工作日益专门化，劳动机械化，导致组织成员之间联系纽带的断裂。组织中不愉快的人在增加，社会的组织水平下降，人们不再热切地期盼合作，取而代之的是相互戒备和敌视。梅奥进一步指出，社会与其说是个人之间的竞争，不如说是个人在与他人进行协作劳动；各个个人与其说在追求一己私利，不如说是在维护团体的地位而劳动；各个个人与其说在"合理地"行动，不如说是非合理的感情在逻辑地支配他们的行动。因此，要推进人类社会进步、组织发展，必须要发挥人类合作的本能。

(二)人力资源理论

20 世纪 50 年代后期，美国出现了经济衰退，组织员工的需求与期望正发生着深刻的变化。这些变化促使行为科学家重新寻找激励员工积极性的新途径，于是从人际关系学派中发展出一个新的理论学派——人力资源学派。人际关系理论提出了组织管理的"乳牛场"观点——高兴的奶牛产奶多，满意的员工工作好。人力资源理论在这一观点基础上，把工作任务设计和激励理论综合起来，探寻如何更加有效提高员工工作积极性和效率。根据人力资源理论的观点，工作设计应该使员工能够把个人的全部潜能发挥到极致，而不是把工作看成泯灭人性或毫无意义。主要代表的理论有阿吉里斯的"成熟—不成熟"理论、麦格雷戈的"X 理论—Y 理论"等。

1. 阿吉里斯的"成熟—不成熟理论"

美国行为科学家克里斯·阿吉里斯(Chris Argyris)在其代表作《个性与组织》一书中从组织角度分析影响员工发挥潜力的原因：刻板的组织设计、僵化的规章制度、唯命是从的等级制度、依赖成性的上下级关系不仅束缚了员工的积极性和创造性，又阻碍了个性的成熟发展。因而，阿吉里斯呼吁组织管理者要从组织上进行改革，要扩大员工的工作范围，使员工具有多种工作经历；鼓励员工积极参与组织管理，自我指挥、自我控制，多承担责任，让他们从不成熟走向成熟，发展其健康的个性。

2. 麦格雷戈的"X 理论—Y 理论"

美国麻省理工学院教授道格拉斯·麦格雷戈(Douglas McGregor)在 1957 年发表《企业的人性方面》一文提出了著名的"X 理论—Y 理论"。他将传统的组织管理理论称为 X 理论，X 理论对人性的基本假设是：一般人生性好逸恶劳，只要有机会就会逃避工作；人生来就以自我为中心，漠视组织目标和要求；一般人缺乏进取心，逃避责任，甘愿听从指挥，安于现状，没有创造性；人通常容易受骗，易受他人煽动；人天生反对改革。基于 X 理论对人性的认识，管理者应采取集权式管理模式，对多数人必须进行强制、监督、指挥或惩罚，才能使他们付出足够努力去完成工作任务和组织目标。麦格雷戈根据自己工作经历和研究提出了 Y 理论。他指出，传统的组织管理理论的人性假设是错误的，Y 理论认为：一般人热爱工作而非好逸恶劳；员工能够自我确定目标、自我指挥和自我控制，外来控制和监督不是有效的管理方法；适当的条件下人们愿意主动承担责任；大多数人具有一定的想象力和创造力，但在现代社会仅仅得到部分的发挥。基于 Y 理论的人性认识，管理者应坚持以人为中心、宽容的、民主的管理原则，发挥员工潜力，即可以开发出难以想象的人力资源。

三、现代组织理论

无论是古典组织理论还是行为学派组织理论，都把组织看作一个封闭的系统，没有考虑到环境对组织的影响。第二次世界大战以后，人们开始把组织看作是一个开放的系统，认识到外部环境对组织的内部结构和管理起着非常重要的作用。诸多学者从不同的学科、不同的视角出发，运用不同的方法对组织管理展开了一系列研究，形成了各种各样的现代组织理论。具有代表性的理论有巴纳德的组织平衡理论、西蒙的组织决策理论、卡斯特和罗森茨韦克的系统与权变理论、本尼斯的组织发展理论、沙因的组织文化理论等。

(一)巴纳德的组织平衡理论

美国管理专家和社会活动家切斯特·巴纳德(Chester I. Barnard)运用社会学和系统的观点来研究和看待组织与管理问题，把组织中人们的相互关系看作一种协作的社会系统。他奠定了现代组织理论的基石，被视为现代管理与组织理论之父。他的代表作《经理的职能》也被视为组织理论的经典著作之一。巴纳德组织理论的主要观点如下。

1．组织是人与人的合作系统

巴纳德主要从人与人之间的协作关系的角度来考察组织。他认为，组织不是集团，而是协作关系，是相互作用的系统，是有意识调整了的两个或两个以上的人的行为或各种力量的系统。他认为组织具有以下特点：①组织是人与人的行为关系；②组织是一个开放的系统；③组织构成整个"协作系统"的核心部分；④组织成员不仅包括组织内部的人员，而且还应包括那些与本组织有关系的外部人员。巴纳德进一步将组织分解为三个基本要素：①共同的目标。巴纳德把组织目标作为组织的一个首要因素，共同的目标对于组织的形成及其结构起着决定性作用。②协作的意愿。巴纳德认为协作的意愿意味着个人的自我克制，交出对个人行为的控制权；协作的意愿所产生的效果是各个个人努力的凝聚。③信息的沟通。信息的沟通是实现前两个要求的条件和基础。巴纳德在强调管理部门必须建立、维持和强化信息沟通职能的同时，还突出了"非正式群体"作为信息沟通又一渠道的重要性。

2．权力接受理论

巴纳德认为，权力不是自上而下的行政授予，而是取决于下级是否接受和接受程度。当命令被下属接受时，管理人员的权力就得到肯定，或者说管理人员有了权力；反之，当组织成员不服从命令时，管理人员的权力就不存在了。权力接受理论认为，组织权力的决定权不在管理者那里，而在普通的成员之中，即管理者是否具有权威性。巴纳德进而分析了管理者具有权威性的条件。首先，管理者领导的命令必须能让人们理解。凡是无法让人理解的命令不可能具有权威性。其次，命令必须与组织的目标一致。如果管理者的命令与组织的目标不相符，命令就无法得到执行。最后，命令必须照顾组织成员的利益。如果命令被认为会损害组织某些成员的个人利益时，下属就会缺乏执行的积极性。

3. 组织平衡理论

巴纳德认为组织是否能够持续存在取决于其内外部是否平衡。他认为组织平衡是由两个过程构成：①使组织作为一个整体持续适应环境变化的过程。②创造诱因并把这些诱因分配给成员个人的过程。因此，组织平衡相应地划分为组织的对外平衡和对内平衡两部分。组织的对外平衡是指通过组织和外部环境保持平衡，以提高组织效率的过程。他强调组织效率的提高不仅仅是内部效率问题，而且也依赖于外部环境的适应性，这些观点对后来的经营战略理论的形成有着重要的影响。组织的对内平衡是指组织通过把制造出来的经济的和非经济的诱因有效地分配给其成员，保持诱因和贡献的平衡，以保证组织成员为实现组织目标而进行协作的积极性。经济的诱因是作为受雇佣的机会或作为对贡献的报酬而提供给组织成员个人的货币、物品或物质条件。非经济的诱因是超越最低限度物质诱因的，确保个人为协作而努力的主要诱因，包括职位晋升、荣誉、威信、权力欲望与理想的满足、参与的感觉、团结的状态等。巴纳德认为经济诱因固然很重要，但如果没有其他诱因配合，或超出生理学上必要的标准，就会失去激励的作用。因此，管理者必须充分重视和发挥非经济诱因的作用。

(二)西蒙的组织决策理论

美国卡内基-梅隆大学教授赫伯特·西蒙(Herbert A. Simon)在巴纳德的组织理论基础上提出了自己的组织理论主张：有限理性理论、组织决策理论、组织影响理论、组织设计理论等。正是由于他对组织决策理论研究的卓越贡献，西蒙获得了1976年的诺贝尔经济学奖。

1. 有限理性理论

西蒙认为现实生活中作为管理者和决策者的人是介于完全理性和非理性之间的有限理性的"管理人"。"管理人"的价值取向和目标往往是多元的，不仅受到多方面因素的制约，而且处于变动之中乃至彼此矛盾状态；"管理人"的知识、信息、经验和能力都是有限的，他不可能也不企望找到最优行动方案，而只以满意行动方案为满足。在实际决策中，"有限理性"表现为：决策者无法寻找到全部备选方案，也无法完全预测全部备选方案的后果，还不具有一套明确的完全一致的偏好体系，以使它能在多种多样的决策环境中选择最优的决策方案。西蒙的有限理性理论扭转了古典经济学对人类行为"完全理性"的假定，对人类行为做出了更接近现实的描述，这是他获得诺贝尔经济学奖的重要原因之一。

2. 组织决策理论

对决策过程、种类以及技术的分析构成了西蒙组织决策理论的重要部分。西蒙认为理性决策的任务就是要选出一个能够产生令人满意结果的行动方案。他将制定决策的过程分为四个阶段：①找出决策的理由；②找到可能的行动方案；③在诸个行动方案中进行抉择；④对已进行的抉择进行评价。这四个部分加在一起就构成了管理人员所做的主要工作。西蒙认为，决策可以分为常规决策和解决问题的决策、程序化决策和非程序化决策。进而西蒙又将决策技术分为程序化决策的传统技术和新技术、非程序化决策的传统技术和新技术。西蒙关于决策过程、种类以及技术的论述是非常深刻的，他的理论观点对当代的组织理论、决策科学研究有着举足轻重的影响。

3．组织影响理论

西蒙的组织影响理论主要回答的是组织如何使个人行为适应一个整体和组织如何影响个人决策的问题。组织影响是指为了克服对个人合理地进行决策的制约，同时把个人决策统一为一个整体，从而通过个人的决策以影响组织机能。他将组织影响分为外部影响和内部影响两类。外部影响指组织为影响个人提供的刺激因素；内部影响指决定着对刺激所作反应的心理定势。在西蒙看来，组织是一个充满决策过程的复杂行为系统，所有的组织成员都是决策者，都必须做出两类决策：一类是参加组织的决策；另一类是组织内部与工作绩效有关的决策。因此，组织影响其成员的方式主要是两类：一类是培养组织成员的态度、习性和精神状态，以此引导组织成员做出最有利的决定，主要途径是组织培训；另一类是迫使组织成员接受别人的决策，主要途径是行使权力、提供信息、进行劝说等。

4．组织设计理论

西蒙认为，组织是为人类解决问题而存在的，是人类行为的放大。为了达到组织目标，一方面要尽量使组织目标明确化；另一方面需要有一组精心设计的运行程序，使之朝向组织目标而发展，因此，组织设计十分重要。西蒙的组织设计理论包含了层级组织结构、组织的专业分工、集权与分权三个基本方面。西蒙认为，首先，任何组织都可以分成三个层次，最下层是基本的作业层，履行操作功能；中层为程序化决策层，履行协调功能；上层为非程序化的决策层，履行决策功能。西蒙认为，层级组织结构有利于制定工作目标和分配工作，有利于组织内的协调和解决冲突。其次，西蒙从组织中的个人分工观点出发，将专业分工分为三个层次：①个人与机械之间的分工；②个体与群体之间的分工；③工作群体与大的组织单位之间的分工。西蒙认为，组织的专业分工不仅影响组织成员的成长，而且也会由于分工方式不同，将产生不同的结果。最后，西蒙认为，在过去一段时期，集权和分权出现了两种近乎矛盾的趋势：集权趋势和分权趋势。西蒙强调应使集权和分权保持平衡，集权是指最终决策权的相对集中，分权是指一部分决策权的下放。集权和分权都有一个把控程度的问题。

(三)卡斯特和罗森茨韦克的系统与权变理论

美国华盛顿大学教授弗里蒙特·E.卡斯特(Fremont E.Kast)和詹姆斯·E.罗森茨韦克(James E.Rosenzweig)创立了一种新的组织理论——系统与权变理论。该理论学派主要是从系统的观点来看待组织与管理，认为在组织管理中应当根据内外条件的变化而随机应变。他们将传统的、行为科学的各种组织理论加以综合，对组织的目标与价值、技术在组织中的地位、组织的结构、组织的社会心理系统、组织决策过程等做了全面的论述。

1．系统组织理论

卡斯特与罗森茨韦克首先提出组织是一个开放系统。他们指出，任何一个组织都处在一个开放系统与环境的持续相互作用之中，并时刻努力达到动态的平衡。其次，卡斯特与罗森茨韦克强调了组织的整体系统观。他们将组织不仅看成一个开放系统，而且看成一个开放的社会技术系统，它由许多的分支系统组成，包括组织的目标和价值系统、组织技术系统、社会心理系统、结构系统、管理系统 5 个分系统。

2．权变组织理论

卡斯特和罗森茨韦克在系统组织理论基础上又提出了权变组织理论。他们认为，权变组织理论观点所要研究的是组织与其环境之间的相互关系和各分系统之间的相互关系，以及确定关系模式即各变量的形态。权变观点强调的是组织的多变量性，并力图了解组织在变化着的特殊环境中运营的情况。权变观点最终目的在于提出最适宜于具体情况的组织设计和管理行动。权变组织理论认为，不同类型的组织根据不同的条件都有适当的模式。一类是采取"稳定—机械式"的组织模式；另一类是采用"适应—有机式"的组织模式。权变观点致力于在组织与其环境之间以及在各个分系统之间寻求最大的一致性。只有追求并通过设计达到这种一致性，才能保证组织具有高效能和高效率，并使组织成员和参与者具有满足感。

(四)本尼斯的组织发展理论

美国著名的组织理论家沃伦·本尼斯(Warren G..Bennis)对组织理论进行了深入的研究，对机械、刻板的组织结构与管理理论特别是韦伯的官僚制组织理论进行了批判，提出了组织与环境变化的关系。本尼斯认为，任何组织都有内部协调和外部适应问题，提出了组织内部协调理论和组织外部适应理论，同时还研究了未来组织的发展趋势。

1．组织内部协调与外部适应理论

本尼斯对官僚组织理论的建立与发展过程作了概括，并指出这一适应于产业革命需要的理论在现代工业时代受到了挑战。这一挑战既来自内部的协调方面，也来自外部的适应问题。本尼斯认为，组织是一种复杂的、寻求着自己目标的社会单元。组织只是社会这个大的组织系统中的一个构成部分。组织既与社会结合为一体，同时，它又是独立的单元。正是从社会的大系统中来观察具有一定独立性的组织，本尼斯必然要涉及组织的环境问题：内部的环境与外部的环境。本尼斯指出，组织要生存下去，必须要完成两项互相关联的任务：一是要协调成员之间的活动，维持内部系统的正常运转；二是要协调组织与外部环境的关系。前者是通过复杂的社会过程，在组织内部协调成员之间的关系，这是一种"内协调"或"内适应"；后者则是将组织作为一个整体，在组织外部协调双方关系，这是一种"外协调"或"外适应"。

2．组织发展理论

本尼斯认为，20 世纪 60 年代以来，组织所面临的情况发生了巨大的变化：科学技术获得了飞速发展、产生出大批智能技术、研究开发活动有了空前的增长、管理者的行为发生了变化，这些变化重塑了组织的外部环境。在新的变化和新的问题面前，组织的发展面临 5 个方面的新任务：①组织的整合性任务；②组织合理配置权力的任务；③组织解决内部冲突的任务；④组织适应外部环境的任务；⑤组织自身革新的任务。本尼斯对未来组织发展进行了预测，提出了未来20～30年内对组织的生存产生决定性的一些条件，包括外部环境、人口特征、工作价值观、任务与目标、组织结构、激励等。在他看来，未来的不同于官僚组织体系的主要是一种有机的、适应性的结构形式。人们忠诚于他们的专业，人际关系不断调整，组织结构具有更多的自由度，能及时地适应环境的变化。

(五)沙因的组织文化理论

组织文化理论是20世纪80年代中期出现的，该理论提出了与组织理论的主流文化完全不同的假设。其认为，组织成员的行为并不是受正式的规则、权威、理性标准制约的，而是由文化的规范、价值、信念所约束的。在组织文化学派看来，真正能调节和控制组织行为的恰恰是强有力的组织文化。因此要了解组织的行为，仅仅了解组织的结构、信息系统、战略计划是不行的，还要研究它内部的文化。

埃德加·沙因(Edgar Schein)是组织文化研究的奠基人。在沙因看来，一个组织中最为基本的东西是它的文化。要彻底改变一个组织的行为时，必须改变它的文化，而真的要这样做时，实际上是在毁掉一个组织，而重新建构一个新的组织。沙因将组织文化区分为三个层次：第一个层次是人造品。组织文化的最高层次是人造品和创造物，它们构成了物质的和社会的环境；第二个层次是价值。在某种意义上，所有的文化知识最终都反映了某些人的基本价值，他们关于同"是什么"相区别的"应当是什么"的感觉。第三个层次是基本的潜在假设。当解决问题的方法被反复运用后，就会成为理所当然的，也就成为基本的潜在的假设。这种潜在的，实际上对人的行为起着指导作用的假设影响着组织成员如何去观察、思考和接受事物。沙因认为，这种基本的潜在假设一旦形成，在一个文化单位中就是不可对抗、不可争论、不可改变的。

【案例9-2】 戴姆勒与克莱斯勒并购案

组织文化由于受到民族文化的影响，同员工构成情况、组织价值观、组织所处位置、组织制度等方面的因素产生不同会造成组织文化的冲突。戴姆勒与克莱斯勒并购案就突出反映了这一问题。这两家公司在并购前都是经营良好的企业，多数人认为它们的并购将是两者的优势互补，利益相关者均持相当乐观的态度。然而，数月后，公司股票跌至一半，克莱斯勒业绩下滑，员工大量被解雇，究其原因是二者的企业文化冲突，导致管理层与运作层没有能够成功地融合。戴姆勒-奔驰的企业文化强调制度化和规范化的管理风格，而克莱斯勒更注重放任的、自由主义的管理方式。结果是两个公司员工之间彼此不满意，克莱斯勒关键的管理者大量离职，因此公司业绩下降也就不足为奇了。

(资料来源：陈国海. 组织行为学[M]. 北京：清华大学出版社，2018)

第三节 组 织 结 构

在当今变化迅速的社会中，一个组织是否能够根据环境的变化选择相适应的结构排列方式，将直接影响到组织的效能和其管理与服务功能的正常发挥；而组织结构的选择有赖于组织设计工作科学开展。自管理理论创立以来，组织设计就一直是管理理论的核心。有效的组织管理依赖于组织结构的合理性。组织结构是否合理，对于组织运转的效率影响极大。机构臃肿、冗员充斥、职责不清、推诿扯皮、效率低下无不与组织结构条件相关。这些问题很大程度上是由于组织结构性失调造成的。

一、组织结构的含义

赫伯特·西蒙说过："有效开发社会资源的第一个条件是有效的组织结构。"因此，组织结构是组织学家和组织管理实践者们一直研究和思考的基本对象。关于组织结构的含义，美国著名管理学家弗里蒙特·卡斯特在其著作《组织与管理》中指出，可以把结构看作一个组织内各构成部分之间确立的关系形式。我国学者邹再华则将组织结构定义为，组织结构就是一个组织内各构成要素之间所确定的关系形式，或者说是一个组织内各要素的排列组合形式。我们认为，结构是使组织实现其目标的基本管理工具，是组织躯体的骨架，所谓的组织结构就是组织内部各成分的排列组合方式以及各要素之间相互关系的模式。

二、组织结构的维度

组织结构的维度主要包括专业化维度、标准化维度、正规化维度、复杂化维度、集权化/分权化维度 5 个方面。这些维度是管理者在设计、评价以及选择组织结构时必须综合考虑的要素。

(一)专业化维度

专业化维度也就是组织中的劳动分工程度，是指组织结构图中所能体现的、组织将工作任务分解细化成单个工作的程度。专业化程度越高，每个员工所从事的工作面就越窄、越专业、越具体。如果专业化程度越低，员工从事的工作面就越宽泛。

(二)标准化维度

标准化维度是指组织将类似的工作活动规定以相同的方式来执行的程度。标准化程度越高，同类型的工作在不同领域和部门就越需要以同样的方式来进行。

(三)正规化维度

正规化维度是指采用正式文件的形式来描述工作的标准、职责、流程、规章、制度等经营管理系统的程度。正规化程度越高，组织中的规章制度就越多。

(四)复杂化维度

复杂化维度是指由组织结构的纵向高度、横向宽度和地域广度综合起来形成的复杂程度。组织人数越多，结构中纵向层次就有可能越多，横向部门越多，分布地域越广泛，组织结构的复杂性程度就越高。

(五)集权化/分权化维度

集权化/分权化维度是指组织中决策权集中或分散的程度。组织中权力越集中于上层或某一管理者，说明组织集权化程度越高；组织中权力越是分散于各个层次和部门，则说明分权化程度就越高。

三、组织结构的基本模式

组织结构的基本模式有下面几种。

(一)直线制结构

直线制结构是一种最早期的和最简单的组织结构形式，又称为单线制结构。在直线制的组织结构形式下，是沿着命令链进行各种作业的。每一个人只向一个上级负责，必须绝对服从这一上级的指挥和命令。在这种组织结构模式下，组织机构简单，权力相对集中，决策迅速，指挥统一，执行顺畅；这种组织结构模式要求管理者是"全能"式人才，特别是高层管理者更是如此；这种组织结构模式适用于规模小、作业过程简单的组织，不适合组织规模较大、工作任务复杂的组织，如图9-1所示。

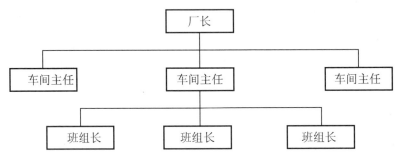

图9-1 直线制结构图

(二)职能制结构

职能制结构又称为U型组织，起源于20世纪初法约尔所建立的组织结构形式，故又称"法约尔模型"。它是按职能来组织部门分工，即从企业高层到基层，均把承担相同职能的管理业务及其人员组合在一起，设置相应的管理部门和管理职务。现代企业中许多业务活动都需要有专门的知识和能力，通过将专业技能紧密联系的业务活动归类组合到一个单位内部，可以更有效地开发和使用技能，提高工作效率。职能制结构的优势主要体现在：①促进职能部门的规模经济；②促进深层次知识和技能提高；③促进组织实现职能目标。职能制组织结构的劣势主要体现在：①对外界环境变化反应较慢；②会引起高层决策堆积、纵向基层超负荷；③导致部门间缺少横向协调；④缺乏创新；⑤对组织目标的认识有限。职能制结构如图9-2所示。

(三)直线职能制结构

直线职能制是在直线制和职能制基础上，吸收了两种组织结构的优点，克服了它们的缺点而逐渐形成和完善的。直线职能制组织结构的特点是在组织第二级机构按照不同职能实行专业分工，即整个管理系统被划分为两类：一类是按照命令统一原则设置的指挥系统，而另一类是按照专业化原则设置的职能系统。管理人员只是直线领导的参谋，对下级部门提供职能支持，起到的是一种业务上的指导和服务作用，而不能进行直接指挥和命令。这样既保证了组织的统一指挥和管理，又避免了多头领导和无人负责的现象出现。

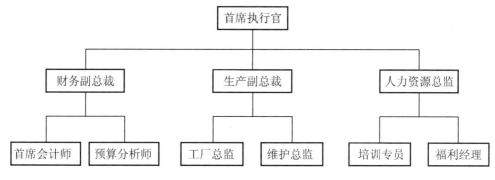

图 9-2 职能制结构图

直线职能制结构的优势主要表现在：①按照职能部门划分，职责容易明确规定；②每个管理人员都固定地归属于一个职能结构，有利于整个组织系统的长期稳定；③部门实行专业分工，有利于提高工作效率；④管理权力高度集中，便于高层管理者对整个组织的有效控制。直线职能制劣势主要表现在：①高度分工使各职能部门片面强调本部门工作的重要性，容易产生本位主义，造成部门间的摩擦，横向协调差；②专业分工，不利于培养素质全面、能够熟悉全面情况的管理人才。直线职能制结构如图 9-3 所示。

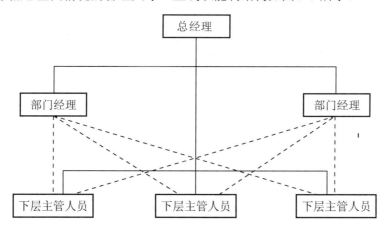

图 9-3 直线职能制结构图

(四)事业部制结构

事业部制结构又称分权制或部门化结构，是一种分部型组织。最早是由美国管理学家斯隆在 20 世纪 20 年代提出的，美国通用汽车公司率先采用了这种组织结构形态。事业部制结构的核心特征是"集中决策，分散经营"。一般是按照产品类别、地区或经营部门分别成立若干事业部。这些事业部有相对独立的市场、相对独立的利益、相对独立的自主权。各事业部在公司统一领导下实行独立经营、单独核算、自负盈亏，是总公司控制下的利润中心。各事业部拥有相对独立的充分的自主权，高层管理部门则实行有限的控制，以便摆脱行政管理事务，集中力量研究和制定经营方针，并通过经营方针来控制绩效和统一调度资金，对各事业部加以协调和管理。

事业部制这种组织结构形式的优势主要体现在：①各事业部职权明确、独立自主，因而能够适应市场变化，积极灵活地开展生产经营活动；②各事业部之间由于相互独立，因而可以相互比较、竞争，促进各事业部的积极性和创造性的发挥；③总公司高层管理者能够摆脱日常烦琐事务，集中精力于重大决策的研究与制定；④清晰的产品责任和联系环节可更好地实现顾客满意。

事业部制组织结构形式一般适用于经营规模大、产品种类多、区域分布广、市场变化快、适应要求高的企业组织。事业部制结构如图9-4所示。

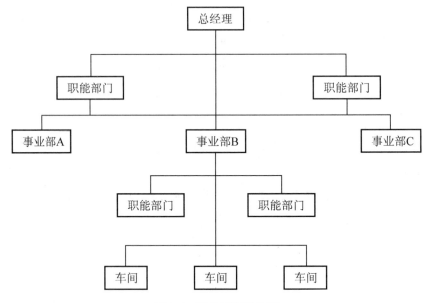

图 9-4　事业部制结构图

(五)矩阵制结构

矩阵制结构，又称为规划目标结构，它是在纵向职能系统的基础上，增加一种横向的目标系统，构成管理网络。这种结构一般是为了达到一定目标或完成一个项目，在已有的直线职能结构中，从各职能部门抽调专业人员，组成临时的或长期的专门机构，这种专门机构领导人有权指挥参与机构的成员，并同有关部门进行横向联系与协调。参与专门机构的成员同自己原来部门保持隶属关系，即各部门既同垂直的指挥系统保持联系，又与按产品或项目划分的小组保持横向联系，形成一个矩阵形式。

矩阵制结构的优势表现在：①这种组织结构能够把不同部门、不同专业的人员汇集在一起，密切协作，相互配合，有利于棘手问题的顺利解决；②集权与分权相结合，组织的机动性和适应性强，能够充分适应因技术、竞争加剧而使产品系列不断变化的不稳定状况，以及组织规模庞大、产品繁多、技术复杂的状况。

矩阵制结构的劣势也十分突出：①部分组织成员会面对双重职权领导，会感到困惑和无所适从；②横向关系如果处理不当会造成意见分歧、工作扯皮，责任不清的情况；③耗费时间，需要经常性地解决冲突，化解矛盾；④对于高层管理者更需要很大精力来维持权利的平衡。因此，矩阵制结构适用范围有限，比较适用于设计、研发、科研教学等创新性工作。国内外一些企业在新产品生产中就多采取矩阵制结构。矩阵制结构如图 9-5 所示。

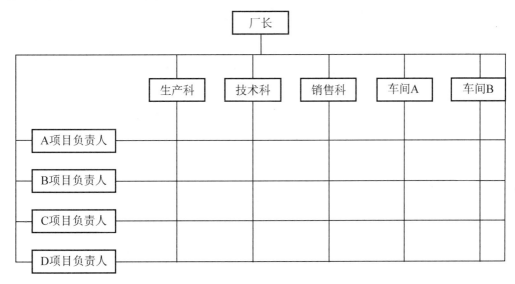

图 9-5　矩阵制结构图

四、组织结构的未来模式

(一)多维立体组织结构

多维立体组织结构是事业部结构和矩阵结构的混合，实质上是事业部结构中引入矩阵结构而形成的立体组织结构。多维立体组织结构是由美国道-克宁化学工业公司首先创立的。这种组织结构主要包括三方面的管理系统：把事业部作为利润中心；把职能部门作为成本中心；把各个地区作为利润中心和成本中心。建立管理系统时并制订长远的计划，随着时间的推移而不断地对组织进行调整，以适应变化的环境。这种组织结构适应了跨国公司多元化经营的需要，并且在多变、复杂环境中具有较强的生存能力。但是这种组织结构也存在着机构庞大、费用很高、协调困难的不足。

(二)虚拟组织结构

虚拟组织结构，是以市场模式组织取代传统纵向层级组织，以合同为纽带与其他组织进行经营活动的组织结构。虚拟组织是为实现某一经营目标，依靠信息技术网络组成的功能形态虚拟化的合作组织联合体，强调网络结构中的成员贡献自己的核心力量、分担成本、共享技能以及进入市场的通路，每一个合作伙伴的命运都依赖于其他合作者。虚拟组织不再强调单个组织的单打独斗，而是强调商业生态链上的价值创造最大化。虚拟组织的管理者主要通过计算机网络进行联系，一个组织可以借助其他组织的力量在时间和空间上跨越组织边界，迅速捕捉到转瞬即逝的机会，具有强大的灵活性。

(三)团队组织结构

团队组织结构是目前一种较为流行的组织结构形式。主要特点是：①为了完成某一特定任务，管理者从组织的不同领域抽调出一些具有不同教育背景、技能和知识的人员，组成一个工作团队。团队类型有问题解决型团队、自我管理型团队以及跨功能型团队。②团队成员数量一般不多，成员之间没有上下级之分，只有任务分工的区别。③团队领导者的首要任务是使团队目标明确化，并使每个成员角色明确化。④每个成员都应该对彼此的职务进行了解并洞察整个团队的任务，并对整个团队的产出和绩效负责。一般来说，团队组织结构既可以应用于某个特定的项目组织方式，成为传统职能结构的补充，也可以成为整个组织的结构模式。

第四节　组　织　设　计

一、组织设计的含义

组织设计是指对一个组织的结构进行规划、创新、再造，使组织保持灵活性和适应性，以确保组织目标实现的过程。或者说，组织设计就是将组织的有关要素，如战略任务、责任与职权、工作流程等合理组合并加以制度化的动态设计过程。一个健全的、合理的组织结构必然要求动态的组织设计。组织设计包含三个层面含义。

(1) 组织设计是根据组织的需要，即根据组织的目标和任务，规划出必须完成的全部任务，然后分配到组织的群体和个人，并与职责权限、工作流程合理地配置起来，建立有效的相互关系。

(2) 组织设计既要考虑组织内部的各个要素的协调，又要考虑外部环境的影响，并随着环境的发展变化而变动，这样，组织才有生命力。

(3) 组织设计的结果，主要是形成组织结构，并同组织的信息沟通、控制系统、激励制度等密切联系。

二、组织设计中的权变因素

影响组织结构选择的因素包括外部环境、组织战略、组织规模、内部工作关系、组织技术、组织政治、组织文化、人员素质等。

(一)组织环境

所有的组织都在一定的环境下生存和发展，组织的行为必须顺应环境的变化和要求。组织结构的设计与选择必须充分考虑环境因素的影响。一个组织的外部环境可以根据与组织的相关程度分为任务环境和一般环境。以企业为例，任务环境是指将对某一组织构成直接影响的因素总和，包括供应商、竞争者、合作者、顾客、政府部门、社会利益集团等。这些因素与企业相互作用并直接影响着企业实现目标的能力。组织的一般环境，又称组织的宏观环境，是指可以对这个组织的一切经营活动产生影响的周围环境因素总和，主要包括经济体制与发展因素、技术变革与发展趋势、社会文化因素、政治法律因素、国际竞争因素等。这些因素所产生的影响通常是间接的、普遍的。

(二)组织目标与战略

组织结构是组织高层决策者为实现组织目标和战略而建立起来的信息沟通、权力和职责分工与协作的正式关系。因此，组织结构设计的起点应是企业的目标和实现目标的战略。根据美国管理学家钱德勒的研究，组织目标与战略对组织结构设计起着决定性的作用。组织的目标与战略决定了一个组织的经营范围、资源分配、行动计划以及组织与员工、客户以及竞争者间的关系。为了生存与发展，不同组织的组织目标和组织战略往往有所不同，因此，组织结构的选择也将有所区别。彼得·德鲁克指出，组织结构是用一种以实现目标的方式，关于组织结构的一切工作都必须以组织的目标和战略为出发点。

(三)组织规模

组织规模大小是组织结构设计必须考虑的一个基本和重要的要素，不同规模的组织表现明显不同的组织结构特征。一般来说，组织规模大直接增加了组织结构的复杂性。美国组织学家彼得·布劳(Peter M..Blau)在长期研究后指出，规模是影响组织结构的最重要的因素，组织规模的扩大促进了组织结构差异化程度的增加。英国 Aston 大学的研究也发现组织规模是组织结构的决定性因素：组织规模越大，工作专业化程度越高，其标准化程度和规章制度的健全程度就越高，其分权化的程度也就越大。

(四)技术流程

技术流程的复杂程度将会对组织结构产生一定的影响，企业往往会随着高新技术的应用而重新构造自身的组织结构。美国管理学家琼·伍德沃德认为：①技术复杂程度的增加，导致其组织结构复杂程度的增加。随着技术的复杂性增加，组织结构中的纵向差异程度(即纵向管理层次)也增加，管理人员与生产工人的比例也要增加。②组织效益是组织所采用的技术与其组织结构有机组合的函数，对某种技术类型的组织来说，它应该建立与其技术特点相符的组织结构体系，才能取得成功。

(五)组织文化

组织文化是指组织内各成员所共同分享、共同认同的价值观、理念、规范、行为模式和行为习惯。这些文化因素会影响到组织结构的设计与选择。不同的组织文化要求不同的组织结构与之相适应。如果一个组织的文化强调信任、参与和授权，那么，它的组织结构更多倾向于分权结构。反之，则相反。

三、组织设计的基本原则

组织设计的基本原则有以下几项。

(一)目标战略原则

任何一个组织都有其特定的目标和战略，每一个组织及其每一部分都应当与其特定的目标和战略相关联；组织的调整、增加、合并或取消都应以是否对其实现目标和战略有利为衡量标准；不能有效完成和实现组织目标和战略的组织结构设计是不合理的。组织设计的最终目的就是为了更好地实现组织目标和完成组织战略。

(二)分工协作原则

组织设计要坚持分工与协作相结合的原则。在结构设计中要做到分工合理、协作明确，对于每个部门和每个员工的工作内容、工作范围、相互关系、协作方法等都必须有明确的规定。

(三)命令统一原则

命令统一原则就是要求在组织结构设计中体现统一领导，建立起严格责任制，消除和避免多头领导和无人负责的现象，保证组织全部活动的有效领导和正常进行。

(四)管理幅度适度原则

管理幅度又称管理跨度，是指一个管理者直接而有效地领导与指挥下属的人数。合理的组织结构要求管理幅度保持一个适当的限度，否则，既会影响领导和管理的有效性，又会限制下属的积极性。

(五)集权与分权相结合原则

集权与分权是辩证统一的，在组织设计过程中应根据不同情况和需要来确定集权和分权的程度。集权应以不妨碍基层员工积极性的发挥为限度；分权应以上级不失去对下级有效控制为限度。从当前组织结构设计的现实情况来看，分权结构成为主要发展趋势。

(六)精干高效原则

精干高效既是组织设计的原则，又是组织运转的要求。精干与高效相辅相成，组织结构精干是提高组织效能的前提，高效是保持组织结构精干的保证。

(七)稳定性与适应性相结合原则

组织结构是保证组织正常运行的基础，应当保持相对稳定性，避免组织处于混乱状态。同时，组织内外部环境又是不断变化的，组织结构不能一成不变，要保持必要的灵活性和适应性。因此，稳定性和适应性要恰当地统一起来，在保持稳定的基础上进一步加强和提高组织结构的适应性。

四、组织设计的程序和步骤

组织设计是一个动态的、持续的过程，它包括一系列程序和步骤。

(一)组织基本要素分析

组织基本要素分析就是根据组织的任务、目标以及组织的内部条件和外部环境，确定进行组织设计的基本思路，规定一些组织设计的主要原则和主要维度，这些都是进行组织设计的基本依据。概括地说，需要进行分析的基本要素包括组织的目标与战略、组织的外部环境、组织的内部因素等。

(二)明确和分解基本职能

组织的基本职能是组织系统在特定的环境中保持正常运转、保证组织生存和发展所必须具备的功能。明确组织职能就是要解决三个关键问题：①组织应该具备哪些基本职能；②各种职能之间的相互关系；③在各种职能中，关键职能是什么。

分解组织职能就是对已经确定的基本职能和关键职能逐级细分为各部门、各职位的职能。通常按照组织业务活动性质、技能的相似性以及专业化原则，将组织中的工作和活动进行分类。

(三)组织结构的框架设计

组织结构的框架设计是在组织纵向部门的层层划定、横向协调方式确定的基础上，统筹考虑组织权限与责任划分关系，结合现有的组织结构和实际情况，合理地设计组织结构的总体框架。框架设计可以先划分管理层次，再设定职能部门，最后确定职务和岗位的自上而下的设计方法。

(四)进行职务分析

在分解目标、划分职能基础上，确定相应职能机构并设置职务，进而分析机构职务。职务分析又称工作分析，是全面了解一项职务的管理活动，也是对该项职务的工作内容和职务规范的描述和研究过程，即制定职务说明和职务规范的系统过程。职务分析首先要了解工作内容是什么，责任者是谁，工作岗位、工作时间、如何操作以及如何去完成等内容，然后再将该职务的任务要求进行书面描述、整理成文的过程。

(五)管理规范设计

组织要明确各项管理业务的工作程序、达到的工作标准以及相应的管理方法等。管理规范体现了组织对其成员的行为要求，规范组织成员的工作态度，发挥稳定和巩固组织结构的作用。需要注意的是，设计管理规范要从组织和组织成员的实际出发，要切合实际，不流于形式。

(六)组织文件形成

组织文件的作用在于表明组织原则，显示组织结构和组织关系，便于了解组织的结构和流程。与组织设计有关的组织文件主要有组织结构图、组织手册和标准工作规程三种。

(七)反馈与修正

组织设计是一个动态过程，在组织结构运行的过程中，由于组织环境的不断变化、新情况的不断出现，会出现许多不完善的地方。因此，在组织运行过程中，需要对组织结构进行必要的修正和完善，将组织结构运行中的各种信息反馈到组织设计前期环节之中，定期或不定期地对原有组织设计做出修正，使之不断完善，不断适应新环境。

【案例9-3】 思科公司的组织设计

2001年年初，思科公司(Cisco System Inc.)的战略侧重点发生了转变，这就要求在组织设计上也相应地进行一些改变。这家公司原先的设计是以顾客的三个领域为关注焦点：小型商务、大型商务和电信业务。工程师群体拥有11个技术领域，每个领域都有着其自身的侧重点。这些技术领域包括互联网交换技术和服务、互联网声音技术和无线技术等。而市场营销群体所要关注的是所有技术领域和所有类型的顾客。为了帮助企业保持以顾客要求为中心，思科公司采用了新的组织设计。

(资料来源：[美]理查德·L.达夫特.组织理论与设计[M].北京：清华大学出版社，2017)

第五节　组织变革

经济的全球化，科技的迅猛发展，新技术、新产品大量涌现，使任何一个组织都面临着空前的竞争压力，为了生存与发展，组织必须致力于提高组织整体绩效，提升组织的反应速度，增强组织的适应能力。因此，变革与发展就成为组织必不可少的一个时代特征。组织变革与发展是组织管理的一个重要组成部分，是组织应对内外部环境变化而做出的反应，使组织管理更符合组织存续和发展的目标。

一、组织变革的含义与作用

组织变革是指组织为了适应内外环境的变化，通过有效的系统方法和措施，使自身从当前状态到将来状态或目标状态的转变过程。

组织总是面临着各种压力，包括组织外部环境的变化引发的压力，也包括源自组织内部的变化引发的压力。这都需要组织变革的推动者采取积极、主动的变革措施，使组织转变状态，以适应和化解这些变化所带来的压力与危机。从本质上说，组织变革是组织为了适应环境的变化以更好地生存和发展而有目的、有计划地改变组织活动的方式和形态，对组织所拥有的人力、物力、财力、权力等资源以及收益所进行的重新组织和分配，调整组织内部结构、行为方式以及技术手段，更好地实现组织目标的管理过程。

组织变革对组织生存和发展具有重大的影响和作用。①通过组织变革，组织的目标更加明确，组织成员的认可和满意度提高，组织更加符合社会发展的要求；②通过组织变革，组织的任务更加明确；③通过组织变革，组织完成任务的方法更加明确；④通过组织变革，组织机构的管理效率提高；⑤通过组织变革，组织做出的决策更加合理和准确；⑥通过组织变革，组织更具稳定性和适应性；⑦通过组织变革，组织的信息沟通渠道畅通无阻，信息传递更加准确；⑧通过组织变革，组织的自我更新能力增加。

【案例9-4】 达能集团公司的组织变革

法国的达能公司长期以来一直都是欧洲饮食业的巨人，它生产的达能牌酸奶和已经成为名牌的埃维安牌(Evian)矿泉水在美国享有极高的知名度。但当弗兰克·李邦德(Franck Riboud)在1996年从父亲手中接过首席执行官职务后，公司利润开始下滑，达能的股票价格也迅速地大幅下跌。投资者都怀疑年轻的李邦德没有他父亲那样卓越的领导能力。

尽管明显感到自己的能力受到了置疑，年轻的李邦德并不在意，他着手实现自己将达能从欧洲第一流企业发展成为全球领先企业的远景目标。实际上，李邦德从 1992 年掌管公司国际业务发展工作时起，就已经向这一目标努力了。在那个时候，达能在欧洲以外的销售额仅占公司总销售额的 5%。成为公司首席执行官后，他为公司制定了如下具体目标：

(1) 将公司业务重点调整到核心产品上，剥离非核心的资产，以提高公司的赢利能力。

(2) 减少对欧洲市场的依赖，力争到 2000 年将达能在欧洲以外的销售额提高到 33%。

(3) 在新兴的亚洲和拉丁美洲市场上确立良好的公司形象。尤其要加强对这些地区的营销力度以克服其固有饮食习惯对公司产品进入的障碍，如酸奶就不是其传统餐饮食品。

(4) 在全世界范围收购当地的矿泉水企业，以便在低价位的瓶装水市场上进行竞争。

李邦德的战略产生了良好的绩效，成功的战略使公司处于有利的竞争地位，投资者开始欢欣鼓舞。达能的利润下滑局面已扭转过来，股票价格近乎翻了一番。李邦德将公司约 12 亿美元的非核心资产出售了，同时购进了几乎等价值的资产，这主要是在亚洲和拉丁美洲进行的收购。他将公司经营范围缩小到达能在全球市场取得主导地位的 3 个业务领域，即奶制品、瓶装水以及小甜饼和薄脆饼干。李邦德最近收购了一批瓶装水公司，包括印度尼西亚的阿奎公司、中国的健康公司、美国的阿奎佩公司。

然而，李邦德领导的公司转型才刚刚开始。面临着与可口可乐、百事可乐这样的巨型企业的一场生死之战，因为这些企业也将目光投向了全球瓶装水市场。在新兴市场上，诸如雀巢、联合利华等食品公司也明显领先于达能公司。然而，李邦德深信自己制定的公司目标和战略是正确的。大多数分析家也持有同样的看法。

(资料来源：[美]理查德·L. 达夫特. 组织理论与设计[M]. 北京：清华大学出版社，2017)

二、组织变革的类型

组织变革可以根据不同标准的划分方法分为不同的类型。

(一)主动变革与被动变革

按照变革管理者控制的程度可以分为主动变革和被动变革。主动变革是有计划的变革，是管理者洞察环境中可能给组织带来的机遇与挑战，考虑到组织未来发展趋势与变化，以长远发展的眼光，主动地制定对组织进行变革的计划并分阶段逐步实施。被动变革是指管理者缺乏长远的战略观念，当环境发生变动时，要么变得束手无策，要么在环境的逼迫下被动地匆匆做出对组织进行变革的决定。成功的变革应是有计划的主动变革。

(二)渐进变革与激进变革

按照变革的范围可以将组织变革分为渐进变革和激进变革。渐进变革代表了一系列持续的改进，这些改进维持着组织的一般平衡，并且通常只影响组织的一部分。与之相反，激进变革打破了组织的原有框架，通常产生一个新的平衡，因为整个组织都进行变革。一般而言，渐进变革发生在已经建立的结构和管理流程之中，如采用了新技术。激进变革包括创建新的组织结构、管理流程以适应不断变化的需求。当今不可预测的动荡的外部环境要求组织必须不断地变革其结构和管理流程以适应不断变化的需求。

(三)组织结构中心变革、技术中心变革与成员中心变革

按照变革的内容来划分，组织变革可以分为以组织结构为中心的变革、以技术为中心的变革和以组织成员为中心的变革。当组织结构影响组织的生存与发展时，就要着重进行组织结构中心的变革。组织结构中心变革一般包括：合并职能部门、整合部门职责，减少管理层次、扩展管理幅度，改变组织结构类型，制定新的程序和规则，重新进行工作设计等。当行业内部竞争加剧，科学技术出现重大革新，常常需要组织变革的管理者着眼于技术变革。大多数技术中心变革通常包括引进新设备、新工具、新方法，以及实现生产与管理的信息化、自动化、网络化等。当组织成员的素质和能力不能满足组织需要，组织成员的态度和行为阻碍了组织的发展，组织就需要以成员为中心进行变革。包括要改变组织成员的观念和态度，矫正个体和群体的行为方式，提高组织成员的素质和能力等。

(四)内外稳定型变革、内部推动型变革、外部推动型变革与内外推动型变革

按照变革的原因划分，组织变革可以分为内外稳定型变革、内部推动型变革、外部推动型变革、内外推动型变革。内外稳定型变革是指组织的内部环境变化小，外部环境也比较稳定，组织变革的目标是自身发展保持在一定的规模和水平上。内部推动型变革是指组织自身在不断发展扩张，而外部环境稳定。此时变革主要是因为自身内部成长的需要。外部推动型变革是指组织外部环境变化大，自身的发展维持在一定规模和水平上，此时组织变革主要是因为外部环境的变化所致。内外推动型变革是指组织自身不断发展，规模和水平等不断提高，而外部环境也在不断改变。这属于内外推动型变革，是最为复杂的情况。

三、组织变革的外部环境和内部环境

组织变革往往受到多种动力因素或压力来源的驱动，大致可以分为两类：一类是来自组织外部环境的变化，另一类是来自组织内部环境的变化。

(一)影响组织变革的外部环境

任何组织的外部环境都是一个动态的环境，影响组织行为的因素复杂多变，具有很大的不确定性。外部环境中的因素以对组织目标实现是否有利为标准可以划分为外部威胁和外部机会。因此，组织管理者对组织进行变革就是重新安排和组织各种资源，以充分利用外部机会，回避外部威胁或减轻这些威胁对组织的影响。一般来说，影响组织变革的外部环境主要包括经济环境、政治法律环境、社会文化环境、人口环境、技术环境、自然环境、市场竞争环境等。这些因素都将成为组织变革的外部动因，对组织变革提出更多的要求。

(二)影响组织变革的内部环境

影响组织变革的内部环境因素很多，概括来说，对组织变革影响较大的因素主要有组织目标和战略的调整、组织规模的变化、组织结构的变更、组织运行机制改变、组织管理方式与方法的改进以及组织生命周期阶段的更替等，这些因素自然都要成为组织变革的内

部动因。这些内部因素的改变往往会产生一定矛盾，进而驱使组织进行变革。

四、组织变革的阻力与克服对策

组织变革意味着一个原有状态改变、新的目标状态形成的过程，是一个破旧立新、除旧布新的过程。面对变革，组织内部和外部的利益相关者将深受变革的影响，就会产生不希望和阻挠组织变革的各种力量。充分认识和了解这些阻力，并设法寻找有效的对策来克服和排除阻力是组织成功变革的基本条件。

(一)组织变革的阻力

组织变革的阻力既可能来自组织内部，也有可能来自组织外部，相对而言，组织内部的各种因素是阻碍组织变革更直接的力量。在组织内部，人们抵制和反对组织变革的原因有技术上的因素。例如，技术的进步和更新会迫使组织进行变革，以适应生存与发展的需要。但更多的原因是人性、利益、文化等社会性因素。这些阻力来源主要有以下几个方面。

1. 人的惯性与惰性

组织变革的阻力一部分是来自人的惯性和惰性。因为人类都是有习惯的动物，人们往往依赖于习惯和模式化的反应来应对现实生活的复杂性。同样，在组织中，组织原有的制度、机制约束着组织成员的行为，并形成相对稳定的行为模式和行为习惯，人们也不希望改变它，而增加改变的成本。任何变革都会使人们感到不习惯、不适应，甚至很痛苦。当面对变革的时候，这种习惯和惰性的倾向，就成为抵制组织变革的阻力源头。

2. 既得利益的维护

一般而言，当组织变革不触及自身既得利益，甚至可能会增加利益，人们都会支持和拥护组织变革。但是，如果组织变革会威胁、损害某个人或某个群体的既得利益时，就会有人反对、阻挠变革的进行。组织变革可能会损害和威胁的个人既得利益包括权力地位、经济报酬、职业安全、专业知识与技能等。因此，那些从组织原有状态获取既得利益的个人或群体往往会极力反对组织变革。

3. 变革的恐惧与怀疑

组织变革是用未知的、模糊的和不确定的东西替代已知的、明确的、确定的东西，对未知事物的恐惧是正常人的心理特征，任何的不确定都可能会威胁到组织成员的安全感、平衡感，内心就会产生恐惧和焦虑，进而产生对组织变革的抗拒心理和行为。未知的、模糊的和不确定的事物也往往令人产生怀疑心理，因此，对变革缺乏信心、带着疑虑，本能地有一种排斥的倾向，宁愿维持现状而抵制变革。

4. 组织文化与群体规范的制约

组织文化和群体规范具有一定稳定性和惯性，一经形成则很难在短时间内得以改变，这种稳定性和惯性反映在，当组织内外环境发生变化时，组织成员的认知和行为在相当长的时期内不能发生同步改变。因此，即便组织变革已成为共识，但有可能由于组织文化和群体规范的约束作用而受到严重制约。

5. 组织资源的限制

组织变革需要资金、技术、人员、时间、信息等多种资源的支持和配合。而组织变革实质上也是对组织所拥有的人力、物力、财力等资源所进行的重新整合的过程。如果出现资金短缺、技术落后、人员不齐、时间短促、信息闭塞的情况，组织变革也就不得不推迟或放弃。

(二)克服组织变革阻力的对策

组织变革往往是内外环境共同作用的结果，即便存在着各种各样的阻力，也必须进行变革，这是组织生存与发展之道。具体来讲，克服变革阻力的对策主要包括以下几个方面。

1. 沟通与教育

组织变革的管理者要与员工进行有效的沟通，使员工了解组织内外环境的变化情况，说明组织变革的必要性和理由，阐明怎样进行组织变革，以及解释变革所产生的影响，接受变革进而支持变革。如果员工了解了全部事实并消除了误导的信息，变革的阻力就会自然消失或减小。

2. 鼓励参与变革

组织成员很难抵制和反对他们自己参与决定的组织变革，因此，组织变革的管理者在变革决策之前，应把持反对意见的人吸引到变革决策中来，具有专业知识的员工不仅有助于提高决策质量，而且会获得支持变革的承诺，增强员工的责任感，减少变革阻力。

3. 促进与支持

组织变革的管理者可以通过提供一系列支持性措施来减少组织成员对变革的恐惧和忧虑，进而减少阻力。这需要管理者给员工提供必要的心理咨询和疏导、新知识和新技术的传授和培训等，使员工尽快适应组织变革的新要求。

4. 谈判换取支持

具有一定权力的组织成员成为潜在或现实的变革阻力或阻力源的时候，组织变革的管理者可以通过与其进行谈判，用一定的利益满足他们的需要，换取他们的妥协和支持。但这种策略也将存在一定的风险，其他组织成员也会效仿，而致使组织付出更高的变革成本。

5. 操纵与收买

组织变革的管理者可以封锁不受欢迎的信息，歪曲事实使变革更具吸引力，制造信息使员工接受变革等。组织变革的管理者还可以通过增选变革阻力群体的领导者在变革决策中担任重要角色，而收买他们接受变革计划。很显然这种策略的初衷不是为了寻求高质量变革方案的决策参与，这是一种间接的、政治的手段，是一种非常规的策略，其内在的风险性不言而喻。

6. 强制推行

当组织变革的管理者除了将变革强加给成员外，别无选择，而变革必须迅速加以实施的情况下，管理者只能直接对抵制者实施威胁和压力，强制推行变革。这种方法一般不能单独使用，应尽可能结合其他方法，以避免更大的变革阻力的产生。

【案例9-5】　钢板下料的变革措施

上海某船厂船体车间改革钢板下料的措施曾经遇到阻力。该车间原来采用各种冷作组钢板分散下料的办法，后来发现这种办法存在很多问题，于是决定成立全车间的钢板下料小组。对于这一改革措施，这个车间存在两种截然对立的意见：一种是赞成，另一种是反对。

为此，工厂领导和车间主任通过分析看到赞成改革的员工理由为，第一，节省人力；第二，提高钢板利用率；第三，有利于了解监督返工现象；第四，有利于劳动力的适当安排。这些员工形成了支持成立下料小组的力量，成为变革的驱动力。

而反对变革的员工认为，第一，原来20人的工作现在8个人做，担心任务太重，多劳不多得；第二，改革后，下料小组要露天作业，工作条件差，十分辛苦；第三，车间内会出现多余的切割工，这些人不得不改行。

根据这些因素，工厂领导和车间主任没有强制推行改革办法，而是对员工进行了耐心的分析，并承诺要改善工作条件，增加防护措施避免露天作业的危害，最后反对改革的员工越来越少，改革顺利实施了。

(资料来源：陈国海. 组织行为学[M]. 北京：清华大学出版社，2018)

第六节　组 织 发 展

组织发展致力于建立一个具有灵活性的组织，从而使得组织可以根据自身的任务和外部环境的性质，改变自身的设计。组织发展的目标是：①增强组织结构、过程、战略、人员和文化之间的相合性；②制定新的、有创造力的解决方案；③培养组织自我更新的能力。

一、组织发展的含义

组织发展(organizational development，OD)是一个歧义纷争的概念，综合各类代表性的定义，我们认为，组织发展是指利用行为科学的知识和实践，帮助组织获得更广泛的有效性的过程，包括提高经济效益和改善工作生活质量。组织发展的关键在于培养组织评估其当前功能并实现其目标的能力，而且组织发展面向的是改善整个组织系统，以及受更大环境范围影响的组织的各部分。组织发展有以下几方面特点。

(1) 组织发展应用在一个完整系统的战略、结构和过程中，更强调的是组织整体性的转变。尽管组织发展也会关注组织中某个单一的子系统、一个部门或一个团队，但它采用的是系统的、全局的视角，把组织看作一个复杂的社会和技术系统。而组织变革仅仅关注某些方面的改变。

(2) 组织发展是建立在行为科学知识和实践的基础上，依赖于行为科学知识、原则和研究成果的应用。这种知识基础跨越了组织心理学、组织社会学、组织行为学以及人力资源管理学的相关理论和成果。

(3) 组织发展涉及对计划变革进行管理，包括诊断组织变革的必要性，制定解决问题的行动方案，预测特定行动计划的结果，介入工作有效性的评价等。

(4) 组织发展既包括对变革的创造，又包括随后的巩固。在实施变革初期努力的基础上，它将注意力长期集中在组织中巩固新行动和使其制度化的工作上。

(5) 组织发展致力于提高组织的有效性，体现在两个方面：①组织发展要帮助组织成员掌握工作必要知识和技能，以有效地解决组织自身问题和实现主要目标；②组织发展要提高组织的绩效，这种高的组织绩效不仅要满足外部的股东、顾客、供应商的需要，而且，组织的绩效还要能够吸引和激励组织的员工，使他们能够更高水平地发挥潜能。

二、组织发展的过程

组织发展的实践是按照一系列阶段而逐步展开的，主要包括以下七个阶段。

(一)进入组织发展

在进入组织发展阶段主要有三个方面的任务。①明晰组织的问题。组织发展所要解决的问题既有可能是具体的问题，例如，市场份额的缩减，员工缺勤率增高，也有可能是一些潜在的问题。组织面临的这些问题必须在进行组织发展初期明确，以便正确进行随后的诊断和干预活动。②确定相关当事人。一般来说，相关的当事人包括那些直接影响变革问题的组织成员。③挑选组织发展专家。这些人员必须具有组织发展方面的专长和工作经验。具体来讲，也包括：有形成健全的人际关系的能力，对组织问题有足够的关注程度，拥有需要解决问题的相关技能，能够对参与组织发展的成员进行清晰的指导，有参与组织发展活动的经历和背景等。

(二)签订组织发展合同

如果组织一方与组织发展专家都认为进入阶段的判断是成功的话，接下来就是双方签订组织发展合同阶段。组织发展合同既可以是口头形式的，也可以是具有较强法律约束力的书面形式的。组织发展合同要包括三个方面的关键内容。①说明双方对组织发展的期望。作为客户的组织一方需要说明所需要的服务和结果是什么；作为具体执行者的专家要明确自己所要获得的报酬、采取行动的权力以及对结果的认可等。②确定组织发展所需的时间和资源。要想获得组织发展过程的成功，组织一方和专家都必须尽力用好时间和资源。③制定组织发展的基本规则。组织发展合同最后要明晰组织一方和专家方对怎样进行合作的要求，例如，专家一方有保护商业秘密的义务，如何结束双方合作关系等。

(三)进行组织诊断

组织诊断是评估组织、部门、群体和职位功能的过程，目的在于找到具体问题产生的原因和有待提高的领域。组织诊断通常在三个层次上展开。①组织层次上的诊断。这个层次的诊断需要采用宏观的、系统的视角来进行分析。在这个层次上需要诊断的问题包括：组织的一般环境，行业结构或工作环境，组织的战略，组织的技术、结构、评价体系以及人力资源系统，组织的文化，组织的绩效，生产力的水平以及利益相关者的满意度等。②群体或部门层次上的诊断。在这个层次上需要诊断的问题是目标清晰程度、任务结构、群体构成、群体运行性质绩效标准以及成员工作生活质量等。③个体层次上的诊断。在这个层次上需要诊断的问题有技能的多样性、任务的重要性、任务的同一性、职位的自主性、工作结果的反馈、工作满意度以及工作的质量等。这三个层次上的诊断既可能限定于某一层次上进行，也有可能在所有层次上同时发生。

(四)诊断信息的反馈

在整个组织诊断过程中将获得大量的信息，适量、准确、清晰的信息反馈对于组织发展来说是一个十分重要的环节。有效的信息反馈过程具有以下 9 个特征。①相关性，反馈的信息要与组织发展密切相关。②可理解性，简易地表达反馈的信息，让人更容易理解。③可描绘性，反馈的信息可以通过例子或细节进行展示。④有效性，反馈的信息必须精确和有效，能够再现组织的时间和状态。⑤及时性，收集和整理后的数据必须及时反馈给组织成员；⑥限制性，反馈的信息量应该限定在一定时间内能够处理完毕。⑦有用性，反馈的信息应限于组织成员有所作为的问题上。⑧可比性，反馈的信息应有一个参考的基点，否则，信息就很模糊。⑨促进性，反馈的信息应能够刺激和促进以后的诊断和问题的解决。

(五)设计干预措施

组织发展中的干预是通过一系列有计划的活动，来帮助组织提高其成绩和效率。组织发展中有效的干预应符合三个主要标准。①对组织有着很强的适用程度，是基于组织需要而设计的。②建立在对结果的预期和认识上。③能够很大程度上提高组织成员的变革管理能力。设计出有效的干预措施还要充分考虑组织变革的意愿、组织变革的能力、文化环境以及组织发展专家的能力等条件性因素。此外，在设计干预措施时要首先找到干预想要解决的组织问题，以及干预活动对个体、群体、组织乃至于跨组织不同层次所产生的影响。

(六)进行有效干预

组织发展专家和组织一方针对所要解决的组织问题共同采取实质性干预行动。主要包括如下方面。①人际过程干预，这是针对组织中的人以及他们之间相互影响的过程，旨在通过提高人的能动性和改进组织的发展过程来提高组织的效率。②技术结构干预，针对的是把人和技术联结起来的组织技术和结构，希望通过适当的作业设计和组织结构来实现组织的效果。③人力资源管理干预，针对的是如何成功地将个人整合到组织中去，希望通过向组织提供个人服务来提高实践活动效率，进而提高组织的效率。④战略干预，其目标是组织怎样运用自身拥有的资源，在一个较大的环境下取得有力的竞争优势。

(七)组织发展的评估与制度化

对组织发展进行评估的目的是给组织成员和评估人员提供反馈信息，判断干预措施和方案是否需要进一步弥补、修改、完善，以及干预是否获得了令人满意的成果。组织发展的制度化就是将组织变革项目实施到成为组织日常运作的一部分，演化成共同遵守的行为规范，内化成组织文化的一部分的过程。制度化程度依次表现为：①认知，即组织成员对组织变革与发展相关的行为模式的认知程度；②表现情况，即组织成员在实际活动中具体实施变革行为的情况；③变革偏好度，即组织成员对组织变革与发展的接受程度；④标准的共识，即组织成员对组织变革与发展的正确性达成共识的程度；⑤共同的价值观，即组织成员形成了采取某种行为模式或不应采取某种行为模式的信仰。评价组织发展制度化水平，就是达到的指标体系越高，意味着制度化程度就越高。

三、组织发展的干预措施

组织发展的干预措施是从行为科学中得出的一些系统的方法。组织发展的实践者可以从多种干预措施中进行选择，帮助组织实现变革与发展的目标。可以根据组织发展变革目标和影响的不同组织层次，将组织干预措施分为人际过程干预措施、技术结构干预措施、人力资源管理干预措施以及战略干预措施等四大类型。

(一)人际过程干预措施

人际过程干预措施是组织发展领域最早设计出来的一些组织发展方法。这种类型的干预措施主要关注人际过程、群体内过程和群体间过程，旨在改善人与人之间的关系，降低导致组织功能性紊乱的冲突，帮助团队成员评价他们之间的相互作用并且找到更有效的在一起共同工作的途径。

1. T型团队

T型团队(training group)又称敏感性团队(sensitivity group)，是现代组织发展方法的先驱。这种干预措施是让组织成员参与T型团队以便了解他们的行为是如何影响别人的，帮助个人提高对人际行为和人际互动关系的敏感性，并找到更有效的与人相处的方法。

2. 过程咨询

所谓过程咨询，是指创造一种关系，以便允许当事人认识、理解并作用发生于他的环境内外的过程事件，从而按照当事人的意愿改善环境。过程咨询致力于改善人际关系、关注个人和团队的动向、帮助他们诊断任务实施的方式，并且帮助他们学会如何更有效地开展工作。

3. 第三方干预

第三方干预措施是致力于组织中人际关系功能失调的过程诊断的一种形式。现实中大量问题导致的人际冲突，如工作方法的争论、信息错误传达等。第三方干预有助于人们通过对问题的商讨、安抚等方法来解决矛盾和冲突。与过程咨询不同的是第三方干预更专注于同一组织内部两个或两个以上个体之间在社会关系领域中功能失调的人际关系，目的是直接解决个体之间的直接冲突。

4. 团队建设

团队是由一群相互独立的人组成，但有着共同的目标、共同的工作方法而且彼此负责。团队建设是目前非常流行的组织发展的方法。它的特点是鼓励交流、尊重组织成员为团队利益工作的愿望，倡导团队成员相互配合、相互依赖，强调团队目标建设、责任明确，注重团队行动的灵活性等。团队建设的目标在于提高群体的有效性和改进团队成员在一起共同工作的方式。

5. 组织碰面会

组织碰面会是一种专门用来动员整个组织资源的变革措施，以便发现问题、确定优先次序和行动目标、着手解决发现问题的方法。组织碰面会在所有场合都能够使用，尤其是当组织中存在效率低下或者组织的高层与非高层之间存在隔阂时更加适合。典型的组织碰面会包括以下具体步骤：①安排组织会议，所有相关人员参加，任务是查找组织存在的问题；②确定一个或多个能够代表所有部门的小组；③强调小组成员必须诚实、努力以及开诚布公地探讨问题；④确定一定的时限要求每个小组识别组织问题；⑤所有小组重新聚集，分别报告他们所发现的问题和解决方案；⑥将所收集到的问题进行分门别类，形成问题目录；⑦根据问题目录划分解决问题的小组；⑧每个解决问题小组对组织问题进行分类、形成行动方案、确定解决问题时间表；⑨每个解决问题小组向管理层汇报问题解决的优先次序和行动计划；⑩建立阶段性的跟踪会议安排表。

6. 群体间关系变革

对于一个组织发展的管理者来说，准确诊断并有效变革群体间关系是一个非常重要的问题。理由是：①任何一个群体都是需要与其他群体联系并通过其他群体来实现他们的目标。②组织目标的实现需要群体之间的协作。③群体之间关系质量直接影响组织目标实现程度。群体间关系变革的措施主要是运用缩微群体的方法和解决群体间冲突的方法。

7. 大群体变革

大群体变革又称为搜寻会议、空间开放会议、未来探索等。大群体变革是由数量较多的组织内部和外部的人员参加，通常是不少于 50 人，但不多于 200 人，这些人员包括高层管理者、普通组织成员、工会领导、外部供应商、消费者以及政府官员等。通过举办会议的形式来讨论影响整个组织或者某个大的部门的问题，或为组织建议未来的发展方向。

【案例9-6】 通用电气公司的大群体变革

通用电气公司的"解决方案"以大规模的、不在工作现场的会议开始，这些会议是由最高领导者、外部顾问和人力资源专家主持的。在每个经营单元，基本的模式都是一样的。领取计时工资的员工和领取固定薪酬的员工从组织的许多不同部门来参加为期 3 天的非正式会议，讨论并解决问题。慢慢地，Work Out 活动参与者不但有员工，而且还开始有了供应商和顾客等外部的利益相关者。"解决方案"包括 7 个步骤：①选取供讨论的作业流程或者问题。②选择适当的跨职能团队，包括外部的利益相关者在内。③委派一位监督执行者完成提案工作。④开几天会议，提出改进流程或者解决问题的建议。⑤与领导者碰面，要求领导者当场对建议方案表态。⑥再次开会，实施建议方案。⑦遇到新流程或者新问题时，重复上面的程序。通用电气公司的 Work Out 流程不但解决了公司存在的问题和提高了生产率，而且还使员工亲身经历了在不顾及纵向或者横向差别的情况下的公开而坦诚的交流。这种办法有助于建立"无边界的文化"，这对持续的学习和改进是极为重要的。

（资料来源：[美]理查德·L.达夫特. 组织理论与设计[M]. 北京：清华大学出版社，2017）

(二)技术结构干预措施

技术结构干预措施包括以下几种。

1. 组织重建

日益增加的全球化竞争和快速的环境变化正迫使每个组织进行重建工作,从原来僵化的官僚组织演变成更加灵活、精细的组织。组织重建包括组织结构设计、组织规模消减和组织流程再造等具体的发展方法。组织结构设计是把组织从传统的工作组织形式转变成更加综合、更加灵活的组织形式。组织规模消减旨在通过缩小组织规模来达到降低成本和简化官僚体系的目的。组织流程再造是从根本上重新设计组织的核心工作流程,在不同的任务之间给予紧密的联系和协调,这种工作流程的整合导致了更快、更灵活的工作表现。

2. 员工参与

组织面临着对较低的成本、更高的绩效及更大的灵活性方面的竞争性要求,组织越来越强烈地依赖雇员参与来提高其成员的参与、承诺和生产效率的提高。雇员参与的干预措施是为了促进组织决策制定权的下移,以改善组织的反应和绩效并提高成员的积极性、承诺和满意度。主要的雇员参与方法有平行结构、高度参与、全面质量管理等。

3. 职务设计

职务设计主要是指通过创造不同的职位和工作团队,激发员工更高水平的满足感和积极性。职务设计干预措施包括三种不同的方法:①工序设计。工序设计是以科学的方法分析员工的工作和改进工作程序,实现工作的专门化和做到以最少的资源投入来获得最大的产出。这种方法的核心是效率和精简。②激励方法。这种方法把提高组织行为的效能和实现员工需求和满意度看作同一过程,进而寻求利用丰富职位来提高员工的表现和满意度。③社会技术系统方法。这种方法通过建立自我管理团队,支持员工参与和革新性职务设计,团队成员拥有多重技能、自主权以及必要的信息,并且进行自身任务行为控制,而来自外部的控制很少,以满足当代员工高发展和高社会需求。

(三)人力资源管理干预措施

人力资源管理干预措施包括以下两种。

1. 绩效管理

绩效管理是一个整合过程,主要包括三个方面的内容。①目标设定是使管理者及其下属共同来设定和明晰员工的绩效目标。目标设定首先要求目标必须具有挑战性,但又同时具有现实性,组织成员能够高度认可和愿意接受。其次要求设定的目标必须具体化、明晰化,具有可操作性。①绩效评价是一种反馈机制,包括由上级主管、同行或同事对个人或团体的绩效进行直接评价。绩效评价向员工和管理者提供了可用来改进工作成果的信息,客观、及时的绩效评价有助于提高组织绩效。③科学、合理的激励机制对改善员工和工作团队绩效有着强大的激励作用,能够产生并维持组织所期望的工作绩效。由工资、额外福利以及职务晋升等构成的激励机制在提高员工绩效和满意度方面都特别有效。

2．员工开发

员工开发是指通过职业生涯设计、职业生涯发展、劳动力多元化措施、员工保健措施、压力管理等来开发和增进组织中成员的多种福利。其中职业生涯设计是帮助员工在不同的职业阶段选择职业、职位以及组织。而职业生涯发展是帮助员工实现职业生涯目标。

(四)战略干预措施

战略干预措施包括以下两种。

1．调整组织与环境关系

组织是一个开放的系统，它必然与环境发生联系。调整组织与环境之间的关系可以帮助组织对其所处的环境有一个全面的了解，同时针对外部需求采取适当的应对措施。调整组织与环境关系具体包括三种措施：①整合战略变革。整合战略变革是一种全面的组织发展措施，要求组织战略和组织设计必须根据内外环境的变化而变化，有助于组织成员适应由当前战略方向到未来战略方向的转变。②跨组织发展。跨组织发展是战略变革计划的一种形式，旨在帮助组织和其他组织发展共同战略或合作战略。③合并与兼并。合并与兼并是指两个或更多的组织联合在一起以实现组织目标和战略。有许多原因会引发组织兼并或与其他组织合并，包括多元化或垂直一体化、进入全球市场、技术和其他资源、实现经营效率、提高创新性和资源共享。

2．组织转型

组织转型是组织任何层次上都可能发生的变革，最终目的是改变整个系统。组织转型的发生通常是为了应对或者是预期有重大环境、技术或内部变化，主要在于改变组织的文化、视野和思维方式。组织转型包括了文化变革、自我设计以及组织学习与知识管理三个方面：①文化变革可以帮助组织适应内外环境的变化以及组织战略的调整。组织文化变革，首先要诊断组织现存的文化、变革文化的风险，其次要勾画出清晰的变革蓝图，然后获得高层领导的支持变革承诺和象征性的领导地位，再次选择和吸纳变革所需的新成员，最后要注意法律和道德问题。②自我设计可以帮助组织获得内在动力，设计和完成自己的组织转型。自我设计涉及组织各个层面，包括一系列的行动：获取知识、评价价值、诊断、设计、实施和再评价。③组织学习与知识管理可以帮助组织发展和运用新的知识并且不断提高自己。组织学习着重于组织如何设计才能促进高效的学习过程以及这些学习过程本身如何改进。一个组织经过设计能够促进组织持续不断地学习，这样的组织被称为学习型组织。而知识管理着重于如何整理知识、运用知识以提高组织的绩效。

复习思考题

一、问答题

(1) 简述组织的含义及组织的构成要素。

(2) 论述巴纳德的组织平衡理论。

(3) 简述组织设计的程序和步骤。

(4) 简述克服组织变革阻力的对策。

(5) 简述组织发展的干预措施。

二、分析题

华为组织结构40年演变历程

战略决定结构,结构反作用于战略,华为30年发展历程诠释了这一理念。华为在进行阶段性战略调整的同时,为支撑公司战略的实施,也进行了一系列的组织结构变革。

第一阶段(1987—1994):活下去

1987年,任正非与五位合伙人出资2万元成立了华为公司。在市场竞争战略上采取单一产品的持续开发与生产策略,通过低成本的方式迅速抢占市场,也扩大了公司的规模。这个阶段,其组织结构也是简单的。1991年,公司也才二十几个人,尽管有组织结构,但也是非常简单的中小企业普遍采用的直线型组织结构,所有员工都是直接向任正非汇报。

第二阶段(1995—2003):走出混沌

1995年,华为公司的销售规模达到了15亿人民币,员工达到800人。2000年,销售额已经突破200亿。但由于国内电信设备市场的总体发展放缓,华为传统的程控交换机领域的利润被吞噬,造成其面临空前的竞争压力,市场需求也开始出现多样化。华为只能是进行转型求发展。华为开始进行组织结构的调整,从新划分经营单位开始,建立了事业部制与地区部相结合的二维矩阵式的组织结构。

第三阶段(2004—2022):真正的全球化

2004年,华为每年以超过40%的速度在增长。2021年销售额达到了6340亿人民币,员工增加到13.8万人,成为行业老大。华为这个时期相比成长期的组织结构,进行了渐进式的演变,从原来的事业部与地区部相结合的组织结构,转变成以市场和客户需求为导向的产品线制组织结构,以减小利润中心的模式,加快决策速度,适应快速变化的市场。

(资料来源: https://www.sohu.com/a/228232461_283333)

(1) 影响华为组织结构变化的因素有哪些?

(2) 华为组织结构变化的实质是什么?

(3) 华为组织结构的变化给我们带来了哪些启示?

参 考 文 献

[1] 王雁. 普通心理学[M]. 北京：人民教育出版社，2003.

[2] 张明. 学会人际交往技巧：人际关系心理[M]. 北京：北京科学出版社，2006.

[3] 张孝芹. 建设一支高素质职工队伍[J]. 济宁日报，2009(08).

[4] 刘英陶，陈晓平，赵中利. 管理心理学[M]. 北京：中国人民公安大学出版社，2004.

[5] 李磊，马华维. 管理心理学[M]. 天津：南开大学出版社，2005.

[6] 孙非. 组织行为学[M]. 大连：东北财经大学出版社，2003.

[7] 程正方. 管理心理学[M]. 北京：北京师范大学出版社，2004.

[8] 刘永芳. 管理心理学[M]. 北京：清华大学出版社，2008.

[9] [美]托马斯·卡明斯，克里斯托弗·沃里. 组织发展与变革[M]. 第 7 版. 北京：清华大学出版社，2003.

[10] 孙明书. 管理心理学[M]. 北京：北京邮电学院出版社，1992.

[11] 历尊. 别让自己的提醒晚到一步[M]. 北京：中国纺织出版社，2004.

[12] 伍大勇. 对组织管理工作中态度转变工作的思考[J]. 中国冶金教育，2008(02).

[13] 刘永安. 态度理论在现代管理中的应用[J]. 东莞理工学院学报，2002(02).

[14] 李剑锋. 组织行为管理[M]. 北京：中国人民大学出版社，2001.

[15] 吴晓义. 管理学[M]. 大连：东北财经大学出版社，2005.

[16] 戚冬伟. 纽科曼 ABX 论战的意义[J]. 中国论文下载中心，2009.

[17] 费斯汀格. 认知失调理论[M]. 杭州：浙江教育出版社，1999.

[18] 王重鸣. 管理心理学[M]. 北京：人民教育出版社，2000.

[19] 黄维德，刘燕，徐群. 组织行为学[M]. 北京：清华大学出版社，2005.

[20] 邓宪亭. 浅谈创新力的培养[J]. 武汉冶金管理干部学院学报，2005(03)

[21] 袁勇志. 企业家创新行为与障碍研究[J]. 中国博士学位论文全文数据库，2002(12).

[22] 陈春花. 组织行为学[M]. 北京：机械工业出版社，2009.

[23] 张兰霞. 新管理理论丛林[M]. 沈阳：辽宁人民出版社，2001.

[24] 杨洪兰，张晓蓉. 现代组织学[M]. 上海：复旦大学出版社，1997.

[25] 戴维·R. 汉普顿. 当代管理学[M]. 北京：北京新华出版社，1986.

[26] 芮明杰. 管理学——现代的观点[M]. 上海：上海人民出版社，1999.

[27] [美]约瑟夫·尚普. 组织行为学：基本原则[M]. 第 2 版. 北京：清华大学出版社，2004.

[28] 綦振海. 如何对待企业中的非正式群体[J]. 北方经贸，1998(02).

[29] 姜皓. 如何构建团体、团体类型及构建思维[J]. 上海经济研究，2007(05).

[30] 王垒. 组织管理心理学[M]. 北京：北京大学出版社，1993.

[31] 徐联仓，卢盛忠. 管理心理学[M]. 北京：科学出版社，1986.

[32] 孙健敏，李原. 组织行为学[M]. 上海：复旦大学出版社，2010.

[33] 张德. 组织行为学[M]. 北京：高等教育出版社，2008.

[34] 里基·W. 格里芬，唐宁玉. 组织行为学[M]. 北京：中国市场出版社，2010.

[35] 孙耀军. 西方管理学名著提要[M]. 南昌：江西人民出版社，2005.

[36] 史璞. 管理学哲理：系统、愿景、人本和权变的管理[M]. 北京：机械工业出版社，2006.

[37] [美]乔恩·L. 皮尔斯，约翰·W. 纽斯特罗姆. 领导者与领导过程[M]. 北京：中国人民大学出版社，2003.

[38] [美]加里·尤克尔. 组织领导学[M]. 北京：中国人民大学出版社，2004.

[39] 刘建军. 领导学原理：科学与艺术[M]. 上海：复旦大学出版社，2001.

[40] 彭向刚. 领导科学概论[M]. 北京：高等教育出版社，2009.

[41] 窦胜功，张兰霞，卢纪华. 组织行为学教程[M]. 北京：清华大学出版社，2005.

[42] 苏东水. 管理心理学[M]. 第 4 版. 上海：复旦大学出版社，2004.

[43] [美]约翰·W. 纽斯特罗姆，基斯·戴维斯. 组织行为学[M]. 北京：经济科学出版社，2000.

[44] [美]大卫·A. 威坦，金·S.卡梅伦. 管理技能开发[M]. 北京：清华大学出版社，2004.

[45] 陈国权. 组织行为学[M]. 北京：清华大学出版社，2006.

[46] [美]菲利普·L. 亨塞克. 管理技能与方法[M]. 第 2 版. 北京：中国人民大学出版社，2007.

[47] 陈振明，孟华. 公共组织理论[M]. 上海：上海人民出版社，2006.

[48] [美]理查德·L. 达夫特. 组织理论与设计[M]. 第 7 版. 北京：清华大学出版社，2003.

[49] 苏勇，何智美. 现代组织行为学[M]. 北京：清华大学出版社，2007.

[50] [美]伊夫·阿达姆松. 压力管理[M]. 哈尔滨：黑龙江科学技术出版社，2008.

[51] 朱国云. 组织理论：历史与流派[M]. 南京：南京大学出版社，1999.

[52] [美]西蒙. 管理决策新科学[M]. 北京：中国社会科学出版社，1982.

[53] [美]彼得·德鲁克. 后资本主义社会[M]. 上海：上海译文出版社，1998.

[54] 贺得峰. 从林黛玉进贾府探析王熙凤的性格[J]. 青年文学家，2010(02).

[55] 林海芬，苏敬勤. 管理创新过程效力提升机理探析：基于知识治理视角[J]. 科技进步与对策，2010(08).

[56] 康丽. 88 位世界富豪的成长记录[M]. 北京：中国戏剧出版社，2004.

[57] 陈晨. 你的世界你来造[M]. 北京：蓝天出版社，2008.

[58] 陈书凯. 101 个给青年商人的忠告[M]. 北京：中国民航出版社，2004.

[59] 张一纯. 组织行为学[M]. 北京：清华大学出版社，2006.

[60] 宋镇照. 团体动力学[M]. 台北：五南图书出版股份有限公司，2000.

[61] 吴运友. 成功人生的 123 个锦囊[M]. 北京：金城出版社，2006.

[62] 王耀廷，王月瑞. 改变生活的 68 个心理学故事[M]. 长沙：湖南人民出版社，2009.

[63] [美]理查德·哈格斯. 领导学——在经验中提升领导力[M]. 北京：清华大学出版社，2004.

[64] 陈国海. 组织行为学[M]. 北京：清华大学出版社，2006.

[65] 彼得·诺思豪斯. 领导学：理论与实践[M]. 南京：江苏出版社，2002.